« RÉPONSES »

*Collection créée par Joëlle de Gravelaine,
dirigée par Sylvie Angel et Nathalie Le Breton*

DAVID SERVAN-SCHREIBER

ANTICANCER

Prévenir et lutter avec nos défenses naturelles

Illustrations de Sylvie Dessert

ROBERT LAFFONT

ISBN 978-2-221-10871-0

Ce livre est dédié

À mes confrères et consœurs médecins qui soignent inlassablement la souffrance et la peur, parfois avec autant de courage que celui dont font preuve leurs patients. J'espère plus que tout qu'ils le trouveront utile. Et qu'ils auront, comme je l'ai eu, le désir d'intégrer ces approches à leur pratique.

Et à mon fils Sacha, né dans cette tourmente, et dont l'enthousiasme pour la vie est pour moi une inspiration de chaque jour.

« J'ai toujours pensé que le seul problème de la médecine scientifique, c'est qu'elle n'est pas suffisamment scientifique. La médecine moderne ne deviendra vraiment scientifique que lorsque les médecins et leurs patients auront appris à tirer parti des forces du corps et de l'esprit qui agissent via le pouvoir de guérison de la nature. »

Pr René DUBOS, université Rockefeller,
New York, États-Unis
Découvreur du premier antibiotique, 1939
Initiateur du premier *Sommet de la Terre*
des Nations unies, 1972

Sommaire

Avertissement

Ce livre décrit des méthodes naturelles de soins qui contribuent à prévenir le développement du cancer ou à favoriser son traitement en accompagnement des approches conventionnelles (chirurgie, radiothérapie, chimiothérapie). Son contenu ne remplace en aucun cas l'avis d'un médecin. Il ne permet ni de faire un diagnostic, ni de recommander un traitement.

Tous les cas cliniques que j'expose dans les pages qui suivent sont tirés de mon expérience (mis à part quelques cas décrits par des confrères ou consœurs dans la littérature médicale, qui sont chaque fois indiqués comme tels). Pour des raisons évidentes, les noms et toutes les informations permettant d'identifier les personnes ont été modifiés. À quelques reprises, j'ai rassemblé des éléments cliniques de patients différents dans un souci de clarté d'exposition.

J'ai choisi d'exposer en termes simples notre compréhension actuelle du cancer et des défenses naturelles. Dans certains cas, cela ne m'a pas permis de rendre compte de toute la complexité des phénomènes biologiques, ou du détail des controverses au sujet des études cliniques existantes. Même si je pense avoir été fidèle à leur esprit, je demande pardon aux chercheurs biologistes et aux cancérologues d'avoir ainsi simplifié ce qui pour beaucoup d'entre eux représente le travail d'une vie.

Introduction

Nous avons tous un cancer qui dort en nous. Comme tout organisme vivant, notre corps fabrique des cellules défectueuses en permanence. C'est ainsi que naissent les tumeurs. Mais notre corps est aussi équipé de multiples mécanismes qui lui permettent de les détecter et de les contenir. En Occident, une personne sur quatre mourra d'un cancer, mais trois sur quatre n'en mourront pas. Pour ces dernières, les mécanismes de défense auront tenu le cancer en échec[1, 2*].

J'ai eu un cancer. Diagnostiqué une première fois il y a quinze ans, j'ai été traité par les méthodes conventionnelles, puis j'ai rechuté. C'est alors que j'ai décidé de rechercher, au-delà des traitements habituels, tout ce qui pouvait aider mon corps à se défendre. J'ai eu la chance, en ma qualité de médecin, de chercheur et de directeur du Centre de médecine intégrée à l'université de Pittsburgh, d'accéder à des informations précieuses sur les approches naturelles qui peuvent contribuer à prévenir ou soigner le cancer. Je vis en pleine santé depuis sept ans maintenant. Dans ce livre, je voudrais vous faire le récit de tout ce que j'ai appris.

Après la chirurgie et la chimiothérapie, j'ai demandé à mon cancérologue qui m'avait tant aidé des conseils sur la vie à

---

* Les notes sont regroupées par chapitres en fin d'ouvrage.

mener, des précautions à prendre pour éviter une rechute. « Il n'y a rien de particulier à faire. Vivez votre vie normalement. Nous ferons un scanner à intervalles réguliers, et si cette tumeur réapparaît, nous la détecterons très tôt », a répondu ce ponte de la cancérologie américaine. « Mais n'y a-t-il pas des exercices que je peux faire, des aliments à me conseiller ou à me déconseiller, ne devrais-je pas soigner mon mental ? » La réponse du médecin m'a laissé perplexe : « Dans ce domaine, faites ce que vous voulez, cela ne vous fera pas de mal. Mais nous n'avons pas de données scientifiques qui nous permettent d'affirmer que l'on peut prévenir une rechute grâce à ce genre de précautions. »

Ce que ce cancérologue voulait dire, en réalité, c'était que la cancérologie est un domaine extraordinairement complexe et qui change à une vitesse inouïe. Il avait déjà bien à faire pour se tenir au courant des procédures diagnostiques les plus récentes et des nouveaux traitements par la chimiothérapie et autres. Nous avions utilisé tous les médicaments et toutes les interventions médicales connus qui correspondaient à mon cas. Dans l'état actuel des connaissances, il n'en existait pas d'autres. Pour le reste, que ce soit l'alimentation ou les approches corps-esprit, il s'agissait de domaines sur lesquels il était clair qu'il n'avait pas le temps de s'informer.

Je connais ce problème en tant que médecin universitaire moi-même. Chacun dans notre secteur, nous sommes rarement au courant des découvertes fondamentales récemment publiées dans des revues aussi prestigieuses que *Science* ou *Nature* tant qu'elles n'ont pas encore été testées dans des études humaines à grande échelle. Pourtant, ces percées majeures permettent parfois de commencer à se protéger par soi-même, bien avant qu'elles ne donnent lieu à des médicaments et des protocoles qui seront les méthodes de soin de demain.

Il m'a fallu des mois de recherche pour commencer à comprendre comment je pouvais aider moi-même mon corps à se prémunir contre le cancer. J'ai participé à des conférences aux

États-Unis et en Europe qui réunissaient les chercheurs qui défrichent cette médecine « de terrain », j'ai écumé les bases de données médicales et épluché les publications scientifiques. Je me suis rapidement aperçu que les informations disponibles étaient souvent partielles et dispersées, et qu'elles ne prenaient tout leur sens que lorsqu'on les réunissait.

Ce que révèle la masse de données scientifiques, c'est le rôle capital joué par nos propres mécanismes de défense contre le cancer. Grâce à des rencontres essentielles avec d'autres médecins ou praticiens qui travaillaient déjà de cette manière, j'ai mis en pratique toutes ces informations pour accompagner mon traitement.

Voici ce que j'ai appris : si nous avons tous des cellules cancéreuses en nous, nous avons tous aussi un corps fait pour déjouer le processus de formation des tumeurs. Il revient à chacun d'entre nous de s'en servir. D'autres cultures que la nôtre y parviennent beaucoup mieux.

En Asie, les cancers qui affligent l'Occident – comme le cancer du sein, le cancer du côlon ou de la prostate – sont de 7 à 60 fois moins fréquents[3]. Chez les hommes asiatiques qui décèdent de causes autres que le cancer, on trouve pourtant autant de microtumeurs précancéreuses dans la prostate que chez les Occidentaux[4, 5]. Quelque chose dans *leur* façon de vivre empêche ces tumeurs de se développer.

En revanche, chez les Japonais installés en Occident, le taux de cancer rattrape le nôtre en une ou deux générations[3]. Quelque chose dans *notre* façon de vivre empêche notre corps de se défendre efficacement contre cette maladie.

Nous vivons tous avec des mythes qui entravent notre capacité de désamorcer le cancer. Par exemple, nous sommes souvent persuadés que le cancer est avant tout une affaire de gènes, pas de style de vie. Or, c'est l'inverse qui est vrai.

Si le cancer se transmettait surtout génétiquement, les enfants adoptés auraient le taux de cancer de leurs parents *biologiques* et non celui de leurs parents *adoptifs*. Au

Danemark, où il existe un registre génétique détaillé qui retrace les origines de chaque individu, des chercheurs ont retrouvé les parents biologiques de plus de 1 000 enfants adoptés à la naissance. Leur conclusion, publiée dans la plus grande revue de référence en médecine, le *New England Journal of Medicine*, nous contraint à changer toutes nos perspectives sur le cancer : avoir hérité des gènes de parents biologiques morts d'un cancer avant 50 ans n'a *aucune* influence sur le risque de développer un cancer soi-même. Par contre, la mort par cancer d'un parent *adoptif* (qui ne passe aucun gène, mais transfère ses habitudes de vie) multiplie par cinq le risque d'en mourir aussi[6]. Cette étude montre que ce sont bien les habitudes de vie, et non les gènes, qui sont les premières en cause dans la susceptibilité au cancer. Toutes les recherches sur le cancer concordent : les gènes contribuent au maximum à 15 % de la mortalité par cancer. Bref, il n'y a aucune fatalité et nous pouvons tous apprendre à nous protéger*.

Il faut le dire d'emblée : il n'existe à ce jour *aucune* approche alternative capable de guérir le cancer. Aujourd'hui, il est impensable de prétendre soigner le cancer sans recourir aux techniques remarquables mises au point par la médecine occidentale : chirurgie, chimiothérapie, radiothérapie, immuno-thérapie, et bientôt thérapie génique.

Toutefois, il est tout aussi déraisonnable de s'en remettre *uniquement* à ces approches conventionnelles et de négliger la capacité naturelle de notre corps à se protéger contre les tumeurs, que ce soit pour prévenir la maladie ou pour accompagner les traitements.

---

* Une autre étude, de l'institut Karolinska en Suède – l'organisme chargé de dresser la liste des candidats au prix Nobel –, montre que des jumeaux *génétiquement identiques* le plus souvent ne partagent *pas* le risque d'avoir un cancer. Les chercheurs concluent – toujours dans le *New England Journal* – que « les facteurs génétiques hérités ont une contribution mineure dans la susceptibilité à la plupart des néoplasmes [*N.d.A.* : néoplasme = cancer]. Ce résultat indique que l'environnement tient le rôle principal parmi les causes des cancers courants[7] ».

Dans les pages qui suivent, je raconte comment j'ai été amené à modifier ma perspective de médecin-chercheur ignorant tout des capacités naturelles du corps à se défendre. Je suis devenu un médecin qui compte avant tout sur ces mécanismes naturels. Mon cancer m'a poussé dans cette évolution. Pendant quinze ans, j'ai férocement protégé le secret de ma maladie. J'aime mon métier de psychiatre, et je n'ai jamais voulu que mes patients se sentent obligés de prendre soin de moi plutôt que de me laisser les aider. En tant que chercheur et enseignant, je ne voulais pas non plus qu'on attribue mes idées et mes prises de position à mon expérience personnelle plutôt qu'à la démarche scientifique qui m'a toujours guidé. Sur le plan personnel, comme tous les gens qui ont eu un cancer le comprennent, je voulais pouvoir continuer de vivre parmi les vivants, comme un vivant. Aujourd'hui, ce n'est pas sans appréhension que j'ai décidé d'en parler. Mais je suis désormais convaincu qu'il est essentiel de mettre les informations dont j'ai bénéficié au service de tous ceux qui pourraient souhaiter s'en servir.

La première partie présente une nouvelle vision des mécanismes du cancer, laquelle permet d'agir pour se protéger. Elle est fondée sur le rôle essentiel et encore peu connu du système immunitaire, la découverte des mécanismes inflammatoires qui sous-tendent la croissance des tumeurs, et sur la possibilité de bloquer leur développement en empêchant leur ravitaillement par de nouveaux vaisseaux sanguins.

Il en découle quatre approches que chacun peut mettre en œuvre pour se construire une biologie anticancer, à la fois du corps et de l'esprit : comment se prémunir contre les déséquilibres de l'environnement qui se sont installés depuis 1940, et qui alimentent l'épidémie actuelle de cancer. Comment ajuster son alimentation pour réduire les promoteurs du cancer et inclure le plus grand nombre de composés phytochimiques qui luttent activement contre les tumeurs. Comment comprendre – et s'en guérir – les blessures psychologiques qui alimentent les mécanismes biologiques à l'œuvre dans le cancer. Et enfin, comment tirer parti d'une relation à son corps qui agisse sur le système immunitaire et calme l'inflammation qui fait croître les tumeurs.

Mais ce livre n'est pas un manuel de biologie. La confrontation à la maladie est une aventure intérieure brûlante. Je n'aurais pas pu écrire ces pages sans revenir aussi sur les joies et les peines, les découvertes et les échecs qui font de moi aujourd'hui un homme considérablement plus en vie qu'il y a quinze ans. En les partageant avec vous, j'espère vous aider à trouver des pistes pour votre propre aventure. Et qu'elle sera belle.

1

Mon histoire

J'étais à Pittsburgh depuis sept ans, parti de France depuis dix. Je faisais mon internat en psychiatrie tout en continuant les recherches commencées pendant mon doctorat de sciences. Avec mon ami Jonathan Cohen, je dirigeais un laboratoire d'imagerie cérébrale fonctionnelle pour lequel nous avions obtenu le financement du National Institute of Health, l'Institut national de la santé américain. Notre but était de comprendre les mécanismes de la pensée en regardant ce qui se passait dans le cerveau. Je n'aurais jamais pu imaginer ce que ces recherches allaient me faire découvrir : ma propre maladie.

Jonathan et moi étions très proches. Tous les deux médecins et nous destinant à la psychiatrie, nous nous étions inscrits ensemble en doctorat de sciences à Pittsburgh. Lui venait de l'univers cosmopolite de San Francisco, moi de Paris via Montréal, et nous nous étions retrouvés soudain à Pittsburgh, au cœur d'une Amérique profonde qui nous était étrangère à l'un comme à l'autre. Quelques années plus tôt, nous avions publié nos recherches dans la prestigieuse revue *Science*, puis – dans *Psychological Review* – un article sur le rôle du cortex préfrontal, une zone encore peu connue du cerveau, qui permet le lien entre le passé et le futur. Nous proposions une nouvelle théorie en psychologie, grâce à nos simulations du fonctionnement cérébral sur ordinateur. Ces articles avaient fait pas mal de bruit, ce qui nous avait permis, alors que nous étions de simples étudiants, d'obtenir des subventions et de mettre sur pied ce laboratoire de recherche.

Pour Jonathan, si nous voulions avancer dans ce domaine, les simulations sur ordinateur ne suffisaient plus. Il nous fallait tester nos théories en observant directement l'activité cérébrale, grâce à une technique de pointe, l'imagerie fonctionnelle par résonance magnétique (IRM). À l'époque, cette technique était balbutiante. Seuls des centres de recherche très pointus possédaient des scanners de haute précision. Beaucoup plus courants, les scanners d'hôpital étaient aussi nettement moins performants. En particulier, personne n'avait pu mesurer avec un scanner d'hôpital l'activité du cortex préfrontal – l'objet de nos recherches. En effet, contrairement à d'autres régions du cerveau dont les variations sont très faciles à mesurer, le cortex préfrontal ne s'active pas énormément. Il faut le « pousser » en inventant des tâches complexes pour qu'il se manifeste un tant soit peu sur les images IRM. Parallèlement, Doug, un jeune physicien de notre âge spécialiste des techniques d'IRM, a eu l'idée d'une nouvelle méthode d'enregistrement des images qui permettrait peut-être de contourner la difficulté. L'hôpital où nous travaillions a accepté de nous prêter son scanner, le soir entre 8 heures et 11 heures, une fois les consultations terminées. Et nous avons commencé à tester cette nouvelle approche.

Doug, le physicien, modifiait continuellement sa méthode, pendant que Jonathan et moi inventions des tâches mentales pour stimuler au maximum cette zone du cerveau. Après plusieurs échecs, nous avons pu apercevoir sur nos écrans l'activation du fameux cortex préfrontal. Ce fut un moment exceptionnel, l'aboutissement d'une phase de recherche intense, rendue plus excitante encore par le fait de l'avoir vécue entre copains.

Nous étions un peu arrogants, je dois l'avouer. Nous avions trente ans, nous venions d'obtenir notre doctorat, nous avions déjà un laboratoire. Avec notre nouvelle théorie qui intéressait tout le monde, nous étions des étoiles montantes de la psychiatrie américaine. Nous maîtrisions des technologies de pointe que personne ne pratiquait. Les simulations sur ordinateur des réseaux de neurones et l'imagerie cérébrale fonctionnelle par IRM étaient encore presque inconnues des psychiatres universitaires. Cette année-là, Jonathan et moi avions même été invités par le professeur Widlöcher, le ponte de la psychiatrie française de l'époque, à venir faire un séminaire à la Pitié-Salpêtrière, là où Freud avait étudié avec Charcot. Pendant deux jours, devant un public de psychiatres et de neuroscientifiques français, nous avions expliqué comment la simulation des réseaux de neurones sur ordinateur pouvait aider à la compréhension des mécanismes psychologiques et pathologiques. À 30 ans, il y avait de quoi être fier.

La vie avant le cancer, c'était quoi ? J'étais en plein dans la vie, une certaine vie qui me semble un peu étrange maintenant : j'étais assez sûr du succès, confiant dans la science pure et dure, pas vraiment attiré par le contact avec les patients. Comme j'étais occupé à la fois par l'internat de psychiatrie et le laboratoire de recherche, j'essayais d'en faire le moins possible sur le plan clinique. Je me souviens d'un certain stage auquel on m'avait demandé de m'inscrire. Comme la plupart des internes, je n'étais pas chaud : la charge de travail était trop lourde, et d'ailleurs ce n'était pas de la psychiatrie proprement dite. Il s'agissait de passer six mois à l'hôpital général, à soigner les problèmes psychologiques de malades hospitalisés pour des problèmes physiques – ils avaient été opérés, subi une transplantation hépatique, ils avaient un cancer, un lupus, une sclérose en plaques... Je n'avais aucune envie de faire un stage qui allait m'empêcher de diriger mon laboratoire. Et puis, tous ces gens qui souffraient, ça ne m'intéressait pas vraiment. Je voulais surtout faire de la recherche, écrire des articles, intervenir dans les congrès et faire avancer les grandes idées. Un an plus tôt, j'étais parti en Irak avec Médecins sans frontières. J'avais été confronté à l'horreur et j'avais aimé soulager la souffrance de tant de gens jour après jour. Mais l'expérience ne m'avait pas donné envie de continuer dans la même voie une fois de retour à l'hôpital à Pittsburgh. C'était comme s'il s'agissait de deux mondes différents et étanches. J'étais avant tout jeune et ambitieux – je le suis encore un peu...

La place qu'occupait mon travail dans ma vie avait d'ailleurs joué un rôle certain dans le divorce pénible dont j'émergeais à ce moment-là. Entre autres causes de désaccord, ma femme n'avait pas supporté que, pour des raisons de carrière, je veuille continuer de vivre à Pittsburgh. Elle désirait rentrer en France, ou tout au moins aller vivre dans une ville plus *fun* comme New York. Pour moi, au contraire, tout était en train de s'accélérer à Pittsburgh et je ne voulais pas quitter mon labo et mes collaborateurs. Cela s'est terminé devant le juge, et j'ai vécu seul un an dans ma minuscule maison, entre une chambre et un bureau.

Et puis un jour où l'hôpital était quasi désert – c'était entre Noël et le jour de l'an, la semaine la plus creuse aux États-Unis –, j'ai vu cette jeune fille à la cafétéria, en train de lire Baudelaire. Quelqu'un qui lit Baudelaire à l'heure du déjeuner est un spectacle rare aux États-Unis, et encore plus à Pittsburgh. Je me suis assis à sa table. Elle était russe, avec des pommettes hautes et de grands yeux noirs, l'air à la fois réservé et extrêmement perspicace. Parfois, elle cessait complètement de parler, j'en étais déconcerté. Je lui ai demandé pourquoi elle le faisait, elle m'a répondu : « Je vérifie intérieurement la sincérité de ce que tu viens de dire. » Cela m'a fait rire. J'aimais bien cette façon de me remettre à ma place. C'est ainsi que nous avons commencé une histoire qui a mis du temps à se développer. Je n'étais pas pressé, elle non plus.

Six mois plus tard, je suis parti travailler tout l'été à l'université de San Francisco, dans un laboratoire de psychopharmacologie. Le patron du laboratoire s'apprêtait à partir en retraite et il aurait aimé que je prenne sa succession. Je me souviens avoir dit à Anna que si je rencontrais quelqu'un à San Francisco, ce serait peut-être la fin de notre relation. Que je comprendrais tout à fait qu'elle en fasse autant de son côté. Je crois qu'elle en a été peinée, mais je voulais être tout à fait franc. Elle ne vivait pas chez moi, notre relation était agréable, sans plus. Je lui ai tout de même offert un chien avant de partir... Il y avait certainement une tendresse entre nous. Une tendresse et une distance.

Quand je suis rentré en septembre à Pittsburgh, elle est quand même venue habiter dans ma maison de poupée. Je sentais que quelque chose grandissait entre nous, et j'en étais content. Je ne savais pas trop où cette histoire allait me mener, je continuais à rester quelque peu sur mes gardes – je n'avais pas oublié mon divorce. Mais ma vie prenait bonne tournure. J'étais heureux avec Anna. Au mois d'octobre, nous avons eu deux semaines magiques. C'était l'été indien. Je l'ai regardée, et j'ai compris à ce moment-là que j'étais amoureux.

Et puis tout a basculé sans crier gare.

Je me souviens de ce glorieux soir d'octobre à Pittsburgh, je filais à moto dans les avenues bordées d'arbres flamboyants vers le centre d'IRM, rejoindre Jonathan et Doug pour une de nos séances d'expériences avec des étudiants qui nous servaient de « cobayes ». Ils se glissaient dans le scanner, et nous leur demandions d'effectuer des tâches mentales pour un salaire minime. Nos recherches les excitaient, et surtout la perspective de recevoir à la fin de la séance une image numérique de leur cerveau qu'ils couraient afficher sur leur ordinateur. Vient le premier étudiant vers 8 heures. Le second, prévu vers 9-10 heures, fait faux bond. Jonathan et Doug me demandent si je veux bien faire le cobaye. J'accepte bien sûr, je suis le moins « technicien » des trois. Je m'allonge dans le scanner, un tube extrêmement serré où l'on a les bras plaqués contre le corps, un peu comme dans un cercueil. Beaucoup de gens ne supportent pas les scanners : 10 à 15 % des patients sont trop claustrophobes et ne peuvent faire d'IRM.

Je suis dans le scanner, nous commençons comme toujours par une série d'images dont l'objet est de repérer la structure du cerveau du sujet. Les cerveaux, comme les visages, sont tous différents. Il faut donc, avant toute mesure, faire une sorte de cartographie du cerveau au repos (qu'on appelle l'image anatomique), avec laquelle seront comparées les vues prises au moment où le sujet exécutera des activités mentales (on les appelle les images fonctionnelles). Tout au long du processus, le scanner produit un battement très fort, comme le bruit d'un bâton tapant sur un plancher, correspondant aux mouvements de l'aimant électronique qui s'enclenche et se désenclenche très rapidement pour induire des variations du champ magnétique dans le cerveau. Selon qu'il s'agit d'images anatomiques ou fonctionnelles, le rythme de ces claquements varie. À ce que j'entends, Jonathan et Doug sont en train de faire des images anatomiques de mon cerveau.

Au bout d'une dizaine de minutes, la phase anatomique se termine. Je m'attends à voir apparaître dans le petit miroir collé juste au-dessus de mes yeux la « tâche mentale » que nous avons programmée afin de stimuler l'activité du cortex préfrontal – c'est le but de l'expérience. Il s'agit d'appuyer sur un bouton chaque fois qu'on a repéré des lettres identiques parmi celles qui défilent rapidement à l'écran (le cortex préfrontal permet de garder en mémoire les lettres qui ont disparu et à faire les opérations de comparaison). J'attends donc que Jonathan envoie la tâche, et que se déclenche le bruit particulier du scanner en train d'enregistrer l'activité fonctionnelle du cerveau. Mais la pause se prolonge. Je ne comprends pas ce qui se passe. Jonathan et Doug sont à côté, dans la salle de contrôle, on ne peut communiquer que par interphone. J'entends alors dans les écouteurs : « David, on a un problème. Il y a quelque chose qui ne va pas avec les images. Il faut qu'on recommence. » Bon. J'attends. On recommence. Nous faisons de nouveau dix minutes d'images anatomiques. Et voici le moment où la tâche mentale doit débuter. J'attends. La voix de Jonathan me dit : « Écoute, ça ne va pas. Il y a un problème. On arrive. » Ils viennent dans la salle du scanner faire glisser la table sur laquelle je suis allongé, et je vois en sortant du tube qu'ils ont une expression étrange. Jonathan pose sa main sur mon bras et me dit : « On ne peut pas faire l'expérience. Il y a un truc dans ton cerveau. » Je leur demande de me montrer à l'écran les images qu'ils ont enregistrées par deux fois sur l'ordinateur.

Je n'étais ni radiologue ni neurologue, mais j'avais vu beaucoup d'images de cerveau, c'était notre travail quotidien : il y avait, sans aucune ambiguïté, dans la région du cortex préfrontal droit, une boule ronde de la taille d'une noix. Placée comme elle l'était, il ne s'agissait pas d'une de ces tumeurs bénignes du cerveau que l'on voit parfois, qui sont opérables, ou qui ne comptent pas parmi les plus virulentes – comme les méningiomes, les adénomes de l'hypophyse. Parfois, il s'agit d'un kyste, d'un abcès infectieux, provoqué par certaines maladies comme dans le sida. Mais ma santé était excellente, je faisais beaucoup de sport, j'étais même capitaine de mon équipe de squash. Cette hypothèse était donc exclue. Impossible de m'illusionner sur la gravité de ce que nous venions de découvrir. À un stade avancé, un cancer au cerveau tue le plus souvent en six semaines sans traitement, en six mois avec un traitement. Je ne savais pas à quel stade j'étais, mais je connaissais les statistiques. Nous sommes restés tous les trois silencieux, ne sachant pas quoi dire. Jonathan a envoyé les films au département de radiologie afin qu'ils soient évalués dès le lendemain par un spécialiste, et nous nous sommes quittés.

Je suis reparti sur ma moto, vers ma petite maison à l'autre bout de la ville. Il était 11 heures, la lune était très belle dans un ciel lumineux. Dans la chambre, Anna dormait. Je me suis allongé et j'ai regardé le plafond. C'était vraiment très étrange que ma vie s'arrête de cette façon. C'était inconcevable. Il y avait un tel fossé entre ce que je venais d'apprendre et ce que j'avais construit depuis tant d'années, l'élan que j'avais accumulé pour ce qui promettait d'être une longue course et qui aurait dû déboucher sur des réalisations pleines de sens. J'avais l'impression que je commençais seulement à contribuer à des choses utiles. J'émergeais d'une période très dure. Le doctorat avait été particulièrement éprouvant. Mon mariage n'avait tenu que trois mois. Depuis sept ans je vivais dans une ville qui n'avait rien de passionnant. À 22 ans, j'avais quitté la France pour le Canada puis les États-Unis. J'avais fait beaucoup de sacrifices, beaucoup investi pour l'avenir. Et, tout à coup, j'étais devant la possibilité qu'il n'y ait pas d'avenir du tout.

Et puis j'étais seul. Mes frères avaient étudié un temps à Pittsburgh, ils étaient tous repartis. Je n'avais plus de femme. Ma relation avec Anna était toute jeune, et elle allait certainement me quitter : qui voudrait d'un type qui, à 31 ans, est condamné à mort ? Je me voyais comme un bout de bois flottant dans une rivière, et qui se retrouve soudain rejeté contre la rive, bloqué dans un ressac. Sa destinée, c'était pourtant de faire tout le chemin jusqu'à l'océan. J'étais coincé dans ce lieu de hasard où je n'avais pas de vraies attaches. J'allais mourir, seul, à Pittsburgh.

Je me souviens d'un événement extraordinaire qui s'est produit alors que, allongé dans le lit, je contemplais la fumée de ma petite cigarette indienne. Je n'avais pas vraiment envie de dormir. J'étais pris dans mes pensées, quand tout à coup j'ai entendu ma propre voix qui parlait dans ma tête, avec une douceur, une assurance, une conviction, une clarté, une certitude que je ne me connaissais pas. Ce n'était pas moi et pourtant c'était bien ma voix. Au moment où j'étais en train de me répéter « ce n'est pas possible que ça m'arrive à moi, c'est impossible », cette voix a dit : « Tu sais quoi, David ?

C'est parfaitement possible, et ce n'est pas si grave. » Il s'est alors passé quelque chose d'étonnant et d'incompréhensible, car, de cette seconde-là, j'ai cessé d'être paralysé. C'était une évidence : oui, c'était possible, cela faisait partie de l'expérience humaine, beaucoup d'autres gens l'avaient vécu avant moi, je n'étais pas différent. Ce n'était pas grave d'être simplement, pleinement humain. Mon cerveau avait trouvé tout seul la voie de l'apaisement. Plus tard, quand j'ai eu peur à nouveau, j'ai dû apprendre à apprivoiser mes émotions. Mais ce soir-là, je me suis endormi, et le lendemain j'ai pu aller travailler, et faire le nécessaire pour commencer à affronter la maladie, et faire face à ma vie.

2

Échapper aux statistiques

Stephen Jay Gould était professeur de zoologie, spécialiste de la théorie de l'évolution, à l'université de Harvard. Il était aussi un des scientifiques les plus influents de sa génération, considéré par beaucoup comme le « deuxième Darwin » pour avoir présenté une vision plus complète de l'évolution des espèces.

En juillet 1982, à 40 ans, il apprit qu'il souffrait d'un mésothéliome de l'abdomen – un cancer grave et rare, que l'on attribue à l'exposition à l'amiante. Après son opération, il demanda à son médecin de lui indiquer les meilleurs articles techniques consacrés au mésothéliome. Alors qu'elle avait toujours été très directe jusque-là, la cancérologue lui répondit évasivement que la littérature médicale ne contenait rien de vraiment valable sur le sujet. Mais empêcher un universitaire d'aller fouiller la documentation sur un thème qui le préoccupe, c'est un peu, comme l'écrit Gould, « recommander la chasteté à l'*Homo sapiens*, le primate de tous le plus préoccupé par le sexe ». À sa sortie d'hôpital, il alla tout droit à la bibliothèque médicale du campus et s'installa à une table avec une pile de revues récentes. Une heure plus tard, il comprit, atterré, la cause de l'attitude de son médecin. Les études scientifiques ne laissaient en effet planer aucun doute :

31

le mésothéliome était « incurable », avec une survie médiane de huit mois une fois le diagnostic posé ! Comme un animal soudain pris dans les griffes d'un prédateur, Gould sentit la panique l'envahir, son corps et son esprit se figer pendant une bonne quinzaine de minutes.

Mais son entraînement d'universitaire reprit le dessus – et le sauva du désespoir. Il avait en effet passé sa vie à étudier les phénomènes naturels et à les mettre en chiffres. S'il y avait une leçon à en tirer, c'est qu'il n'existe dans la nature aucune règle fixe qui s'applique pareillement à tous. La variation est l'essence même de la nature. Dans la nature, la *médiane* est une abstraction, une « loi » que l'esprit humain cherche à plaquer sur le foisonnement des cas individuels. Pour l'individu Gould, la question était de savoir quelle était sa place à lui, distincte de toutes les autres, dans l'éventail des variations autour de la médiane.

Le fait que la survie *médiane* soit de huit mois, réfléchit Gould, signifiait que la moitié des personnes atteintes de mésothéliome survivait moins de huit mois. L'autre moitié survivait donc plus de huit mois. Et lui, à quelle moitié appartenait-il ? Comme il était jeune, qu'il ne fumait pas, qu'il était en bonne santé (hormis ce cancer), que sa tumeur avait été diagnostiquée à un stade précoce et qu'il pouvait compter sur les meilleurs traitements disponibles, il y avait toutes les raisons de penser qu'il se trouvait dans la « bonne » moitié, conclut Gould soulagé. C'était déjà autant de gagné.

Puis il prit conscience d'un aspect plus fondamental. Toutes les courbes de survie ont la même forme asymétrique : par définition, la moitié des cas est concentrée sur la partie gauche de la courbe, entre 0 mois et 8 mois. Mais l'autre moitié, à droite, s'étale forcément au-delà de huit mois et la courbe – la « distribution », comme on l'appelle en statistique – a toujours une « longue aile droite » qui peut même se prolonger considérablement. Fébrilement, Gould se mit à chercher dans les articles une courbe de survie du mésothéliome. Lorsqu'il la trouva enfin, il put constater qu'effectivement l'aile droite de la distribution s'étalait sur plusieurs années. Ainsi, même si la médiane n'était que de huit mois, tout au bout de l'aile droite un petit nombre de personnes survivait *des années* à cette maladie. Gould ne voyait aucune raison pour qu'il ne se trouve pas, lui aussi, tout au bout de cette longue aile droite, et il poussa un soupir de soulagement.

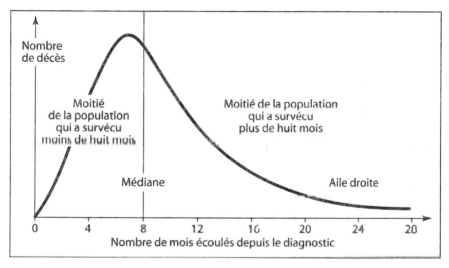

Figure 1 – Courbe de survie du mésothéliome telle que vue par Gould.

Revigoré par ces découvertes, son esprit de biologiste le mit alors devant une troisième évidence aussi importante que les deux premières : la courbe de survie qu'il avait sous les yeux était celle de gens qui avaient été soignés dix ou vingt ans plus tôt. Ils avaient bénéficié des traitements de l'époque, dans les circonstances de l'époque. Dans un domaine comme celui de la cancérologie, deux choses évoluent continuellement : les traitements conventionnels d'une part, et d'autre part notre connaissance de ce que chacun peut faire individuellement pour renforcer l'action de ces traitements. Si les circonstances changent, la courbe de survie change aussi. Peut-être, avec le

33

nouveau traitement qu'il allait recevoir, et avec un peu de chance, ferait-il partie d'une nouvelle courbe, avec une médiane plus haute, et une aile droite plus longue qui irait, loin, très loin, jusqu'à une mort naturelle à un âge avancé*...

Stephen Jay Gould est mort vingt ans plus tard d'une autre maladie. Il avait eu le temps d'accomplir une des plus admirables carrières scientifiques de son époque. Deux mois avant sa mort, il avait pu assister à la publication de son œuvre majeure, *La Structure de la théorie de l'évolution*. Il avait multiplié par trente les prédictions des cancérologues.

La leçon que nous offre ce grand biologiste est limpide : les statistiques sont une information, pas une condamnation. L'objectif, quand on est porteur d'un cancer et qu'on veut lutter contre la fatalité, c'est de se donner toutes les chances de se retrouver au bout de l'aile droite de la courbe.

D'ailleurs, personne ne sait prédire le cours d'un cancer avec précision. Le professeur David Spiegel, de l'université de Stanford, offre depuis trente ans des groupes de soutien psychologique aux femmes atteintes du cancer du sein métastatique. Lors d'une conférence prononcée à Harvard devant un public de cancérologues (et publiée dans le *Journal of the American Association of Medicine*), il a confié son trouble : « Le cancer est une maladie très déroutante. Nous avons des patientes qui ont eu des métastases au cerveau [*N.d.A.* : un des développements les plus alarmants dans le cancer du sein] il y a huit ans et qui vont très bien aujourd'hui. Pour quelle raison ? Personne ne le sait. Un des grands mystères de la chimiothérapie, c'est qu'elle permet parfois de faire "fondre" une tumeur sans pour autant entraîner une amélioration

---

* Stephen Jay Gould raconte lui-même sa réaction aux statistiques de son cancer dans un très beau texte en anglais intitulé avec humour « The Median isn't the Message » (« La médiane n'est pas le message ») qu'on peut trouver sur le site internet : www.cancerguide.org. Merci à Steve Dunn, animateur de ce site, d'avoir rendu ces informations disponibles pour un très large public.

notable de la survie. La relation entre la résistance somatique et la progression de la maladie, même d'un point de vue purement cancérologique, continue d'être très difficile à élucider[1]. »

Nous avons tous entendu parler de guérisons miraculeuses, de personnes qui n'avaient plus que quelques mois à vivre, et qui ont pourtant survécu des années, voire des décennies. Attention, nous répète-t-on, ce sont des cas très rares. Ou bien, on nous explique qu'il n'est pas certain qu'il s'agisse de cancer, mais plus vraisemblablement d'erreurs de diagnostic. Pour en avoir le cœur net, dans les années 1980, deux chercheurs de l'université Érasme de Rotterdam ont recherché systématiquement les cas de rémission spontanée de cancer qui ne puissent être remis en question. À leur grande surprise, ils en ont recensé sept, aussi indiscutables qu'inexplicables, en un an et demi de recherche dans leur seule région[2]. On peut donc raisonnablement penser que ces cas sont beaucoup plus fréquents qu'il n'est généralement admis.

Sans parler de miracles, les patients qui participent à certains programmes de prise en main de leur cancer, comme celui du centre Commonweal en Californie dont nous reparlerons, apprennent à mieux vivre avec leur corps et avec leur passé, à apaiser leur esprit par le yoga et la méditation, à se nourrir avec des aliments qui luttent contre le cancer et à éviter ceux qui favorisent son développement. Le suivi de ces personnes révèle qu'elles vivent nettement plus longtemps que la moyenne des personnes atteintes du même cancer au même stade d'avancement[3].

Un ami cancérologue de l'université de Pittsburgh, à qui je parlais de ces chiffres, avait objecté : « Ce ne sont pas des patients comme les autres : ils sont plus éduqués, plus motivés, et en meilleure santé. Qu'ils vivent plus longtemps ne prouve rien ! » Précisément, si ces résultats ne le prouvent pas formellement, ils suggèrent en tout cas fortement que l'on peut agir sur la maladie. Si l'on est mieux informé. Si l'on soigne son corps et son esprit, et si on leur donne la nourriture dont ils ont besoin pour être en meilleure santé. Alors les fonctions vitales du corps se mobilisent pour mieux lutter contre le cancer.

Depuis, la preuve a été apportée par le docteur Dean Ornish, professeur de médecine de l'université de San Francisco et grand précurseur de la médecine complémentaire. En septembre 2005, il publiait les résultats d'une étude sans précédent en cancérologie[4]. Quatre-vingt-treize hommes porteurs d'un cancer de la prostate à un stade précoce – confirmé par une biopsie – avaient choisi l'option, sous le contrôle de leur cancérologue, de ne *pas* intervenir chirurgicalement, mais de surveiller simplement l'évolution de la tumeur. Pour cela, on mesure à intervalles réguliers le niveau de PSA (« prostate specific antigen »), un antigène sécrété par la prostate et par la tumeur, et présent dans le sang. Une augmentation de PSA suggère que les cellules cancéreuses se multiplient et que la tumeur grossit.

Comme ces hommes avaient refusé tout traitement médical classique pendant l'observation, il était possible de leur proposer d'autres formes de prise en charge et d'en évaluer les bénéfices indépendamment de toute médication ou chirurgie conventionnelles. Deux groupes de patients furent alors formés par tirage au sort, afin de les rendre rigoureusement comparables. Le groupe « témoin » continua simplement à être contrôlé par des mesures régulières de PSA. Pour l'autre groupe, le docteur Ornish mit en place un programme complet de santé physique et mentale. Ces hommes durent suivre pendant un an un régime végétarien, complété par des suppléments (des antioxydants vitamines E et C et du sélénium, et un gramme d'oméga-3 par jour), des exercices physiques (30 minutes de marche, 6 jours par semaine), des pratiques de gestion du stress (mouvements de yoga, exercices de respiration qui augmentent la cohérence cardiaque, imagerie mentale ou relaxation progressive) et la participation une heure par semaine à un groupe de soutien avec d'autres patients du même programme.

Il s'agissait d'un changement radical de style de vie, surtout pour les cadres stressés ou les pères de famille écrasés de multiples responsabilités. Il s'agissait surtout de méthodes longtemps taxées de farfelues, de superstitieuses ou d'irrationnelles. Douze mois plus tard, les résultats ne laissaient pourtant subsister aucun doute : sur les 49 patients qui n'avaient rien changé à leur style de vie et s'étaient contentés de surveiller l'évolution de leur maladie, 6 avaient vu leur cancer s'aggraver et avaient dû subir une ablation de la prostate, une chimiothérapie ou une radiothérapie. En revanche, *aucun* des 41 patients qui avaient suivi le programme de santé physique et mentale n'avait eu besoin de recourir à de tels traitements. Pour le premier groupe, le PSA (qui marque la progression de la tumeur) avait augmenté en moyenne de 6 %, sans compter ceux qui avaient dû arrêter l'expérience à cause de l'accélération de leur maladie (et qui présentaient un taux de PSA encore plus inquiétant). Cette croissance suggère que les tumeurs progressaient lentement mais sûrement. Quant au second groupe, celui qui avait changé ses habitudes de vie, le PSA avait *baissé* de 4 %, indiquant une régression des tumeurs chez la plupart des patients.

Mais le plus impressionnant, c'est ce qui s'était produit dans l'organisme des hommes qui avaient modifié leurs habitudes de vie. Leur sang, mis en présence de cellules prostatiques cancéreuses typiques (des cellules de la lignée LNCaP utilisée pour tester différents agents de chimiothérapie), était *sept fois* plus capable d'inhiber la croissance des cellules cancéreuses que le sang des hommes qui n'avaient rien changé à leur style de vie.

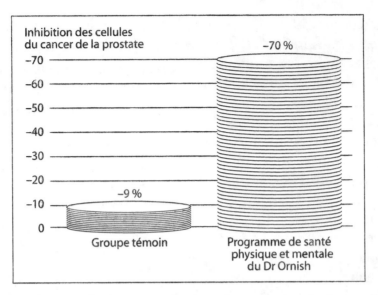

Figure 2 – Le sang des hommes qui suivent le programme du docteur Ornish bloque le développement des cellules du cancer de la prostate sept fois plus que celui des hommes qui ne changent rien à leur style de vie.

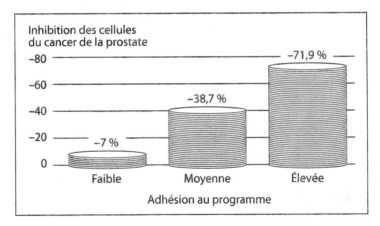

Figure 3 – Plus l'adhésion au programme du docteur Ornish est élevée, plus le sang des patients est capable d'inhiber la croissance des cellules du cancer de la prostate.

La meilleure preuve de l'existence d'un lien entre les modifications du style de vie et l'arrêt de la progression du cancer est apportée par le fait que *plus* ces hommes avaient assimilé les conseils du docteur Ornish et les appliquaient assidûment dans leur existence quotidienne, *plus* leur sang était actif contre les cellules cancéreuses* !

Bref, les statistiques que l'on nous présente sur la survie du cancer ne font pas la différence entre les personnes qui se contentent d'accepter passivement le verdict médical et celles qui mettent en branle leurs propres défenses naturelles. Dans la même « médiane », on trouve ceux qui continuent de fumer, de s'exposer à d'autres substances cancérigènes, de s'alimenter selon le régime occidental typique – un véritable engrais pour le cancer –, qui ne cessent de saper leurs défenses immunitaires par un excès de stress et une mauvaise gestion de leurs émotions, qui laissent leur corps à l'abandon en le privant d'activité physique. Il y a aussi ceux qui vivent beaucoup plus longtemps, ou qui voient leur tumeur disparaître, parce que, parallèlement aux bénéfices des traitements classiques qu'ils partagent avec tous les autres, leurs défenses naturelles sont mobilisées. On peut apprendre à les activer soi-même en respectant quatre règles simples : détoxification des substances carcinogènes, alimentation anticancer, apaisement de l'esprit et activité physique. Nous parlerons de chacun de ces points en détail.

Il n'existe pas d'approche naturelle capable à elle seule de guérir le cancer. Mais il n'existe pas de fatalité non plus. Comme Stephen Jay Gould, nous pouvons tous mettre les statistiques en perspective et viser la « longue aile droite de la courbe ». Le meilleur chemin, pour qui veut atteindre cet

---

* Parmi toutes les interventions simultanées du docteur Ornish, on ne sait pas précisément quelle est la contribution de chacune d'entre elles prise séparément à l'effet observé contre la progression des cellules cancéreuses, ni si cet effet ne résulte pas plutôt d'une sorte de synergie. Cela reste un sujet actif de recherche.

objectif ou simplement se protéger du cancer, c'est d'apprendre à mieux utiliser les ressources du corps et à vivre une vie plus riche.

Tout le monde ne s'engage pas dans ce chemin par une décision réfléchie. Il arrive que la maladie elle-même nous y emmène. En chinois, la notion de « crise » est rendue par l'association des deux caractères « danger » et « opportunité ». La menace que fait peser le cancer est si aveuglante que nous avons du mal à en percevoir la fécondité. Pour ma part, de bien des façons, ma maladie a transformé ma vie. À un point que je n'aurais jamais pu imaginer quand j'ai cru que j'étais condamné. Tout a commencé très vite après le diagnostic initial...

3

Danger et opportunité

Devenir « patient »

Quand j'ai appris que j'avais une tumeur au cerveau, du jour au lendemain j'ai basculé dans un monde qui me semblait familier mais dont en réalité j'ignorais tout : le monde des malades.

Je connaissais quelque peu le confrère neurochirurgien à qui on m'a tout de suite adressé. Nous avions des patients communs et il s'intéressait à mes recherches sur le cerveau. Après l'annonce de ma maladie, nos conversations ont changé du tout au tout. Plus aucune allusion à mes expériences scientifiques. Je devais me mettre à nu, déballer ma vie intime, détailler mes symptômes : nous parlions de mes maux de tête, de mes nausées, des crises d'épilepsie que je risquais d'avoir. Privé de mes attributs professionnels, rentré dans le rang des simples patients, j'avais l'impression que le sol se dérobait sous mes pieds.

Je m'accrochais comme je pouvais à mon statut de médecin. Un peu piteusement, je gardais ma blouse blanche et mon badge de médecin pour aller à mes rendez-vous. Aux États-Unis où la hiérarchie est souvent très marquée au sein de l'hôpital, les infirmières, les aides-soignants, les brancardiers qui

reconnaissent votre statut vous appellent respectueusement
« *Doctor* ». Mais quand on est sur le brancard et qu'on ne
porte plus sa blouse, on devient « M. Untel », comme tout le
monde, ou même souvent « mon chou ». On patiente, comme
tout le monde, dans les salles d'attente que l'on avait l'habitude de traverser en coup de vent, la tête haute et en évitant
le regard des patients pour ne pas se faire arrêter en chemin.
Comme tout le monde à l'époque, on est emmené à la salle
d'examen sur une chaise roulante. Peu importait que, le reste
du temps, je circule d'un pas élastique dans ces mêmes couloirs. Les brancardiers disaient : « C'est le règlement de l'hôpital », et il fallait se résigner à abandonner jusqu'au statut de
personne capable de marcher.

J'entrais dans un monde gris, le monde des gens sans titre,
sans qualité, sans métier. On ne s'intéresse pas à ce qu'ils font
dans la vie, ou à ce qu'ils ont dans la tête, on veut juste savoir
ce qu'il y a sur leur dernier scan. Je m'apercevais que la
plupart de mes médecins ne savaient pas me traiter à la fois
comme leur patient et comme leur confrère. Un soir, me
rendant à un dîner, je suis tombé sur mon oncologue, un
brillant spécialiste que j'appréciais beaucoup, lui aussi invité
à cette soirée. Je l'ai vu pâlir, se lever et partir sur une vague
excuse. J'ai eu tout à coup le sentiment qu'il y avait un club
des vivants, et qu'on me faisait comprendre que j'en étais
exclu. J'ai commencé à avoir peur. Peur d'être perçu comme
appartenant à une autre catégorie, celle des gens qui se définissent d'abord par leur maladie. Peur de devenir invisible.
Peur de cesser d'exister avant même d'être mort. J'allais peut-
être mourir bientôt, mais je voulais pouvoir être vivant jusqu'au bout !

Quelques jours après la séance de scan avec Jonathan et
Doug, mon frère Édouard était de passage à Pittsburgh pour
son travail. Je n'avais encore annoncé la nouvelle à personne
d'autre qu'Anna. La gorge serrée, j'ai parlé à Édouard comme

j'ai pu. J'avais peur à la fois de lui faire du mal et, bizarrement, de me jeter à moi-même un mauvais sort. J'ai vu ses beaux yeux clairs se remplir de larmes, mais il n'a pas paniqué. Il m'a simplement serré dans ses bras. Nous avons pleuré ensemble un moment, puis parlé des options de traitement, des statistiques, de tout ce que j'aurais à affronter. Et puis il m'a fait rire, comme il sait le faire, en me disant qu'avec la tête rasée j'aurais enfin l'air punk que je n'avais pas osé prendre à 18 ans... Avec lui, au moins, j'étais encore vivant.

Le lendemain, je suis allé déjeuner avec Anna et Édouard près de l'hôpital. Nous étions très gais en sortant du restaurant, les vieux souvenirs que nous évoquions nous plongeaient dans un tel fou rire que j'ai dû m'accrocher à un poteau. À ce moment précis, j'ai vu Doug traverser la rue en s'avançant vers moi, l'air à la fois lugubre et interloqué, avec même une nuance de désapprobation dans les yeux. Son expression disait on ne peut plus clairement : « Comment peut-on être plié en deux de rire quand on vient d'apprendre une telle nouvelle ? »

J'ai compris, avec consternation, qu'aux yeux de la plupart des gens il était déplacé de rigoler quand on souffrait d'une maladie grave. Toute la journée, toute ma vie, on allait me regarder comme une personne condamnée à disparaître à brève échéance...

La mort ? Impossible...

Et puis il y avait la question lancinante de la mort. La première réaction à l'annonce d'un cancer est souvent l'incrédulité. Quand on tente d'imaginer la possibilité de sa propre mort, le cerveau se rebiffe. Comme si la mort ne pouvait arriver qu'aux autres. Tolstoï décrit parfaitement cette réaction dans *La Mort d'Ivan Ilitch*. Comme beaucoup, je me suis profondément reconnu dans cette nouvelle. Ivan Ilitch est magistrat à Saint-Pétersbourg et mène une vie bien réglée jusqu'au jour où il tombe malade. On lui cache la gravité de son état, mais il finit par se rendre compte qu'il est en train de mourir. À cet instant, tout son être se cabre contre cette idée... Impossible !

« Dans le fond de son âme, il savait qu'il était en train de mourir. Mais, non seulement il ne parvenait pas à s'habituer à cette idée, mais il ne pouvait simplement pas l'appréhender. Cet exemple de syllogisme qu'il avait appris dans le manuel de logique de Kiesewetter : "Caïus est un homme, les hommes sont mortels, donc Caïus est mortel", ce raisonnement lui paraissait exact s'il s'agissait de Caïus, mais pas de sa propre personne. Que Caïus, un homme en général, soit mortel était parfaitement normal. Mais lui n'était pas Caïus, il n'était pas un homme en général, il était à part, tout à fait à part des autres êtres : il était Vania avec sa maman et son papa, avec Mitia et Volodia, avec sa nurse et son cocher, puis avec Katenka, avec toutes les joies, toutes les peines, tous les enthousiasmes de l'enfance, de l'adolescence, de la jeunesse. Caïus connaissait-il l'odeur de cette balle en cuir bariolé que Vania avait tant aimée ? Caïus avait-il embrassé la main de sa mère comme Vania ? Est-ce pour Caïus qu'avait froufrouté ainsi la jupe en soie de la mère de Vania ? Est-ce Caïus qui avait protesté à l'école au sujet des petits pâtés abîmés ? Avait-il été amoureux comme Vania ? Pouvait il présider à une séance [du tribunal] comme lui ? Caïus est bien mortel, et il est juste qu'il meure. Mais moi, Vania, Ivan Ilitch, avec toutes mes pensées, avec tous mes sentiments, c'est tout autre chose. Et il est impossible que je doive mourir. Ce serait trop affreux. »

Les yeux ouverts

Tant que la maladie ne nous a pas frôlé, la vie nous paraît infinie, et nous croyons qu'il sera toujours temps de nous battre pour le bonheur. Il faut d'abord que je décroche mes diplômes, que je rembourse mon crédit, que les enfants grandissent, que je prenne ma retraite... Plus tard je penserai au bonheur. Remettant toujours au lendemain la quête de l'essentiel, nous risquons de laisser la vie filer entre nos doigts, sans l'avoir jamais vraiment goûtée.

C'est cette curieuse myopie, ces hésitations, que le cancer vient parfois bousculer. En rendant la vie à sa véritable fragilité, il lui restitue son authentique saveur. Quelques semaines après avoir reçu le diagnostic de cancer au cerveau, j'ai eu le sentiment étrange qu'on venait de me retirer les verres gris qui voilaient ma vue. Un dimanche après-midi, je regardais Anna dans la petite pièce ensoleillée de notre minuscule maison. Elle était assise par terre, à côté d'une table basse, s'essayant à la traduction de poèmes du français en anglais, l'air concentré et paisible. Pour la première fois, je la voyais comme elle était, sans me demander si je devais ou non lui préférer quelqu'un d'autre. Je voyais simplement sa mèche de cheveux qui tombait gracieusement quand elle penchait la tête sur son livre, la délicatesse de ses doigts tenant si légèrement le stylo. J'étais étonné de n'avoir jamais remarqué à quel point les imperceptibles contractions de sa mâchoire quand elle avait du mal à trouver le mot qu'elle cherchait pouvaient être émouvantes. J'avais l'impression de la voir soudain telle qu'en elle-même, dégagée de mes questions et de mes doutes. Sa présence en devenait incroyablement touchante. Le seul fait d'être admis à partager cet instant m'apparaissait comme un privilège immense. Comment avais-je pu ne pas la voir ainsi plus tôt ?

Dans son livre sur le pouvoir transformateur de la perspective de la mort, Irvin Yalom, éminent psychiatre de l'université de Stanford, cite une lettre écrite par un sénateur américain peu après son diagnostic de cancer, au début des années 1960[1] :

« Un changement se produisit en moi qui me semble irréversible. Les questions de prestige, de succès politique, de statut financier devinrent instantanément secondaires. Dans ces premières heures où je compris que j'avais un cancer, jamais je n'ai pensé à mon siège de sénateur, à mon compte en banque ou au destin du monde libre... Depuis que ma maladie a été diagnostiquée, ma femme et moi ne nous sommes plus jamais querellés. J'avais l'habitude de lui reprocher de presser le tube de dentifrice par le haut plutôt que par le bas, de ne pas s'occuper suffisamment de mon appétit exigeant, de faire des listes d'invités sans me consulter, de trop dépenser en achats de vêtements. Désormais, je ne remarque même plus ce genre de détails, ils me semblent sans importance...

Au lieu de cela, je prends un plaisir nouveau à des choses qui me semblaient jadis aller de soi – déjeuner avec un ami, gratter les oreilles de Muffet et l'écouter ronronner, partager la compagnie de ma femme, lire un livre ou un magazine sous le cône paisible de ma lampe de chevet, fondre sur le réfrigérateur pour un verre de jus d'orange ou une tranche de cake au café. Je crois bien que c'est la première fois que je savoure la vie. Je me rends compte finalement que je ne suis pas immortel. Je tremble au souvenir de toutes les occasions que je me suis gâchées – même quand j'étais au mieux de ma forme – pour cause de pseudo-fierté, de fausses valeurs et d'affronts imaginaires. »

Ainsi, la proximité de la mort peut apporter parfois une sorte de libération. À son ombre, la vie acquiert soudain une intensité, une sonorité, une saveur inconnues. Bien entendu, l'heure venue, on ne peut qu'être terriblement triste de s'en aller, comme quand on doit dire adieu pour toujours à une personne aimée. La plupart d'entre nous redoutent cette tristesse. Mais au fond, le plus triste ne serait-il pas de partir sans avoir goûté la saveur de la vie ? Le plus épouvantable, ne serait-ce pas, au moment de quitter la vie, de n'avoir aucune raison d'être triste ? Pour ma part, je n'avais jamais envisagé le monde sous cet angle.

Je dois reconnaître que je venais de loin. Quand Anna avait emménagé chez moi, je l'avais aidée à ranger ses livres dans la bibliothèque, et j'étais tombé en arrêt sur l'un d'eux, *What the Buddha taught* (« Ce qu'enseignait le Bouddha »). J'avais demandé, ébahi : « Pourquoi tu perds ton temps à lire des trucs pareils ? » Avec le recul, j'ai presque du mal à le croire, mais mon souvenir est formel : mon rationalisme confinait à l'obtus. Dans ma culture, le Bouddha comme le Christ étaient, au mieux, des prêcheurs moralisateurs, au pire des agents de la répression morale au service de la bourgeoisie. J'étais presque choqué de voir que la femme avec laquelle j'allais vivre s'intoxiquait de balivernes et d'« opium du peuple ». Anna m'a jeté un regard de côté et a simplement dit, en remettant le livre sur l'étagère : « Je pense qu'un jour tu le comprendras. »

Le grand virage

Pendant ce temps, je continuais à voir des médecins, à peser le pour et le contre des différents traitements possibles. Ayant finalement opté pour la chirurgie, j'ai cherché un chirurgien qui m'inspire suffisamment confiance pour que je consente à lui livrer mon cerveau. Celui sur lequel mon choix s'est arrêté n'était peut-être pas le meilleur technicien. Mais il m'a semblé être celui qui comprenait le mieux qui j'étais, ce que j'avais vécu. Je sentais qu'il ne me laisserait pas tomber si les choses tournaient mal. Il ne pouvait pas m'opérer tout de suite. Par chance, la tumeur n'était pas, à ce moment-là, dans une phase de croissance rapide. J'ai attendu qu'un créneau se libère dans son emploi du temps. J'ai dû patienter quelques semaines, que j'ai passées à lire à perte de vue des auteurs qui avaient réfléchi sur ce que nous pouvons apprendre de la confrontation avec la mort. J'ai plongé dans les livres que, quelques mois plus tôt, j'aurais remis sur l'étagère en secouant la tête. C'est grâce à Anna, qui adorait les auteurs de son pays d'origine – ainsi qu'à Yalom qui s'y réfère souvent –, que j'ai lu Tolstoï. D'abord *La Mort d'Ivan Ilitch* puis *Maître et serviteur* qui m'a aussi laissé une impression profonde.

Tolstoï y raconte la transfiguration d'un propriétaire terrien obsédé par ses intérêts. Décidé à finaliser l'achat d'un terrain qu'il avait négocié à un prix dérisoire, il part en traîneau à la nuit tombante, alors que le mauvais temps menace, et se retrouve bloqué avec Nikita, son serviteur, dans une violente tempête de neige. Quand il s'aperçoit que c'est peut-être sa dernière nuit, sa vision change du tout au tout. Il s'allonge alors sur le corps frigorifié de son valet, afin, dans un dernier geste pour la vie, de le protéger de sa propre chaleur. Il en mourra mais il réussira à sauver Nikita. Tolstoï décrit comment, par ce geste, le maître atteint un sentiment de grâce qu'il n'a jamais connu de toute sa vie d'homme intelligent et calculateur. Pour la première fois, il vit dans le présent et dans le don de soi. Dans le froid qui le gagne, il sent qu'il fait un avec Nikita. Sa propre mort n'a donc plus d'importance, puisque Nikita vit. Propulsé hors de son égoïsme, il découvre une douceur, une vérité touchant à l'essence même de la vie, et au moment de mourir, il voit la lumière – un grand rayon blanc au bout d'un tunnel.

C'est dans cette période qu'a débuté le grand virage qui m'a progressivement amené à abandonner « la science pour la science », qui avait représenté jusque-là le plus clair de mon activité. Comme la plus grande partie de la recherche dite médicale, ce que je faisais dans mon laboratoire de recherche n'était que très théoriquement lié à la possibilité de soulager la souffrance. Au début, les chercheurs comme moi s'engagent avec enthousiasme et naïveté dans un travail qui va, croient-ils, permettre de guérir la maladie d'Alzheimer, la schizophrénie ou le cancer. Et puis, sans savoir comment, ils se retrouvent à mettre au point de meilleures techniques de mesure pour les récepteurs qui sont la cible des médicaments dans les cellules... En attendant, ils ont de quoi publier des articles dans les revues scientifiques, obtenir des subventions et faire tourner leur laboratoire. Mais ils ont dérivé à mille lieues de la souffrance humaine.

L'hypothèse que nous explorions, Jonathan et moi – le rôle du cortex préfrontal dans la schizophrénie –, est désormais une théorie largement admise au sein de la profession et continue de susciter des programmes de recherche, aux États-Unis comme dans plusieurs pays d'Europe. C'était en somme du très bon travail scientifique. Mais il n'aidait personne à guérir, ni même à aller mieux. Et maintenant que je cohabitais, au ras des jours, avec la peur d'être malade, de souffrir, de mourir, c'était sur cela que je voulais travailler.

Après mon opération, j'ai repris à la fois mon travail de recherche et mes permanences à l'hôpital, et j'ai découvert que contrairement à ce que je croyais, c'était désormais mon activité de clinicien qui me tenait le plus à cœur. C'était chaque fois comme si je soulageais ma propre souffrance, comme si j'étais devenu un avec ce patient qui ne dormait plus, ou celui-là que la douleur incessante poussait au suicide. Vu sous cet angle, le travail de médecin cessait de paraître une obligation, pour devenir un merveilleux cadeau. Un sentiment de grâce était entré dans ma vie.

Le miracle de la fragilité

Je me souviens d'un de ces événements insignifiants qui nous plongent sans préavis dans l'expérience de la fragilité de la vie, et du miracle de la connexion avec les autres mortels, nos semblables. Ce fut une brève rencontre dans un parking, la veille de ma première opération, un épisode minuscule qu'un regard extérieur qualifierait d'anodin, mais qui reste marqué du sceau des révélations. J'étais arrivé à New York en voiture avec Anna, et je m'étais garé dans le parking de l'hôpital. J'étais là à prendre l'air pendant mes dernières minutes de liberté précédant l'admission, les tests, le bloc, l'opération... J'aperçois une dame âgée qui sort visiblement d'un séjour hospitalier, seule, sans aide. Chargée d'un sac, elle se déplace avec des béquilles et n'arrive pas à monter dans sa voiture. Je la fixe, étonné qu'on puisse la laisser partir dans cet état. Elle me remarque, et je vois dans son regard qu'elle n'attend rien de moi. Rien. Nous sommes à New York, c'est chacun pour soi. Je me suis senti alors poussé vers elle par un élan d'une force surprenante, un élan issu de ma condition de malade. Ce n'était pas de la compassion, c'était une fraternité quasi viscérale : je me sentais infiniment proche, du même moule que cette femme qui avait besoin d'aide et n'en demandait pas. J'ai mis son sac dans le coffre, j'ai pris le volant pour sortir sa voiture du créneau, je l'ai soutenue pendant qu'elle s'installait sur son siège, j'ai refermé sa portière en lui souriant. Pendant ces quelques minutes, elle n'avait pas été seule. J'étais heureux de pouvoir lui rendre ce minuscule service. En fait, c'était elle qui me rendait service en ayant besoin de moi précisément à ce moment-là, en me permettant de sentir ma communauté de condition humaine. Elle m'a offert cela, et je le lui ai offert en retour. Je revois encore ses yeux dans lesquels j'avais éveillé une sorte de confiance dans les êtres et les choses, l'idée que la vie était formidable d'avoir mis sur son chemin ce soutien inespéré. Nous avons à peine échangé quelques mots, mais je suis persuadé qu'elle a eu, comme moi, la certitude d'une concordance particulière. Cette rencontre m'a réchauffé le cœur. Nous, les êtres fragiles, nous pouvions nous soutenir les uns les autres, et nous sourire. Je suis entré en chirurgie en paix.

Sauver sa vie, jusqu'au bout

Nous avons tous besoin de nous sentir utiles à autrui. C'est une nourriture indispensable de l'âme, dont le manque crée une douleur d'autant plus déchirante que la mort est proche. Une grande partie de ce qu'on appelle la peur de la mort vient de la peur que notre vie n'ait pas eu de sens, que nous ayons vécu en vain, que notre existence n'ait fait une différence pour rien ni personne.

On m'a appelé un jour au chevet de Joe, un jeune homme couvert de tatouages, qui avait une longue histoire d'alcoolisme, de drogue et de violence. Il était sorti de ses gonds quand on lui avait annoncé un cancer du cerveau, et avait tout renversé dans sa chambre. Les infirmières effrayées ne voulaient plus s'approcher de lui. Quand je me suis présenté à lui en ma qualité de psychiatre, Joe était comme un lion en cage, mais il a accepté de me parler. Je me suis assis à côté de lui et je lui ai dit : « Je sais ce qu'on vous a annoncé, je sais que vous êtes très en colère, j'imagine aussi que c'est une nouvelle qui peut faire peur. » Il est parti dans une diatribe violente, mais au bout de vingt minutes il pleurait. Son père était alcoolique, sa mère s'enfermait dans le mutisme, il n'avait pas d'amis et les types avec qui il buvait dans les bars allaient sûrement le rejeter. Il était perdu. Je lui ai dit : « Je ne sais pas ce que je vais pouvoir faire pour vous, mais ce que je peux vous promettre, c'est de vous voir toutes les semaines tant que cela vous sera utile. » Il s'est calmé et il est venu me voir chaque semaine pendant les six mois qui ont précédé sa mort.

Pendant ces séances, je n'avais pas grand-chose à dire, je l'ai écouté. Il avait vaguement travaillé comme électricien, mais depuis longtemps il ne faisait plus rien, il vivait d'allocations sociales. Il ne parlait pas avec ses parents et passait sa journée devant la télévision. Il était terriblement seul. Il est rapidement apparu que ce qui rendait sa mort insoutenable, c'est qu'il n'avait rien fait de sa vie. Je lui ai demandé si, dans le temps qui lui restait à vivre, il pouvait faire quelque chose qui soit utile à quelqu'un. Il ne s'était jamais posé la question. Il a réfléchi un bon moment, puis il m'a répondu : « Il y a une église dans mon quartier, je crois que je pourrais faire quelque chose pour eux. Ils ont vraiment besoin d'un système d'air conditionné. Je sais faire ça. » Je l'ai encouragé à aller voir le pasteur, qui s'est montré ravi de la proposition.

Joe s'est donc levé tous les matins pour aller sur son petit chantier. Son travail avançait très lentement parce que, avec sa grosse tumeur cérébrale, il avait du mal à se concentrer. Mais ce n'était pas pressé. Les habitués de la paroisse se sont accoutumés à le voir dans les locaux, sur le toit. Ils lui disaient bonjour, ils lui apportaient un sandwich et du café à l'heure du déjeuner. Il m'en parlait avec émotion. Pour la première fois de sa vie, il faisait quelque chose qui comptait vraiment pour les autres. Il s'est transformé, il n'a plus jamais explosé de colère. Au fond, c'était un tendre. Et puis, un jour, il n'a plus pu aller travailler. Son cancérologue m'a appelé pour me dire qu'il était à l'hôpital, que c'était la fin, et qu'il allait être transféré aux soins palliatifs. Je suis monté dans sa chambre. Ce matin-là, le soleil inondait la pièce. Il était allongé, très calme, presque endormi. On lui avait retiré toutes ses intraveineuses. Je me suis assis sur le lit pour lui faire mes adieux. Il a ouvert les yeux, il a essayé de me parler, mais il n'avait pas de force, aucun son ne sortait de ses lèvres. D'une main faible, il m'a fait signe de m'approcher encore. J'ai mis mon oreille tout près de ses lèvres et je l'ai entendu murmurer tout doucement : « Que Dieu vous bénisse de m'avoir sauvé la vie. »

Je reste profondément imprégné de ce qu'il m'a appris : au seuil de la mort, on peut encore sauver sa vie. Cette leçon m'a donné assez de confiance pour entamer la tâche que j'avais à accomplir de mon côté afin d'être prêt le moment venu. D'une certaine façon, il m'a, lui aussi, sauvé la vie.

Cela fait quatorze ans maintenant que je célèbre l'« anniversaire » de l'annonce de mon cancer. Comme je ne sais plus quel jour exact a eu lieu la séance de scan avec Jonathan et Doug, me souvenant seulement que c'était autour du 15 octobre, la période entre le 15 et le 20 est pour moi un moment spécial, un peu comme la semaine du Kippour, la semaine sainte, ou le jeûne du ramadan. Il s'agit d'un rituel très intérieur. Je prends du temps seul avec moi-même, je fais parfois une sorte de « pèlerinage » intime, en me rendant dans une église, une synagogue, un lieu saint. Je me recueille sur ce qui m'est arrivé, cette douleur, cette peur, cette crise. Je rends grâce, parce que j'ai été transformé. Parce que je suis un homme beaucoup plus heureux depuis cette seconde naissance.

4

Les faiblesses du cancer

En proie au cancer, l'organisme vit une guerre totale. Les cellules cancéreuses se comportent comme des bandes armées sans foi ni loi, libérées des contraintes de la vie en société qui caractérisent un organisme en bonne santé. Avec leurs gènes anormaux, elles échappent aux mécanismes de régulation des tissus. Elles ont perdu, par exemple, l'obligation de mourir après un certain nombre de divisions et sont donc devenues « immortelles ». Elles font la sourde oreille aux signaux des tissus environnants qui, alarmés par le manque de place, leur demandent de cesser de se multiplier. Pire, elles les intoxiquent avec des substances particulières qu'elles sécrètent. Ces poisons créent localement une inflammation qui stimule encore plus leur expansion au détriment des territoires voisins. Enfin, comme une armée en campagne qui doit assurer son ravitaillement, elles réquisitionnent les vaisseaux sanguins à proximité et les obligent à proliférer afin de fournir l'oxygène et les nutriments indispensables à la croissance de ce qui va rapidement devenir une tumeur.

Pourtant il arrive dans certaines circonstances que ces bandes sauvages se désorganisent et perdent leur virulence : 1° lorsque le système immunitaire se mobilise contre elles, 2° lorsque le corps refuse de produire l'inflammation sans laquelle elles ne peuvent ni croître ni envahir de nouveaux territoires, ou 3° lorsque les vaisseaux sanguins refusent de se multiplier et d'assurer l'approvisionnement indispensable à leur progression. Ces mécanismes peuvent être renforcés afin d'éviter que la maladie n'apparaisse. Certes, aucune de ces défenses naturelles ne peut prétendre remplacer la chimiothérapie ou la radiothérapie une fois la tumeur installée. Mais elles peuvent être mises à profit, parallèlement aux traitements conventionnels, afin de mobiliser tout le potentiel de résistance au cancer.

PREMIÈRE PARTIE

Les sentinelles du corps :
les puissantes cellules immunitaires

Le ravage des cellules S180

De toutes les souches de cellules cancéreuses utilisées par les chercheurs, les S180 – ou cellules du sarcome 180 – sont les plus virulentes. Issues d'une souris particulière d'un laboratoire suisse, cultivées en grand nombre, elles sont utilisées partout dans le monde pour étudier le cancer dans des conditions reproductibles à l'identique. Particulièrement anormales, ces cellules contiennent un nombre aberrant de chromosomes. Elles sécrètent de grandes quantités de cytokines, des substances toxiques qui font exploser l'enveloppe des cellules avec lesquelles elles entrent en contact. Une fois injectées dans l'organisme des souris, les cellules S180 se multiplient à une vitesse telle que la masse de la tumeur double toutes les dix heures. Elles envahissent les tissus environnants et détruisent tout ce qu'elles trouvent sur leur passage. Lorsqu'elles sont présentes dans la cavité abdominale, leur prolifération déborde rapidement la capacité de drainage des vaisseaux lymphatiques. Comme dans une baignoire bouchée, les fluides s'accumulent jusqu'à ce que le ventre se remplisse d'ascite. Ce liquide clair constitue un milieu idéal pour la croissance des cellules S180, qui poursuivent de plus belle leur pullulement jusqu'à ce qu'un organe vital se bloque ou qu'un vaisseau sanguin majeur éclate, entraînant la mort de l'organisme.

Les droits des animaux

Ce livre, et ce chapitre en particulier, font référence à de nombreuses études menées sur des rats et des souris de laboratoire. J'aime les animaux, et je n'aime pas penser à tout le mal qui leur est fait au cours de ces expériences. Mais, à ce jour, ni les militants pour les droits des animaux, ni les scientifiques qui se préoccupent de leur condition n'ont trouvé de solution de rechange pour mener ces expériences à bien. Comme vous allez le voir, grâce à ces expériences, un nombre incalculable d'enfants, d'hommes et de femmes pourront un jour être soignés de façon à la fois plus efficace et plus humaine. Un grand nombre d'animaux aussi, puisque, comme nous, ils souffrent souvent de cancer.

La souris qui résiste au cancer

Dans le laboratoire de Zheng Cui (prononcer « Djeng Tsui »), professeur de biologie à la Wake Forest University de Caroline du Nord, aux États-Unis, on n'étudiait pas le cancer, mais le métabolisme des graisses. Néanmoins, afin d'obtenir les anticorps nécessaires aux expériences, on injectait les fameuses cellules S180 aux souris, qui fabriquaient alors l'ascite d'où ces anticorps pouvaient être facilement extraits. Cette procédure classique exigeait un renouvellement permanent du « cheptel », car aucune des souris auxquelles on avait injecté quelques milliers de ces cellules ne survivait plus d'un mois.

Aucune, jusqu'au jour où un événement curieux se produisit. Une jeune chercheuse, Liya Qin, avait injecté 200 000 cellules S180 à un groupe de souris – la dose habituelle pour cette procédure courante. Mais l'une d'entre elles, la souris n° 6, avait résisté à l'injection, gardant obstinément un ventre plat. Liya Qin avait renouvelé l'injection, sans succès. Sur le conseil de Zheng Cui, qui dirigeait sa recherche, elle avait doublé la dose. Toujours sans résultat. Elle l'avait alors décuplée, passant à 2 millions de cellules. À sa stupéfaction, il n'y avait toujours ni cancer ni ascite dans le ventre de la récalcitrante. Mettant en doute les compétences techniques de son assistante, Zheng Cui résolut de faire l'injection lui-même, et pour faire bonne mesure, il injecta 20 millions de cellules et vérifia que le liquide avait bien pénétré l'abdomen. Deux semaines plus tard, toujours rien ! Il essaya alors 200 millions de cellules – mille fois la dose habituelle – mais rien n'y fit. Alors qu'aucune souris n'avait jamais vécu plus de deux mois dans ce laboratoire, la souris n° 6 en était maintenant à son huitième mois, malgré les doses astronomiques de cellules cancéreuses injectées directement dans son abdomen, là où elles prolifèrent le plus rapidement. L'idée germa alors dans l'esprit de Zheng Cui qu'il s'agissait peut-être de l'impossible : une souris naturellement résistante au cancer...

La littérature médicale et scientifique relate depuis un siècle des cas de patients chez qui un cancer considéré comme « terminal » a soudainement fait marche arrière et fini par disparaître complètement[1-7]. Mais ces cas sont rarissimes, et il est évidemment difficile de les étudier, puisqu'ils sont imprévisibles et qu'on ne peut les reproduire à volonté. Le plus souvent, on les attribue à une erreur de diagnostic (« ce n'était sans doute pas un cancer... ») ou bien à un effet retard des traitements conventionnels reçus précédemment (« c'est sans doute la chimiothérapie de l'année dernière qui a fini par marcher... »).

Tout esprit honnête est pourtant obligé d'admettre que, dans ces rémissions inexpliquées, des mécanismes encore mal compris sont en jeu, capables de contrecarrer le développement du cancer. Au cours des dix dernières années, certains de ces mécanismes ont été mis en lumière et étudiés en laboratoire. La souris n° 6 du professeur Zheng Cui a offert une fenêtre sur le premier d'entre eux : la puissance du système immunitaire dès lors qu'il est totalement mobilisé.

Une fois acquis à l'idée que la fameuse souris – désormais surnommée « Mighty Mouse » (« Supersouris ») – était résistante au cancer, une inquiétude nouvelle s'empara de Zheng Cui. Mighty Mouse n'existait qu'en un seul exemplaire ! Au mieux, une souris ne vit que deux ans. Une fois morte, comment étudier son extraordinaire résistance ? Et si elle attrapait un virus, une pneumonie ? Zheng Cui envisageait de préserver son ADN, ou de la cloner (les premiers clonages réussis de souris venaient d'être rendus publics), quand un de ses collègues lui glissa : « As-tu pensé à lui faire faire des petits ? »

Figure 1 – « Mighty Mouse », souris n° 6.

Non seulement Mighty Mouse eut des petits – avec une femelle non résistante – mais la moitié de ses petits-enfants héritèrent de sa résistance aux cellules S180* : comme leur grand-père, ces souris-là encaissaient sans faiblir deux millions de cellules S180, une dose devenue quasi banale dans le laboratoire. Elles supportaient même deux *milliards* de S180,

---

* Zheng Cui n'a pas testé la première génération de la progéniture de la souris n° 6 de peur que le gène ne soit récessif et ne s'exprime qu'à la génération suivante.

soit 10 % de leur poids total – ce qui correspond, chez un être humain, à l'injection d'une masse de 7 à 8 kg d'une tumeur ultravirulente !

Le mystérieux mécanisme

C'est alors que Zheng Cui dut s'absenter plusieurs mois. À son retour, une grosse déconvenue l'attendait. Lorsqu'il reprit les expériences sur les souris résistantes, il constata que deux semaines après l'injection habituelle, elles développaient toutes une ascite cancéreuse. Toutes, sans exception. Que s'était-il passé ? Comment avaient-elles pu perdre leur résistance pendant son absence ? Pendant des jours, il ne pensa plus qu'à cet échec, se demandant quelle avait pu être son erreur. Tout rentrait malheureusement dans l'ordre. Comme le lui avaient prédit la plupart de ses collègues, cette « découverte » était de toute façon trop belle pour être vraie. Il était tellement déçu qu'il cessa d'aller voir les souris. Quatre semaines après les injections, elles devaient toutes être mourantes. Le cœur lourd, il se rendit au laboratoire, souleva le couvercle, et se figea : les souris étaient bien vivantes et leur ascite avait... disparu !

Après quelques jours de fièvre et une autre expérience pour tester une nouvelle hypothèse, l'explication se fit jour : à partir d'un certain âge (six mois pour une souris, l'équivalent de la cinquantaine pour un être humain), le mécanisme de résistance est affaibli. Le cancer se développe donc dans un premier temps, d'où le ventre gonflé d'ascite. Mais environ deux semaines plus tard (un ou deux ans à l'échelle humaine), la tumeur, dont la seule présence a activé le mécanisme de résistance de l'organisme, fond à vue d'œil, et disparaît en moins de vingt-quatre heures (un à deux mois à l'échelle humaine). Les souris retournent alors à leurs activités habituelles, y compris une vie sexuelle très active... Pour la première fois, la science possédait un modèle expérimental, reproductible à volonté, de la régression spontanée du cancer[8]. Restait à comprendre par quels mécanismes cette mystérieuse résorption pouvait se produire. Ce fut un collaborateur de Zheng Cui, le docteur Mark Miller, spécialiste du développement cellulaire du cancer, qui perça le mystère.

En étudiant au microscope les cellules S180 prélevées dans l'abdomen des souris miraculées, il découvrit un véritable champ de bataille : au lieu des cellules cancéreuses habituelles, bombées, velues et agressives, il voyait des cellules lisses, percées, cabossées, aux prises avec les globules blancs du système immunitaire, dont les fameuses « cellules tueuses naturelles » ou NK (pour *natural killer* en anglais). Mark Miller put même filmer en vidéomicroscopie l'attaque des cellules S180 par les cellules immunitaires (voir cahier illustré, figure 3). C'était la solution de l'énigme : les souris résistantes avaient la capacité de monter une défense musclée grâce à leur système immunitaire, y compris après l'installation complète d'un cancer[9].

Des agents très spéciaux contre le cancer

Les cellules NK sont des agents très spéciaux du système immunitaire. Comme tous les globules blancs, elles patrouillent continuellement dans l'organisme à la recherche de bactéries, de virus ou de cellules cancéreuses nouvelles. Mais contrairement à d'autres lymphocytes, elles n'ont pas besoin d'être mises en présence d'un antigène pour être mobilisées. Dès qu'elles détectent des intrus, elles s'agglutinent autour d'eux, cherchant un contact de membrane à membrane. Une fois le contact établi, les NK pointent sur leur cible, comme la tourette d'un char d'assaut, un appareillage interne transportant des vésicules bourrées de poisons.

Au contact de l'indésirable, les vésicules sont libérées et les armes chimiques de la cellule NK – la *perforine* et les *granzymes* – sont injectées à travers la membrane. Les molécules de perforine prennent alors la forme de microanneaux, qui s'assemblent pour constituer un tube par où les granzymes s'engouffrent. Ces derniers réactivent alors au cœur de la cellule cancéreuse les mécanismes de mort autoprogrammée, comme s'ils lui donnaient l'ordre de se suicider. De fait, son noyau se brise, entraînant l'implosion de toute l'architecture. Les restes affaissés de la cellule sont ainsi prêts à être digérés par les macrophages, ces éboueurs du système immunitaire que l'on trouve toujours dans le sillage des NK[10, 11].

Comme celles des souris du professeur Zheng Cui, les cellules NK humaines ont la capacité de tuer des cellules cancéreuses de différents types, notamment celles du sarcome, du cancer du sein, de la prostate, du poumon ou du côlon[12].

Une étude portant sur 77 femmes souffrant de cancer du sein et suivies pendant douze ans en a souligné l'importance pour le traitement. Tout d'abord, des extraits de leur tumeur, prélevés au moment où le diagnostic a été posé, ont été cultivés en présence de leurs propres cellules blanches. Chez certaines patientes, les globules blancs ne réagissaient pas, comme si leur vitalité naturelle avait été mystérieusement entravée. Chez d'autres, au contraire, elles se livraient à un nettoyage musclé. Douze ans plus tard, au terme de l'étude, près de la moitié (47 %) des patientes dont les globules blancs n'avaient pas réagi en laboratoire étaient décédées. En revanche, 95 % de celles dont le système immunitaire s'était montré actif au microscope étaient encore en vie[13].

Une autre étude est parvenue à des résultats analogues : moins les globules blancs NK s'étaient montrés actifs au miscroscope, plus rapide avait été la progression du cancer et plus il s'était répandu dans l'organisme sous forme de métastases[14]. Chez les humains aussi, la vivacité des cellules immunitaires semble donc essentielle pour contrer la croissance des tumeurs et la diffusion des métastases[15, 16].

Un cancer tenu en respect

Mary-Ann, qui ne souffrait d'aucun cancer, apprit de façon tragique le rôle crucial du système immunitaire contre les cancers qui tentent de s'installer. Cette Écossaise souffrait d'insuffisance rénale, une maladie grave des reins qui les rend incapables de filtrer le sang, ce qui entraîne l'accumulation de toxines dans l'organisme. Pour éviter les dialyses qu'elle devait subir à l'hôpital plusieurs fois par semaine, elle reçut une greffe de rein. Pendant un an, Mary-Ann put à nouveau vivre presque normalement, la seule contrainte étant de prendre tous les jours des médicaments immunosuppresseurs qui, comme leur nom l'indique, avaient pour but d'affaiblir son propre système immunitaire afin de l'empêcher de rejeter la greffe qui la maintenait en vie. Mais au bout d'un an et demi de ce régime, une douleur sourde s'était développée autour du rein greffé, et un nodule anormal avait été identifié dans son sein gauche lors d'une mammographie de routine. Une biopsie fut pratiquée, qui révéla l'apparition d'une double métastase de mélanome – un cancer de la peau – alors même qu'il n'existait nulle part sur sa peau de mélanome primaire qui aurait pu en être l'origine. Une situation incompréhensible pour ses médecins. Appelée en renfort par les chirurgiens perplexes, la dermatologue Rona MacKie ne réussit pas mieux à expliquer ce mystérieux cas de mélanome fantôme. Tout fut tenté pour sauver Mary-Ann, y compris l'arrêt du traitement immunosuppresseur et l'ablation du rein malade, mais il était trop tard. Six mois plus tard, elle mourait de l'invasion générali-sée d'un mélanome dont on n'avait jamais trouvé l'origine.

Peu de temps après, George, un deuxième patient qui avait reçu une greffe de rein dans le même hôpital, développa à son tour un mélanome métastatique sans tumeur d'origine. Cette fois, le docteur MacKie ne pouvait plus croire à une simple coïncidence à mettre sur le compte des mystères impénétrables de la médecine. Elle remonta la trace des deux reins grâce au registre des organes transplantés et découvrit qu'ils provenaient de la même donneuse. Son état de santé général avait pourtant satisfait tous les tests habituels : pas d'hépatite, pas de VIH, et, bien entendu, pas de cancer. Mais Rona MacKie s'obstina, et elle finit par découvrir le nom de cette donneuse dans la base de données écossaise des patients suivis pour... un mélanome. Dix-huit ans plus tôt, elle avait été opérée d'une toute petite tumeur – de 2,6 mm – sur la peau. Elle avait par la suite été suivie pendant quinze ans dans une clinique du mélanome et finalement déclarée « complètement guérie ». C'était un an avant sa mort, due à une hémorragie cérébrale accidentelle qui n'avait aucun lien avec ce vieux cancer disparu. Ainsi, chez cette patiente effectivement « guérie » de son cancer, les organes apparemment sains continuaient d'être porteurs de microtumeurs que son système immunitaire maintenait en respect. Lorsque ces microtumeurs se retrouvèrent dans un organisme – celui de George ou celui de Mary-Ann –, dont le système immunitaire était volontairement affaibli pour empêcher le rejet du rein greffé, elles reprirent rapidement leur développement chaotique et envahissant.

Grâce à son travail de détective, le docteur MacKie réussit à convaincre ses confrères du département de transplantation rénale d'arrêter les immunosuppresseurs administrés quotidiennement à George et de lui donner au contraire un immunostimulant agressif pour qu'il rejette le plus rapidement possible le rein greffé porteur du mélanome. Quelques semaines plus tard, on put lui retirer le rein. Même s'il dut se remettre à la dialyse, deux ans plus tard George était toujours en vie et ne montrait aucune trace de mélanome*. Une fois retrouvée sa force naturelle, son système immunitaire avait rempli sa mission et expulsé les tumeurs.

---

* L'histoire de Mary-Ann et de George (ce ne sont pas leurs vrais noms) a fait l'objet d'un article dans le *New England Journal of Medicine* dont ces éléments sont tirés[17].

« La Nature n'a pas lu nos manuels »

Chez les souris du professeur Zheng Cui, les chercheurs ont pu montrer que leurs globules blancs peuvent éliminer jusqu'à 2 milliards de cellules cancéreuses en quelques semaines. Six heures à peine après l'injection de ces cellules, la cavité abdominale des souris est envahie par 160 millions de globules blancs. Avec un tel afflux, ce sont une vingtaine de millions de cellules cancéreuses qui disparaissent en une demi-journée ! Jusqu'à ces expériences sur Mighty Mouse et sa descendance, personne n'aurait pu espérer que le système immunitaire serait capable de se mobiliser au point de réussir à digérer un cancer pesant 10 % du poids total. Personne ne l'aurait même imaginé. Le consensus régnant à propos des limites du système immunitaire aurait sans doute empêché un immunologue classique de prêter attention à la phénoménale santé de la souris nº 6. C'est ce dont est convaincu le docteur Lloyd Old, professeur d'immunologie du cancer au centre de cancérologie Sloan-Kettering, à New York. S'adressant au professeur Zheng Cui – qui ne connaissait rien à l'immunologie avant de tomber sur la souris nº 6 –, il lui dit : « Nous pouvons nous féliciter que vous n'ayez pas été immunologue. Sinon, vous vous seriez certainement débarrassé de cette souris sans hésitation... » À quoi Zheng Cui répondit : « Nous pouvons plutôt nous féliciter que la Nature n'ait jamais lu nos manuels [18] ! »

Les ressources du corps et les possibilités de faire face à la maladie sont encore trop souvent sous-estimées par la science moderne. Bien sûr, dans le cas de Mighty Mouse, sa prodigieuse résistance est liée à ses gènes. Qu'en est-il pour tous ceux qui, comme moi, comme vous peut-être, sont dépourvus de ces gènes exceptionnels ? Jusqu'à quel point peut-on compter sur un système immunitaire « ordinaire » ?

La réponse à cette question repose sur la combativité des globules blancs, éléments cruciaux de notre capacité à déjouer le cancer. Nous pouvons stimuler leur vitalité, ou, au minimum, nous pouvons cesser de la freiner. Les supersouris y arrivent mieux que personne, mais chacun d'entre nous peut « pousser » ses globules blancs, afin qu'ils donnent le maximum face au cancer. Plusieurs études montrent que, comme tous les soldats, les globules blancs humains se battent d'autant mieux que 1° ils sont traités avec respect (ils sont bien nourris, protégés des toxines), et 2° leur officier garde la tête froide (il gère ses émotions et agit avec sérénité).

Comme nous le verrons plus loin, les différentes études sur l'activité des globules blancs (dont les cellules NK) montrent qu'ils sont à leur meilleur niveau quand notre alimentation est saine, que notre environnement est « propre », que notre activité physique engage la totalité de notre corps (et pas seulement notre cerveau ou nos mains). Les globules blancs se montrent également sensibles à nos émotions, réagissant positivement aux états où prédominent la joie et le sentiment de connexion avec ceux qui nous entourent. Tout se passe comme si les cellules immunitaires se mobilisaient d'autant mieux qu'elles sont au service d'une vie qui vaut objectivement mieux la « peine » d'être vécue. Nous retrouverons ces fidèles sentinelles tout au long des chapitres suivants lorsque nous passerons en revue les méthodes naturelles de soins qui doivent accompagner tout traitement du cancer*.

---

* Le lien entre le système immunitaire et la progression du cancer est moins bien compris chez l'être humain que chez la souris. Certains cancers sont associés à des virus (comme celui du foie ou du col de l'utérus) et sont donc très dépendants de l'état du système immunitaire, mais cela est moins clair pour d'autres. En présence d'un système immunitaire très affaibli – comme dans le sida, ou chez les patients qui reçoivent des immunosupresseurs à haute dose –, on sait que seuls *certains* cancers tendent à se développer (lymphomes, leucémies ou mélanomes en particulier). Toutefois, les études continuent de montrer que les personnes ayant un système immunitaire actif contre les cellules cancéreuses développent nettement moins de cancers de plusieurs sortes (sein, ovaire, poumons, côlon, estomac, par exemple) que celles dont les globules blancs sont moins réactifs et qu'elles risquent moins de voir leurs cancers se répandre dans l'organisme sous forme de métastases[20-22].

Inhibe	Encourage
Régime occidental traditionnel (pro-inflammatoire)	Régime méditerranéen, cuisine indienne, cuisine asiatique
Émotions rentrées	Émotions exprimées
Dépression et amertume	Acceptation et sérénité
Isolement social	Soutien de l'entourage
Négation de sa véritable identité (par ex. son homosexualité)	Acceptation de soi avec ses valeurs et son histoire
Sédentarité	Activité physique régulière

Tableau 1 – Ce qui inhibe et ce qui encourage les cellules immunitaires. Les différentes études sur l'activité des globules blancs montrent que ces derniers réagissent à l'alimentation, à l'environnement, à l'activité physique et au vécu émotionnel.

DEUXIÈME PARTIE

« Le cancer : une blessure qui ne guérit pas »
Le double visage de l'inflammation

Un cheval de Troie pour envahir l'organisme

Tous les organismes vivants sont naturellement capables de réparer leurs tissus après une blessure. Chez les animaux et les humains, le mécanisme au cœur de cette réparation est l'inflammation. Dioscoride, chirurgien grec du Ⅰ^er siècle de notre ère, a décrit l'inflammation en des termes d'une telle simplicité qu'ils sont encore enseignés dans toutes les facultés de médecine : « *Rubor, tumor, calor, dolor.* » C'est rouge, c'est gonflé, c'est chaud, et c'est douloureux... Mais sous ces manifestations de surface, des mécanismes complexes et puissants sont à l'œuvre.

Dès qu'une lésion affecte un tissu – choc, coupure, brûlure, empoisonnement, infection –, elle est détectée par les plaquettes du sang qui s'agglutinent autour du segment endommagé. En s'assemblant, elles libèrent une substance chimique – le PDGF, pour *platelet-derived growth factor* (facteur de croissance dérivé des plaquettes) – qui alerte les cellules blanches du système immunitaire. Celles-ci produisent à leur tour une série d'autres médiateurs chimiques aux noms barbares et aux effets multiples : ces cytokines, chémokines, prostaglandines, leukotriènes et thromboxanes vont orchestrer le processus de réparation. D'abord, elles dilatent les vaisseaux avoisinant la blessure afin d'assurer l'afflux d'autres cellules immunitaires appelées en renfort. Ensuite, elles colmatent la brèche en activant la coagulation du sang autour du tas de plaquettes. Puis elles rendent les tissus avoisinants perméables pour que les cellules immunitaires puissent les pénétrer et poursuivre les intrus partout où ils ont pu se loger.

Enfin, elles déclenchent la multiplication des cellules du tissu endommagé pour qu'il reconstruise le morceau manquant et fabrique localement de petits vaisseaux sanguins de façon à permettre l'arrivée d'oxygène et de nutriments sur le site de la construction.

Ces mécanismes sont absolument essentiels à l'intégrité du corps et à sa reconstitution permanente face aux inévitables agressions. Lorsqu'ils sont bien réglés et en équilibre avec les autres fonctions des cellules, ces processus sont superbement harmonieux et autolimités. C'est-à-dire que la croissance des nouveaux tissus s'arrête dès que les remplacements nécessaires ont été effectués. Les cellules immunitaires qui s'étaient activées face aux intrus se remettent en état de veille afin d'éviter que, sur leur lancée, elles ne s'attaquent à des tissus sains (voir cahier illustré, figure 5). Depuis quelques années, nous savons que le cancer se sert précisément de ces mécanismes de réparation comme d'un cheval de Troie pour envahir l'organisme et le mener à sa perte. C'est cela la double face de l'inflammation : censée soutenir la formation de nouveaux tissus pour la guérison, elle peut être détournée pour alimenter la croissance cancéreuse.

Des blessures qui ne guérissent pas

Rudolf Virchow, fondateur de la pathologie moderne – la science qui étudie les rapports entre la maladie et les événements qui affectent les tissus –, était un grand médecin allemand. En 1863, il avait observé que plusieurs patients semblaient avoir développé un cancer à l'endroit précis où ils avaient reçu un coup, ou bien là où une chaussure, un outil de travail, frottait de façon répétée. Au microscope, il avait remarqué la présence de nombreuses cellules blanches au sein des tumeurs cancéreuses. Il avait alors émis l'hypothèse que le cancer était une tentative de réparation d'une blessure qui avait mal tourné. Sa description, qui semblait trop anecdotique, presque trop poétique, ne fut pas véritablement prise au sérieux. Quelque cent vingt ans plus tard, en 1986, le docteur Harold Dvorak, professeur de pathologie à la Harvard Medical School, a repris cette hypothèse, en s'appuyant cette fois sur des arguments de poids. Dans son article intitulé « Tumeurs : des blessures qui ne guérissent pas[23] », il démontre la similarité étonnante entre les mécanismes mis en jeu par l'inflammation nécessaire à la réparation des blessures d'une part et la fabrication des tumeurs cancéreuses de l'autre. Il note aussi que plus d'un cancer sur six est directement lié à un état inflammatoire chronique (voir tableau 2). Ainsi du cancer du col de l'utérus, le plus souvent consécutif à une infection chronique par le papillomavirus. Du cancer du côlon, très fréquent chez les personnes souffrant d'une maladie inflammatoire chronique de l'intestin. Du cancer de l'estomac, lié à l'infection par la bactérie Helicobacter pylori (également cause d'ulcères). Du cancer du foie, à l'infection par l'hépatite B ou C. Du mésothéliome, à l'inflammation causée par l'amiante. Du cancer du poumon, à l'inflammation des bronches causée par les nombreux additifs toxiques de la fumée de cigarette.

Aujourd'hui, vingt ans après cet article pionnier, le rôle joué par l'inflammation dans le développement des cancers est considéré comme tellement crucial qu'aux États-Unis le National Cancer Institute a rédigé un rapport afin de donner le plus large écho à une recherche encore trop souvent méconnue par les médecins cancérologues[25]. Le rapport décrit avec une grande précision les processus par lesquels les cellules cancéreuses réussissent à dévoyer les mécanismes de guérison de l'organisme. Tout comme les cellules immunitaires s'activant pour réparer les lésions, les cellules cancéreuses doivent produire de l'inflammation pour soutenir leur croissance.

Elles se mettent à fabriquer en abondance les mêmes substances hautement inflammatoires dont nous avons vu le rôle dans la réparation naturelle des blessures (cytokines, prostaglandines et leukotriènes). Celles-ci, nous l'avons vu, agissent comme des engrais chimiques en favorisant la multiplication cellulaire. Le cancer va se servir de ces substances pour induire sa propre prolifération et pour rendre perméables les barrières qui l'entourent. Ainsi, le processus même qui permet au système immunitaire de réparer les lésions et de pourchasser les ennemis dans tous les recoins de l'organisme est détourné au profit des cellules cancéreuses qui vont s'en emparer pour proliférer et se propager. Grâce à l'inflammation, elles vont s'infiltrer dans les tissus avoisinants et se glisser dans le flux sanguin pour aller former des colonies à distance : les métastases.

Type de cancer	Cause d'inflammation
Lymphome MALT	Helicobacter pylori
Bronches	Silice, amiante, fumée de cigarette
Mésothéliome	Amiante
Œsophage	Métaplasie de Barrett
Foie	Virus de l'hépatite (B et C)
Estomac	Gastrite causée par Helicobacter pylori
Sarcome de Kaposi	Virus de l'herpès humain type 8
Vessie	Schistosomiase
Côlon et rectum	Maladies inflammatoires de l'intestin
Ovaires	Infection génitale haute, talc, remodelage des tissus
Col de l'utérus	HPV (human papillomavirus)

Tableau 2 – Différents cancers directement associés à des conditions inflammatoires (d'après Balkwill dans le *Lancet*[24]).

Le cercle vicieux au cœur du cancer

Alors que dans le cas de la cicatrisation normale des lésions, la production de ces substances chimiques s'arrête dès que le tissu est restauré, dans le cas du cancer, elle va au contraire se prolonger. L'excès de ces substances entraîne à son tour dans les tissus contigus le blocage du processus naturel qu'on appelle l'apoptose, c'est-à-dire le suicide cellulaire génétiquement programmé afin d'empêcher la pullulation anarchique des tissus. Les cellules cancéreuses se trouvent ainsi protégées de cette mort cellulaire, et la tumeur grossit de proche en proche.

De plus, en soufflant sur le feu de l'inflammation, les tumeurs vont provoquer un autre effet grave : elles vont « désarmer » les cellules immunitaires présentes dans les parages. En simplifiant, on peut dire que la surproduction de facteurs inflammatoires a pour effet de déboussoler les globules blancs avoisinants[26, 27]. Les globules blancs et cellules NK sont alors neutralisés, ils n'essaient même plus de lutter contre la tumeur qui prospère et grossit sous leur nez[28].

Le moteur de toute tumeur se trouve donc en grande partie dans le cercle vicieux que les cellules cancéreuses réussissent à créer : en encourageant les cellules immunitaires à produire de l'inflammation, la tumeur fait fabriquer par l'organisme le carburant nécessaire à sa propre croissance et à l'invasion des tissus environnants. Plus la tumeur grossit, plus elle induit d'inflammation, et plus elle alimente sa croissance (voir cahier illustré, figure 6).

Cette hypothèse a été amplement confirmée par les recherches récentes. La preuve a été apportée que plus les cancers réussissent à induire une réaction locale d'inflammation, plus la tumeur est agressive, et plus elle est capable de se propager sur de longues distances touchant les ganglions lymphatiques et semant des métastases[29].

La mesure de l'inflammation

Ce processus est si crucial que le niveau de production de facteurs d'inflammation par les tumeurs permet de prédire la durée de la survie dans de nombreux cancers (côlon, sein, prostate, utérus, estomac et cerveau)[30].

À l'hôpital de Glasgow, en Écosse, les cancérologues mesurent depuis les années 1990 les marqueurs de l'inflammation dans le sang des patients souffrant de divers cancers. Ils ont montré que les patients dont le niveau d'inflammation est le plus bas ont deux fois plus de chances que les autres d'être encore en vie plusieurs années plus tard*. Ces marqueurs sont faciles à mesurer et − à la grande surprise des cancérologues de Glasgow − ils constituent un meilleur indicateur des chances de survie que l'état de santé général de la personne au moment du diagnostic[31-33]. En France, à l'hôpital Albert-Chenevier de Créteil, le docteur Elena Paillaud a fait la même découverte : en mesurant l'inflammation, elle peut prédire avec plus de 90 % de certitude lesquels de ses patients souffrant d'un cancer avancé seront encore en vie quelques années plus tard[34]. Tout se passe comme si l'état d'inflammation chronique sous-jacent dans l'organisme était un déterminant majeur de la santé, même lorsqu'il semble sans gravité et ne se manifeste pas par des problèmes détectables (comme des douleurs articulaires ou une maladie cardiaque). Plusieurs études ont en effet pu établir que les personnes qui prennent régulièrement des médicaments anti-inflammatoires (Advil, Brufen, Ibuprofen, Indocid, Nifluril, Upfen, Voltarene, etc.)

---

* Les chercheurs de Glasgow ont mis au point un calcul très simple pour évaluer son risque personnel en fonction de deux tests sanguins du niveau d'inflammation : protéine C-réactive < 10 mg/l ET albumine > 35 g/l = risque minimal − PCR > 10 mg/l OU albumine < 35 g/l = risque moyen − PCR > 10 mg ET albumine < 35 g/l = risque élevé.

sont moins vulnérables au cancer que celles qui n'en prennent pas[35-37]. Malheureusement, ces médicaments présentent des effets secondaires non négligeables (risque d'ulcère de l'estomac et de gastrite). L'apparition des nouveaux anti-inflammatoires, comme le Vioxx et le Celebrex, inhibiteurs de la calamiteuse Cox-2 (l'enzyme produite par les tumeurs pour accélérer la production de substances pro-inflammatoires), a suscité de nouvelles espérances. Plusieurs projets de recherche ont exploré leur effet protecteur possible contre le cancer et obtenu des résultats très encourageants. Toutefois, la démonstration, faite en 2004, de risques cardiovasculaires accrus a considérablement réduit l'enthousiasme initial.

Le chevalier noir du cancer

Reste que le talon d'Achille de la redoutable mécanique inflammatoire déclenchée par le cancer est aujourd'hui bien identifié. Dans le laboratoire du professeur Michael Karin, des chercheurs de l'université de San Diego, en collaboration avec une grande fondation allemande*, ont montré qu'il suffisait de bloquer chez des souris la fabrication d'une des principales cytokines pro-inflammatoires, appelée le NF-kappaB, pour rendre à nouveau « mortelles » la plupart des cellules cancéreuses et les empêcher de créer des métastases[38]. Le NF-kappaB est une sorte de chevalier noir du cancer. Son rôle central est aujourd'hui si bien repéré que le professeur Albert Baldwin, de l'université de Caroline du Nord, a pu déclarer dans la revue *Nature* que « presque tous les agents anticancérigènes sont des inhibiteurs du NF-kappaB[29] ».

Or, il se trouve que de nombreuses interventions naturelles sont capables de bloquer l'action inflammatoire de ce facteur

---

* La Deutsche Forschungsgemeinschaft.

clé. Le même article de *Nature* relève non sans ironie que toute l'industrie pharmaceutique est aujourd'hui à la recherche de médicaments inhibiteurs du NF-kappaB, alors que des molécules connues pour agir contre lui sont déjà largement disponibles. L'article ne cite que deux de ces molécules qualifiées de « low-tech » : les catéchines du thé vert et le resvératrol du vin rouge[29]. Il en existe en réalité un grand nombre dans les aliments, et pour certaines bien plus actives encore. Nous les passerons en revue de façon détaillée dans le chapitre sur la nutrition anticancer.

Le stress : de l'huile sur le feu

Parmi les causes qui font « flamber » la production des substances inflammatoires, il en est une dont le rôle est rarement mentionné quand on parle du cancer : il s'agit du stress psychologique. Chaque accès émotionnel, chaque colère, chaque panique déclenche dans notre organisme la sécrétion de doses élevées de noradrénaline (l'hormone dite « du combat ou de la fuite ») et de cortisol, l'hormone du stress par excellence. Ils préparent le corps à la possiblité d'une blessure, et donc stimulent immédiatement les facteurs d'inflammation nécessaires à la réparation des tissus. Ces derniers sont aussi l'engrais des tumeurs cancéreuses, qu'elles soient déclarées ou latentes[39, 40].

La découverte du rôle clé de l'inflammation dans la progression des cancers est encore très récente. Une recherche dans la grande base de données MedLine sur les articles en anglais publiés sur le sujet montre que l'intérét scientifique ne fait que commencer (2 en 1990, 37 en 2005). C'est une des raisons pour lesquelles les choix qui nous permettraient de contrôler l'inflammation dans notre corps sont rarement mis en avant dans les conseils de prévention ou de traitement que nous recevons*. Il faut ajouter à cela que les médicaments anti-inflammatoires existants présentent trop d'effets secondaires pour constituer une bonne solution au problème. C'est donc avant tout grâce aux moyens naturels à la portée de chacun que nous pouvons agir pour réduire l'inflammation dans notre organisme. Sans surprise, il s'agit d'éliminer les toxines pro-inflammatoires de notre environnement, d'adopter une alimentation ciblée contre le cancer, de soigner notre équilibre émotionnel, et de satisfaire le besoin de notre corps de bouger et de se dépenser. Nous reviendrons sur ces points dans les chapitres consacrés à chacun de ces thèmes. Comme ces interventions ne nécessitent pas d'ordonnance, la plupart des médecins ne les considèrent pas comme relevant de leur pratique. C'est donc à chacun d'entre nous qu'il appartient de se les approprier.

Facteurs d'aggravation	Facteurs de protection
Régime occidental traditionnel	Régime méditerranéen, cuisine indienne, cuisine asiatique
Dépression et sentiment d'impuissance	Maîtrise de sa vie, légèreté, sérénité
Moins de 20 minutes d'activité physique par jour	30 minutes de marche 6 fois par semaine
Fumée de cigarette, pollution atmosphérique, polluants domestiques	Environnement propre

Tableau 3 – Les principales influences sur l'inflammation. L'inflammation joue un rôle clé dans la progression des cancers. Nous pouvons agir pour la réduire dans notre organisme grâce à des moyens naturels à la portée de chacun.

---

* Une exception notable est le livre très complet, intitulé *Prévenir*, de Philippe Presles et Catherine Solano, deux médecins spécialistes de la prévention qui ont été parmi les premiers en France à mettre en avant des conseils issus des études scientifiques sur l'inflammation[37].

TROISIÈME PARTIE

Contrôler le réseau sanguin pour assécher le cancer

Comme la victoire de Joukov à Stalingrad

Le combat contre le cancer évoque fréquemment des métaphores militaires. Aucune ne me semble aujourd'hui plus appropriée que celle de la plus grande bataille de la Seconde Guerre mondiale.

Août 1942. Sur les rives de la Volga, aux abords de Stalingrad, Hitler amasse la plus grande force de destruction de l'histoire de l'humanité. Plus d'un million d'hommes aguerris auxquels aucune force ennemie n'a pu résister, une division massive de panzers, 10 000 canons d'artillerie, 1 200 avions. En face, une armée russe épuisée, mal équipée, souvent constituée d'adolescents ou même de lycéennes qui n'ont jamais utilisé d'arme à feu – mais qui défendent leur patrie, leur maison, leur famille. Dans un combat d'une violence inouïe, les troupes soviétiques, épaulées par les civils, tiennent bon pendant tout l'automne. Toutefois, malgré leur héroïsme, les forces sont trop inégales et la victoire des nazis ne semble qu'une question de temps. Le maréchal Georgi Joukov change alors complètement de stratégie. Au lieu de continuer une lutte frontale dans laquelle il n'a aucune chance, il lance ce qui reste de son armée à travers le territoire tenu par l'ennemi, vers les bases arrière de l'Axe. Là se trouvent les unités chargées de ravitailler les troupes nazies. Roumaines ou italiennes, beaucoup moins disciplinées et belliqueuses, elles ne résistent pas longtemps à l'attaque. En quelques jours, Joukov transforme l'issue de la bataille de Stalingrad. Une fois ses lignes d'approvisionnement coupées, la 6e armée du général Paulus se retrouve en effet incapable de se battre et finit par capituler.

En février 1943, l'invasion allemande est définitivement repoussée. Stalingrad représente un tournant majeur de la Seconde Guerre mondiale, et marque le début du reflux du cancer nazi sur tout le territoire européen[42].

Si les militaires sont conscients de l'importance stratégique du ravitaillement des armées au front, son application au traitement du cancer a longtemps paru saugrenue aux chercheurs en cancérologie. Ce n'est peut-être pas par hasard qu'elle a d'abord germé dans l'esprit d'un chirurgien militaire.

L'intuition d'un chirurgien de la marine

Officier médical de la marine américaine dans les années 1960, le docteur Judah Folkman est chargé d'inventer un moyen de conserver les stocks de sang frais nécessaires à la chirurgie en mer pendant les longs mois de croisière des premiers porte-avions nucléaires. Pour tester son dispositif de conservation, il veut vérifier si le sang ainsi conservé peut subvenir aux besoins d'un petit organe vivant. Il l'essaie *in vitro* sur une thyroïde de lapin isolée dans une cloche de verre et réussit à la faire survivre sans difficulté. Mais son système fonctionnerait-il aussi bien avec des cellules qui se multiplient rapidement, comme c'est le cas au cours de la cicatrisation ? Pour s'en assurer, il injecte dans la petite thyroïde des cellules cancéreuses de souris connues pour leur capacité de prolifération. Une surprise l'attend.

Les cellules cancéreuses injectées provoquent bien l'apparition de tumeurs, mais aucune ne se développe au-delà de la taille d'une tête d'épingle. Il se dit d'abord que ces cellules sont mortes. Mais une fois réinjectées à des souris, elles fabriquent bien des tumeurs massives et mortelles. Quelle différence y a-t-il entre une thyroïde de lapin *in vitro* et des souris vivantes ? Il y en a une qui saute aux yeux : les tumeurs chez les souris sont entièrement infiltrées de vaisseaux sanguins, alors que celles de la thyroïde dans le récipient de verre en sont dépourvues. Faut-il en conclure qu'une tumeur cancéreuse ne peut tout simplement pas grandir si elle ne réussit pas à détourner des vaisseaux sanguins à son profit ?

Obsédé par cette hypothèse, Judah Folkman trouve une foule de confirmations dans son travail de chirurgien. Les tumeurs cancéreuses qu'il opère présentent toutes cette même caractéristique : elles sont abondamment irriguées par des vaisseaux sanguins fragiles et contorsionnés, comme s'ils avaient été fabriqués trop vite.

Folkman a tôt fait de comprendre qu'aucune cellule de l'organisme ne survit si elle n'est au contact de tout petits vaisseaux sanguins – aussi fins qu'un cheveu – qu'on appelle capillaires. Ils lui apportent l'oxygène et les nutriments nécessaires à sa survie, et remportent les déchets de son métabolisme. Les cellules cancéreuses n'échappent pas à la règle, elles doivent elles aussi se nourrir et rejeter leurs déchets. Pour survivre, les tumeurs ont donc besoin d'être profondément infiltrées de capillaires. Comme les tumeurs se développent à vive allure, de nouveaux vaisseaux doivent être fabriqués. Folkman baptise alors ce phénomène : « angiogenèse » (du grec *angio* pour « vaisseau », et *genesis* pour « naissance »).

Normalement, les vaisseaux sont une infrastructure fixe et les cellules de leurs parois ne se multiplient pas ni ne créent de nouveaux capillaires, sauf dans des circonstances particulières : au cours de la croissance, lors de la réparation des plaies ou encore après les menstruations. Ce mécanisme d'angiogenèse « normale » est alors autolimité et fermement contrôlé pour éviter la création de vaisseaux fragiles qui saigneraient trop facilement. Pour grandir, les tumeurs cancéreuses détournent à leur profit cette capacité du corps à créer de nouveaux vaisseaux. Par conséquent, réfléchit Judah Folkman, il suffit de les en empêcher pour qu'elles restent à jamais de la taille d'une tête d'épingle. En attaquant leurs vaisseaux sanguins au lieu d'attaquer les cellules elles-mêmes, on doit peut-être même pouvoir assécher une tumeur existante et la faire régresser... (Voir cahier illustré, figure 4.)

La traversée du désert

Au sein de la communauté scientifique, personne ne voulut s'intéresser à cette théorie de « plombier » venant d'un chirurgien qui, après tout, ne devait rien connaître à la biologie du cancer. Comme il était néanmoins professeur à la faculté de médecine de Harvard et chef du département de chirurgie de l'hôpital pour enfants (un des plus importants aux États-Unis), le *New England Journal of Medicine* accepta en 1971 d'ouvrir ses colonnes à cette hypothèse excentrique[44].

Plus tard, Folkman a raconté la conversation qu'il avait eue à cette époque avec son voisin de laboratoire à l'hôpital, le professeur John Ender, prix Nobel de médecine. Comme il se demandait s'il n'en avait pas trop dit sur ses idées, et exprimait sa crainte de voir plagier tout son programme de recherche par des concurrents, Ender lui avait prédit en tirant sur sa pipe : « Tu es totalement à l'abri du vol intellectuel ; personne ne te croira ! »

De fait, son article ne suscita aucun écho. Pire, ses collègues se mirent à exprimer leur désapprobation en se levant bruyamment et en quittant la salle dès qu'il prenait la parole dans les congrès. On chuchota qu'il trafiquait ses résultats pour appuyer ses théories et, plus grave encore pour un médecin, qu'il était un charlatan ; qu'après avoir été un brillant chirurgien, il avait perdu le nord. Les étudiants, si indispensables à la vie d'un laboratoire de recherche, se mirent à l'éviter pour ne pas voir leur carrière entachée par un lien quelconque avec cet hurluberlu. À la fin des années 1970, il perdit même son poste de chef de service de chirurgie.

Malgré toutes ces avanies, la détermination de Folkman ne

faiblit pas. Vingt ans plus tard, voici comment il s'en expliquait : « Je savais quelque chose que personne d'autre ne savait, et j'avais été en salle d'opération. Ce n'étaient pas les chirurgiens qui me critiquaient, c'étaient les chercheurs en sciences fondamentales. Je savais que beaucoup d'entre eux n'avaient jamais vu de cancer ailleurs que dans une éprouvette. Je savais qu'ils n'avaient pas vu les choses que j'avais vues. Le fait que les tumeurs se développent en trois dimensions, qu'elles ont besoin de vaisseaux sanguins dans l'œil, dans la cavité péritonéale, dans la thyroïde ou ailleurs, tout le concept des cancers *in situ* et des microtumeurs latentes – j'avais vu tout ça. Alors je me suis répété que mes idées étaient justes, mais que ça allait prendre beaucoup de temps avant que les gens s'en aperçoivent[45]. »

Expérience après expérience, Judah Folkman continua d'établir les points clés de sa nouvelle théorie du cancer :

1. Les microtumeurs ne peuvent évoluer vers un cancer dangereux sans créer un nouveau réseau de vaisseaux sanguins pour se nourrir.

2. À cette fin, elles émettent une substance chimique – qu'il baptisa « angiogénine » – qui force les vaisseaux à venir vers elles et à faire pousser de nouvelles branches de façon accélérée.

3. Les cellules de la tumeur qui se sont répandues dans le reste de l'organisme – les métastases – ne sont pas dangereuses tant qu'elles ne sont pas capables d'attirer, à leur tour, de nouveaux vaisseaux.

4. Les grosses tumeurs principales sèment des métastases mais, comme dans un empire colonial, elles empêchent ces lointains territoires de prendre trop d'importance en émettant une autre substance chimique qui bloque la croissance des nouveaux vaisseaux – l'« angiostatine ». C'est ce qui explique que des métastases grossissent soudainement une fois que la tumeur principale a été retirée par la chirurgie.

Mais les expériences avaient beau s'accumuler, l'idée paraissait à la fois trop simple et trop... hérétique. Surtout, comme c'est souvent le cas dans la communauté scientifique, elle ne pouvait pas être prise au sérieux tant que n'avait pas été élucidé le *mécanisme* par lequel les tumeurs pouvaient exercer un tel contrôle sur les vaisseaux. S'il existait une « angiogénine » et une « angiostatine », alors il fallait en prouver l'existence !

Comme une aiguille dans une botte de foin

Judah Folkman ne se laissa jamais abattre par les critiques et ne perdit jamais confiance dans la capacité de ses collègues scientifiques à se rendre à l'évidence pourvu que des preuves suffisantes leur soient fournies. Sans doute avait-il à l'esprit l'adage de Schopenhauer selon lequel toute grande vérité passe par trois phases : elle est d'abord ridiculisée, puis violemment combattue, avant d'être acceptée comme une évidence. Il s'attacha donc à faire la preuve de l'existence des facteurs capables d'empêcher la croissance de nouveaux vaisseaux.

Mais comment les trouver parmi les milliers de protéines différentes fabriquées par les tumeurs cancéreuses ? Autant chercher une aiguille dans une botte de foin. Au bout de nombreuses années et de multiples échecs, Judah Folkman était sur le point de se décourager quand enfin la chance lui sourit.

Michael O'Reilly, un jeune chirurgien-chercheur qui avait rejoint son laboratoire, avait eu l'idée de chercher l'angiostatine dans l'urine des souris réfractaires aux métastases. La ténacité de Michael n'avait d'égale que celle de son patron, et au bout de deux ans passés à filtrer des centaines de litres d'urine de souris (qui sent particulièrement mauvais, devait-il préciser plus tard), il trouva enfin une protéine qui bloquait la création de vaisseaux sanguins (lorsqu'on la testait dans un embryon de poulet chez qui les vaisseaux se développent rapidement). Le moment de vérité était arrivé : on allait pouvoir vérifier sur pièces si cette « angiostatine » pouvait empêcher le développement du cancer dans un organisme vivant.

O'Reilly prit 20 souris sur le dos desquelles il greffa un cancer virulent dont les métastases grandissent rapidement dans les poumons dès que la tumeur principale est opérée. Immédiatement après l'ablation de cette tumeur, il injecta de l'angiostatine à la moitié des souris, et laissa la maladie suivre son cours chez l'autre moitié. Quelques jours plus tard, une partie des souris montra des signes de maladie : le moment était venu de vérifier la théorie.

Judah Folkman savait que même si les résultats étaient positifs, personne ne le croirait. Il invita donc tous les chercheurs de l'étage à assister au dénouement. Sous les yeux des nombreux témoins rassemblés, O'Reilly ouvrit le thorax de la première souris qui n'avait pas reçu de traitement. Ses poumons étaient noirs, entièrement rongés par les métastases. Puis il ouvrit la première souris qui avait bénéficié de l'angiostatine, et qui n'avait d'ailleurs pas l'air malade. Ses poumons, parfaitement roses et sains, ne comportaient aucune trace de cancer ! Il n'en croyait pas ses yeux : l'une après l'autre, toutes les souris qui n'avaient pas reçu d'angiostatine étaient dévorées de cancer. Et toutes celles qui avaient bénéficié du traitement étaient complètement guéries ! En 1994, après vingt ans de vexations, les résultats furent publiés dans la revue *Cell*[46] ; et, du jour au lendemain, l'angiogenèse devint une des principales cibles de la recherche sur le cancer.

Une découverte exceptionnelle

Plus tard, Folkman put démontrer que l'administration d'angiostatine pouvait arrêter la croissance de plusieurs types de cancers, y compris trois cancers d'origine humaine greffés à des souris. À la surprise générale, en empêchant la création de nouveaux vaisseaux sanguins, on obtenait même une régression du cancer. Comme avec l'attaque du maréchal Joukov sur les lignes de ravitaillement nazies, les tumeurs privées d'approvisionnement se mettaient à fondre et, retrouvant une taille microscopique, redevenaient totalement inoffensives. Qui plus est, l'angiostatine ne sévissait que contre les vaisseaux sanguins embarqués dans une croissance rapide et n'affectait en rien les vaisseaux existants. Elle n'attaquait pas non plus les cellules saines de l'organisme, à la différence des traitements anticancer traditionnels comme la chimiothérapie ou la radiothérapie. En termes militaires, elle ne cause pas de « dégâts collatéraux », ce qui en fait une approche beaucoup moins lourde que la chimiothérapie. Ainsi que conclut l'article de *Nature* rendant compte de ces résultats : « Une telle régression de tumeurs primaires sans effet toxique pour l'organisme n'a pas été décrite précédemment. » Sous le style laconique propre au langage scientifique, pointe l'excitation qui signe les découvertes exceptionnelles[47].

Avec ces deux articles, Folkman et O'Reilly ont établi de façon définitive le rôle de l'angiogenèse dans le métabolisme du cancer et transformé de fond en comble notre conception du traitement anticancéreux. S'il est possible de contrôler le mal en s'attaquant à ses lignes de ravitaillement, alors il faut imaginer des traitements au long cours qui sapent en permanence les tentatives des tumeurs de créer de nouvelles vascularisations. Comme en stratégie militaire, on peut parfaitement les combiner avec des frappes plus pointues comme la chimiothérapie ou la radiothérapie. Mais il faut s'inscrire dans le long terme et envisager une « thérapie des tumeurs dormantes » qui protégerait aussi contre l'apparition d'une tumeur initiale, contre les rechutes consécutives aux premiers traitements, et contre la flambée possible des métastases après une opération.

Les défenses naturelles qui bloquent l'angiogenèse

Aujourd'hui, de nombreux médicaments similaires à l'angiostatine (tels que l'Avastin) sont en cours de développement par l'industrie pharmaceutique. Mais leurs effets chez l'homme lorsqu'ils sont utilisés seuls se sont révélés décevants. S'ils ont pu ralentir la croissance de certains cancers et faire même régresser spectaculairement certaines tumeurs, les résultats n'ont pas été aussi systématiques que chez les souris. De plus, même s'ils sont mieux tolérés que les chimiothérapies habituelles, les antiangiogenèses sous forme de médicaments ont eux aussi révélé des effets secondaires plus ennuyeux que prévu. Du coup, ce ne sont sans doute pas les médicaments miracles que l'on a pu espérer. Mais cela n'est pas vraiment surprenant. Le cancer est une maladie multidimensionnelle qui cède rarement à une intervention unique. Le plus souvent, comme pour la trithérapie contre le sida, il est indispensable de combiner plusieurs approches pour obtenir un effet suffisant.

Il reste que la maîtrise de l'angiogenèse est désormais une préoccupation centrale dans le traitement de tout cancer. Sans attendre le médicament miracle, il se trouve que nous disposons, là aussi, d'interventions naturelles qui ont des effets puissants sur l'angiogenèse, sont dépourvues de tout effet secondaire et peuvent se combiner parfaitement avec les traitements conventionnels. Il s'agit 1° de pratiques nutritionnelles spécifiques (de nombreux antiangiogenèse naturels ont été découverts récemment, dont des champignons comestibles courants, certains thés verts et certaines épices et herbes de cuisine[49]) et 2° de tout ce qui contribue à réduire l'inflammation, cause directe de la croissance de nouveaux vaisseaux[50].

Le cancer est un phénomène fascinant et pervers qui emprunte son inquiétante intelligence à nos processus vitaux pour les subvertir et, en fin de compte, les retourner contre eux-mêmes. Les recherches récentes ont permis de mieux comprendre comment ce dévoiement s'opère. Qu'il s'agisse de produire de l'inflammation ou de fabriquer des vaisseaux sanguins, le cancer singe notre aptitude foncière à nous régénérer tout en visant le résultat opposé. Il est l'envers de notre santé, le négatif de notre vitalité. Mais cela ne signifie pas qu'il soit invulnérable. En fait, il présente des failles que notre système immunitaire sait naturellement exploiter. Aux avant-postes de notre défense, nos cellules immunitaires – dont les fameuses cellules tueuses NK – représentent une redoutable armada chimique qui détruit à longueur de temps des cancers dans l'œuf. Or, tous les résultats convergent : tout ce qui peut renforcer nos précieux globules blancs est aussi ce qui sape la croissance des tumeurs. Au total, en stimulant nos cellules immunitaires, en luttant contre l'inflammation (par la nutrition, l'exercice physique ou la gestion émotionnelle), en agissant sur l'angiogenèse, on coupe l'herbe sous le pied de la prolifération cancéreuse. Parallèlement aux interventions strictement médicales, chacun peut donc doper les ressources de son organisme. Le « prix » à payer, c'est de mener une vie plus consciente, plus équilibrée... et plus belle.

5

Annoncer la nouvelle

La maladie peut être une traversée terriblement solitaire. Quand un danger plane sur une troupe de singes, déclenchant leur anxiété, leur réflexe est de se coller les uns aux autres et de s'épouiller mutuellement avec fébrilité. Cela ne réduit pas le danger, mais cela réduit la solitude. Nos valeurs occidentales, avec leur culte des résultats concrets, nous font souvent perdre de vue le besoin profond, animal, d'une simple *présence* face au danger et à l'incertitude. La présence, douce, constante, sûre, est souvent le plus beau cadeau que puissent nous faire nos proches, mais peu d'entre eux en savent la valeur.

J'avais un très bon ami, médecin à Pittsburgh comme moi, avec qui nous aimions débattre sans fin et refaire le monde. Je suis allé un matin dans son bureau pour lui annoncer la nouvelle de mon cancer. Il a pâli pendant que je lui parlais, mais il n'a pas montré d'émotion. Obéissant à son réflexe de médecin, il voulait m'aider avec quelque chose de concret, une décision, un plan d'action. Mais j'avais déjà vu les cancérologues, il n'avait rien à apporter de plus sur ce plan. Cherchant à tout prix à me donner une aide concrète, il a maladroitement abrégé la rencontre après m'avoir prodigué plusieurs conseils pratiques, mais sans avoir su me faire sentir qu'il était touché par ce qui m'arrivait.

Quand nous avons reparlé plus tard de cette conversation, il m'a expliqué, un peu embarrassé : « Je ne savais pas quoi dire d'autre. » Peut-être ne s'agissait-il pas de « dire ».

Parfois ce sont les circonstances qui nous forcent à redécouvrir le pouvoir de la présence. Le docteur David Spiegel raconte l'histoire d'une de ses patientes, chef d'entreprise, mariée à un chef d'entreprise. Tous deux étaient des bourreaux de travail et avaient l'habitude de contrôler par le menu tout ce qu'ils faisaient. Ils discutaient beaucoup des traitements qu'elle recevait, mais très peu de ce qu'ils vivaient au fond d'eux-mêmes. Un jour, elle était tellement épuisée après une séance de chimiothérapie qu'elle s'était effondrée sur la moquette du salon et n'avait pas pu se relever. Elle avait fondu en larmes pour la première fois. Son mari se souvient : « Tout ce que je lui disais pour essayer de la rassurer ne faisait qu'aggraver la situation. Je ne savais plus quoi faire, alors j'ai fini par me mettre à côté d'elle par terre et à pleurer aussi. Je me sentais terriblement nul parce que je ne pouvais rien faire pour qu'elle se sente mieux. Mais c'est précisément quand j'ai cessé de vouloir résoudre le problème que j'ai pu l'aider à se sentir mieux. »

Dans notre culture du contrôle et de l'action, la présence toute simple a beaucoup perdu de sa valeur. Face au danger, à la souffrance, nous entendons une voix intérieure nous houspiller : « Ne reste pas là comme ça. Fais quelque chose ! » Mais dans certaines situations, nous aimerions pouvoir dire à ceux que nous aimons : « Arrête de vouloir à tout prix "faire quelque chose". Reste simplement là ! »

Certains savent trouver les mots que nous avons le plus besoin d'entendre. J'ai demandé à une patiente qui avait beaucoup souffert pendant le long et difficile traitement de son cancer du sein ce qui l'avait le plus aidée à tenir moralement. Mish y a réfléchi plusieurs jours avant de me répondre par e-mail :

« Au début de ma maladie, mon mari m'a donné une carte que j'ai épinglée devant moi au bureau. Je la relisais souvent.
Sur la carte, il avait écrit : "Ouvre cette carte et tiens-la contre toi... Maintenant, serre fort."
À l'intérieur, il avait tracé ces mots : "Tu es mon tout – ma joie du matin (même les matins où nous ne faisons pas l'amour !), ma rêverie sexy, chaleureuse et rieuse du milieu de la matinée, mon invitée fantôme à déjeuner, mon anticipation croissante du milieu de l'après-midi, ma douce joie quand je te retrouve le soir, mon sous-chef de cuisine, ma partenaire de jeu, mon amante, mon tout."
Puis la carte continuait : "Tout va bien se passer." Il avait écrit en dessous : "Et je serai là, à tes côtés, toujours.
Je t'aime.
PJ."
Il a été là à chaque pas. Sa carte a tellement compté pour moi. Elle m'a soutenue tout au long de ce que j'ai vécu.
Puisque vous vouliez savoir...
Mish »

Souvent, le plus difficile, c'est d'annoncer la nouvelle de notre maladie à ceux qui nous aiment. Avant de me trouver confronté à cette épreuve, j'avais donné pendant des années un cours aux médecins de mon hôpital qui s'intitulait : « Comment annoncer les inévitables mauvaises nouvelles ». Je me suis vite aperçu que l'exercice était beaucoup plus compliqué quand il s'agissait de me l'appliquer à moi-même !

En fait, je le redoutais tellement que j'ai longtemps hésité avant de m'y résoudre. J'étais à Pittsburgh, ma famille était à Paris. J'allais lui imposer ce choc, et elle allait devoir vivre avec... J'ai d'abord parlé à mes trois frères, l'un après l'autre. À mon grand soulagement, ils ont réagi d'une façon simple et juste. Ils n'ont pas prononcé de phrases maladroites pour se rassurer eux-mêmes, ils n'ont pas dit : « Ce n'est pas grave, tu verras, tu t'en sortiras. » Des phrases toutes faites, prétendument encourageantes, mais que tous ceux qui s'interrogent sur leurs chances de survie redoutent d'entendre. Mes frères ont trouvé les mots pour exprimer leur peine, me dire combien ce que je vivais comptait pour eux, combien ils voulaient être avec moi dans cette épreuve. C'est tout ce dont j'avais besoin.

Au moment où j'ai appelé mes parents, malgré mon « entraînement » avec mes frères, je ne savais pas du tout comment j'allais m'y prendre. Une peur affreuse m'étreignait. Ma mère a toujours été d'une force remarquable dans l'adversité, mais mon père avait vieilli et je sentais sa fragilité. Je n'avais pas encore d'enfant à l'époque mais je savais que d'apprendre la maladie de son fils est bien plus difficile que d'apprendre la sienne propre.

Quand il a décroché, de l'autre côté de l'Atlantique, il était tout heureux de mon appel. En entendant sa voix, mon cœur s'est serré. J'avais le sentiment que j'allais le poignarder. Je me suis raccroché à ce que je connaissais. J'ai appliqué à la lettre les instructions que je donnais à mes confrères. D'abord, (1) donner les faits tels quels, brièvement, sans broder. « Papa, j'ai appris que j'avais un cancer... au cerveau. Tous les examens sont formels. C'est une forme assez grave, mais ce n'est pas la pire. Il semble qu'on puisse vivre quelques années et qu'on ne souffre pas trop. »

Et (2) attendre. Ne pas remplir tout l'espace avec des phrases creuses. J'ai entendu sa voix s'étrangler. Et puis, quelques mots passer à peine. « Oh ! David... Ce n'est pas vrai... » Nous n'avions pas l'habitude de plaisanter sur des sujets pareils. Je savais qu'il avait compris. J'ai attendu encore un peu, l'imaginant à son bureau dans la position que je connaissais bien, assis tout droit sur sa chaise, se préparant à faire face comme il avait su faire toute sa vie. Il n'avait jamais rechigné à monter au combat, même dans les circonstances les plus difficiles. Mais là, il n'y aurait pas de combat. Pas d'action militaire. Pas d'article cinglant à écrire. J'ai enchaîné avec la troisième partie : (3) parler de ce qu'on va faire concrètement pour trouver une solution. « Je vais chercher un chirurgien pour être opéré rapidement, et, en fonction de ce qu'ils trouveront pendant l'opération, nous déciderons ensuite s'il faut faire une chimiothérapie ou une radiothérapie. » Il avait entendu, et il avait accepté.

Peu de temps après, je me suis rendu compte que la maladie me faisait goûter pour la première fois à une sorte de nouvelle identité qui n'était pas dépourvue d'avantages. J'ai par exemple longtemps été torturé par l'idée de trahir les immenses espérances que mon père nourrissait à mon endroit. J'étais son fils aîné et je savais qu'il plaçait la barre extrêmement haut. Même s'il ne l'avait jamais exprimé clairement, je savais qu'il était déçu que je sois « seulement médecin ». Il aurait voulu que je fasse de la politique et que je réussisse, peut-être, là où lui n'était pas allé au bout de ses propres ambitions. En tombant gravement malade à 30 ans, je ne pouvais le décevoir plus ! Mais, du coup, je reprenais une certaine liberté. Les obligations qui pesaient sur moi depuis la petite enfance étaient balayées d'un trait. Fini d'être le premier à l'école, à la fac, dans la recherche... Je n'avais plus à participer à la course permanente à l'excellence, à la puissance, à la performance intellectuelle. Pour la première fois, j'avais le sentiment que je pouvais poser les armes, et souffler. Cette même semaine, Anna m'a fait écouter une chanson de gospel (« Down by the Riverside ») qui m'a ému aux larmes, comme si j'avais attendu ces mots toute ma vie :

> *Je vais poser mon fardeau*
> *Le long de la rivière*
> *Je ne m'occuperai plus de la guerre*
> *Je vais poser mon épée et mon bouclier*
> *Le long de la rivière*
> *Je ne m'occuperai plus de la guerre...*

6

L'environnement anticancer

PREMIÈRE PARTIE

Une épidémie de cancer ?

Après avoir été professeur à l'université de Yale sur la Côte est, Michael Lerner est allé s'installer en Californie dans les années 1970 avec un projet apparemment saugrenu : créer un lieu tel que le simple fait d'y vivre pouvait contribuer à la guérison – à la fois physique et émotionnelle – des personnes atteintes de maladies graves. Dans ce lieu d'une tranquillité étonnante perché au-dessus de l'océan Pacifique, un peu au nord de San Francisco, on mange uniquement bio, on fait du yoga deux fois par jour, et on se parle à cœur ouvert. Il n'est pas rare que des médecins souffrant d'un cancer viennent y chercher d'autres réponses que celles qu'ils ont apprises dans les facultés de médecine.

Depuis trente ans, Michael Lerner et sa collaboratrice le docteur Rachel Remen ont connu beaucoup de patients – souvent devenus des amis. Certains s'en sont sortis formidablement bien, d'autres sont morts. Plus les années passent, et plus on compte de jeunes parmi les morts. La maladie touche désormais des personnes qui n'ont jamais fumé, qui ont mené une vie plutôt « équilibrée »... Une cause cachée et incompré-hensible semble vouer ces femmes de 30 ans à des cancers du sein métastatiques, ces hommes jeunes et apparemment sains à un lymphome disséminé, à un cancer du côlon, de la prostate... Ce rajeunissement des malades ne semble obéir à aucune logique.

Ce que Michael et Rachel observent dans leur centre est en fait un phénomène mondial parfaitement identifié par les statisticiens. Depuis 1940, l'incidence du cancer augmente dans tous les pays industrialisés, et ce mouvement, qui s'est encore accéléré depuis 1975, est particulièrement sensible chez les personnes jeunes. Aux États-Unis, entre 1975 et 1994, le taux de cancer a crû à un rythme de 1,6 % *par an* chez les femmes de moins de 45 ans, et même de 1,8 % par an chez les hommes[1]. En France, l'augmentation du nombre de cancers a été de 60 % dans les vingt dernières années[2]. Dès lors, on ne peut s'empêcher de se demander : s'agit-il d'une épidémie ?

Lorsque j'ai posé la question il y a trois ans à un éminent professeur de cancérologie, il m'a fourni toute la batterie des réponses conçues pour rassurer la population : « Il n'y a rien d'étonnant à ce phénomène, m'a-t-il affirmé. Par rapport à 1940, la population étant plus âgée, il est normal que l'inci-dence du cancer augmente. De plus, les femmes ont des enfants beaucoup plus tard, elles sont donc plus sujettes au cancer du sein. Sans parler du dépistage précoce, qui augmente mathématiquement le nombre de cas enregistrés. » Son message était simple : il ne faut pas se laisser égarer par les alarmistes qui invoquent on ne sait quels facteurs mystérieux. Il faut, au contraire, intensifier la recherche afin d'améliorer les traitements, et faire progresser le dépistage précoce : les deux mamelles de la cancérologie moderne. Comme beaucoup de mes confrères, comme beaucoup d'autres patients, j'ai préféré le croire. C'était plus confortable.

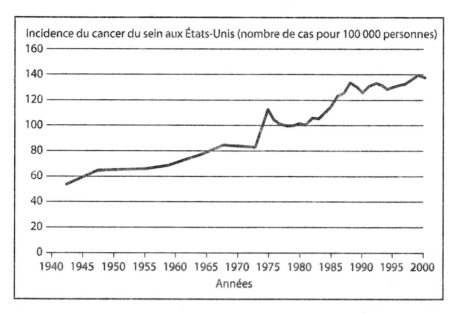

Figure 1 – Augmentation de l'incidence du cancer du sein aux États-Unis entre 1940 et 2000*[3,4].

Mais aujourd'hui, même cet archiconservateur de la cancérologie a changé de discours. Les données sont en effet accablantes. Le docteur Annie Sasco, qui a dirigé pendant six ans à l'OMS la Division d'épidémiologie du cancer pour la prévention, montre les chiffres qui ont sans doute contribué à infléchir le jugement de tous ceux qui refusaient de voir la réalité en face. À l'évidence, l'accroissement des cancers ne peut s'expliquer seulement par le vieillissement de la population, puisque – l'OMS l'a démontré et rendu public dans le *Lancet* en 2004 – le cancer des *enfants* et des adolescents est un de ceux qui ont enregistré l'augmentation la plus forte depuis 1970[5]. De même, si l'on observe effectivement une *légère* aggravation du risque chez les femmes qui ont leur premier enfant après 30 ans, l'âge de la femme à la procréation

---

* Les données françaises sont comparables à partir de 1980 mais ne remontent pas jusqu'à 1940.

ne peut en aucun cas être la cause unique de la multiplication des cancers, puisque le cancer de la *prostate* (qui ne touche par définition que les hommes) a bondi encore plus rapidement que le cancer du sein dans les pays occidentaux[6] (de 200 % en France entre 1978 et 2000, de 258 % aux États-Unis dans la même période[2, 7]). Et enfin, l'argument du dépistage précoce n'explique qu'une partie de ces chiffres, puisque l'augmentation des cancers qu'on ne sait pas dépister (cerveau, pancréas, poumon, testicule, lymphome) est tout aussi grave, si ce n'est plus[2, 7, 8].

Il y a donc bien une épidémie de cancer dans le monde occidental*. On peut même la dater, avec assez de précision, de la Seconde Guerre mondiale. Une grande étude publiée dans *Science* a montré par exemple que le risque de développer un cancer du sein avant l'âge de 50 ans pour les femmes porteuses des gènes à risque (BRCA-1 ou BRCA-2) avait quasiment *triplé* entre celles nées avant 1940 et celles nées après**[9].

Les vieux médecins avec lesquels j'en ai parlé sont éberlués. De leur temps, un cancer chez une personne jeune était rarissime. L'un d'eux se souvenait encore, à l'époque de ses études, de cette femme de 35 ans chez qui avait été diagnostiqué un cancer du sein : tous les étudiants en médecine des services avoisinants avaient été conviés à l'examiner. Elle était, dans les années 1950, un « cas exceptionnel ». Quatre à cinq décennies plus tard, j'ai eu un cancer à l'âge de 31 ans, deux de mes cousines – l'une en France, l'autre aux États-Unis –

---

* Techniquement, on parle d'« épidémie » lorsqu'il y a une augmentation rapide de cas d'une maladie. Ce phénomène ne concerne pas *toutes* les formes de cancer. Il y a eu dans les dernières décennies une réduction importante des cancers de l'estomac et de la sphère ORL. Par contre, l'augmentation des cancers du sein, du poumon, du côlon, de la prostate, des mélanomes, des lymphomes et des tumeurs cérébrales se produit clairement sur un mode épidémique.

** Une autre étude, en France, montre que le risque de cancer du cerveau a lui aussi triplé entre les personnes nées en 1910 et celles nées en 1950[2].

ont eu un cancer à 40. Quarante ans, c'est aussi l'âge auquel est morte la première fille dont j'ai remarqué la poitrine quand nous étions enfants – d'un cancer de ces seins qui nous avaient fait rire dans la cour de l'école lorsqu'ils étaient devenus visibles pour la première fois. Les statistiques des épidémiologistes ne sont, hélas, pas des chiffres abstraits...

La maladie des riches

Précurseur comme souvent, le général de Gaulle a été à l'origine du premier centre international de l'OMS pour « déterminer les causes du cancer », créé à Lyon en 1964 sous le nom de Centre international de recherche sur le cancer. C'est aujourd'hui le plus grand centre d'épidémiologie sur le sujet. L'épidémiologie est un véritable travail de détective qui cherche par association et déduction à identifier la cause des maladies et à en suivre la progression. Cette science des épidémies est apparue à l'époque où les villes d'Europe et d'Amérique étaient régulièrement dévastées par le choléra. Au milieu du XIXᵉ siècle, on n'avait pas encore découvert l'existence des microbes. Le choléra restait sans explication. Il en était d'autant plus terrifiant.

Lorsque les épidémiologistes n'ont pas encore identifié la cause d'une maladie, il arrive que les autorités sanitaires disent n'importe quoi pour rassurer la population et entretenir la confiance dans les mesures officielles. En 1832, désemparé devant l'ampleur d'une nouvelle épidémie, le Conseil médical de la ville de New York publia un édit selon lequel les victimes du choléra étaient des personnes « imprudentes, au tempérament excessif, ou qui prennent des médicaments en excès ». Pour éviter la maladie, il était recommandé de ne pas boire d'alcool, d'éviter les courants d'air, d'observer des habitudes de vie strictes, et de ne pas manger de salade[10]. Si la découverte du bacille du choléra par Robert Koch en 1882 a bien permis d'établir le rôle joué par la salade crue, le reste était digne des médicastres de Molière*.

Annie Sasco se souvient que, à l'âge de 12 ans, elle avait écrit dans son journal qu'un jour elle serait médecin et qu'elle travaillerait pour l'OMS. Peut-être était-ce en partie pour démontrer à son père, brigadier de police, ancien résistant, passionné par les enquêtes compliquées, qu'elle aussi saurait se battre pour de grandes idées. Après des études de médecine en France et un doctorat d'épidémiologie à Harvard, elle a effectivement passé vingt-deux ans au Centre international de recherche sur le cancer de l'OMS. La quête de données fiables l'a emmenée sur le terrain, en Chine, au Brésil, en Amérique centrale, en Afrique. La cartographie du cancer établie grâce à ces enquêtes donne les meilleures pistes pour résoudre l'énigme de la brusque expansion de la maladie. Elle affiche sur son écran d'ordinateur les cartes correspondant à l'incidence des différents cancers et compare les pays les plus touchés et les moins touchés. La première est d'une clarté aveuglante : les cancers du sein, de la prostate, du côlon sont des maladies des pays industrialisés, et particulièrement des pays *occidentaux*. Il y a 9 fois plus de ces cancers aux États-Unis ou en Europe du Nord qu'en Chine, au Laos ou en Corée, et 4 fois plus qu'au Japon (voir cahier illustré, figures 1 et 2).

Au vu de ces cartes, on ne peut s'empêcher de se demander si les gènes asiatiques ne jouent pas un rôle protecteur contre ces cancers. Mais ce n'est pas une question de gènes. En Chine où elle enquêtait sur le cancer du sein, Annie Sasco avait demandé à un confrère chinois comment il expliquait qu'il y

---

* Merci à Sandra Steingraber pour cet exemple historique du choléra cité dans son livre incontournable *Living Downstream* sur le lien entre la contamination de l'environnement et l'augmentation des cancers [11]. Dans un autre livre brillant sur le lien entre cancer et environnement, le professeur Devra Lee Davis fait remarquer qu'on n'a pas attendu d'identifier la cause exacte du choléra pour mettre en place des mesures d'hygiène qui ont sauvé de nombreuses vies, bien avant que la recherche n'identifie le Vibrio cholerae [12].

ait si peu de femmes touchées. Avec un air amusé, il lui avait répondu : « C'est une maladie des femmes riches. Vous la trouverez à Hong Kong, mais pas ici... »

De fait, chez les Chinois et les Japonais installés à Hawaï ou dans le Chinatown de San Francisco, les taux de cancer se rapprochent très vite de ceux des Occidentaux[13, 14]. Et dans les dix dernières années, les taux de cancer dans les grandes villes chinoises, et à Hong Kong, ont triplé[12].

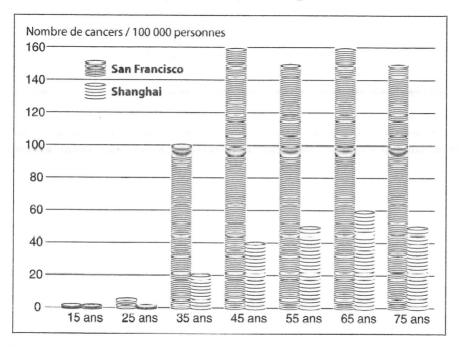

Figure 2 – Cancer du sein (pour 100 000 personnes) chez les Chinoises émigrées à San Francisco par rapport à celles qui sont restées en Chine[13]. Le cancer est une maladie du mode de vie occidental.

Dans son introduction au rapport du Centre international de recherche sur le cancer, le directeur général de l'OMS conclut que « jusqu'à 80 % des cancers pourraient être influencés par des facteurs externes, tels le style de vie et l'environnement ». De fait, le plus grand succès occidental dans la lutte contre le cancer est la quasi-disparition du cancer de l'estomac dans les pays industrialisés. Alors que tous les jeunes externes des années 1960 étaient familiers avec ce cancer particulièrement grave et fréquent, il est aujourd'hui devenu tellement rare qu'on ne l'enseigne pratiquement plus dans les facultés de médecine. Sa disparition en quarante ans est attribuée à l'amélioration de la chaîne du froid dans l'alimentation occidentale et à la réduction des méthodes de conservation à base de nitrates et de salaison : un facteur purement « environnemental[15] ».

Il est aujourd'hui largement reconnu en biologie et en médecine que la présence de nombreuses substances toxiques dans l'environnement joue un rôle dans ce qu'on appelle la « carcinogenèse » : l'apparition des premières cellules cancéreuses dans l'organisme – puis leur transformation en une tumeur plus agressive. Dans un rapport récent, les experts du National Cancer Institute aux États-Unis soulignent que la carcinogenèse n'est pas seulement un processus déclencheur de la maladie, mais *qu'elle continue après que la maladie s'est déclarée*[16].

Il est donc essentiel de se protéger des toxines qui encouragent la croissance des tumeurs, qu'on soit en pleine santé ou déjà touché par la maladie. La « détoxification », ce concept fondamental de la plupart des médecines anciennes, chez Hippocrate comme dans la médecine ayurvédique, est aujourd'hui une nécessité absolue*.

Comme presque tous ceux qui ont un jour reçu un diagnostic de cancer, j'ai voulu savoir ce que j'aurais dû faire pour l'éviter. À ma grande surprise, je n'ai reçu que des réponses évasives : « On ne connaît pas de façon formelle la cause de votre maladie. Ne fumez pas. C'est tout ce qu'on peut vous conseiller. » C'est vrai, en dehors du tabac et du

---

* Le concept de détoxification couvre habituellement deux notions : l'arrêt de l'accumulation autant que l'élimination active. Je l'utilise ici principalement en référence à l'arrêt de l'accumulation des toxines.

cancer du poumon, il existe peu de preuves formelles que tel aliment, tel comportement, telle profession déclenchent tel cancer. Mais, comme nous verrons plus loin, il existe suffisamment de présomptions pour commencer tout de suite à se protéger. D'autant plus que l'effort exigé n'est pas écrasant.

Une cassure dans le siècle

Si les cancers sont plus fréquents en Occident, et s'ils augmentent depuis 1940, il convient d'examiner ce qui a changé dans nos pays depuis la guerre. Trois facteurs majeurs ont bouleversé notre environnement en cinquante ans :

1. l'augmentation considérable de la consommation de sucre ;

2. la transformation de l'agriculture et de l'élevage, et par voie de conséquence de nos aliments ;

3. l'exposition à de multiples produits chimiques qui n'existaient pas avant 1940.

Il ne s'agit pas d'une évolution anecdotique. Tout porte à penser que ces trois phénomènes de société sont en cause dans le développement des cancers. Pour s'en protéger, essayons d'abord de les comprendre.

DEUXIÈME PARTIE

Retrouver l'alimentation d'autrefois

Nos gènes se sont constitués il y a plusieurs centaines de milliers d'années, à l'époque où nous étions des chasseurs et des cueilleurs. Ils sont adaptés à l'environnement de nos ancêtres, et spécialement à leurs sources de nourriture. Or, nos gènes n'ayant que fort peu évolué[17], aujourd'hui comme hier, notre physiologie attend une alimentation semblable de celle qui était la nôtre quand nous mangions les produits de la chasse et de la cueillette : beaucoup de légumes et de fruits, de temps en temps quelques viandes ou œufs d'animaux sauvages, un équilibre parfait entre les acides gras essentiels (oméga-6 et oméga-3), et très peu de sucre ou de farine (la seule source de sucre raffiné pour nos ancêtres était le miel, et ils ne consommaient pas de céréales).

Aujourd'hui, les enquêtes nutritionnelles occidentales révèlent que 56 % de nos calories proviennent de trois sources qui *n'existaient pas* au moment où nos gènes se sont développés[18] :

— les sucres raffinés (sucre de canne, de betterave, sirop de maïs, de fructose, etc.) ;

— les farines blanches (pain blanc, pâtes blanches, riz blanc, etc.) ;

— les huiles végétales (soja, tournesol, maïs, huiles hydrogénées).

Or, ces trois sources ne contiennent aucune protéine, aucune vitamine, aucun des minéraux, aucun des acides gras oméga-3 essentiels aux fonctions de l'organisme. En revanche, il semble bien qu'elles alimentent *directement* la croissance du cancer. Voyons comment.

Le cancer se nourrit de sucre

La consommation de sucre raffiné a connu une véritable explosion. Alors que nos gènes se sont développés dans un contexte nutritionnel où nous n'en consommions que 2 kg par an et par personne, nous sommes passés à 5 kg par an en 1820, pour atteindre le niveau ahurissant de 70 kg par an à la fin du XXᵉ siècle !

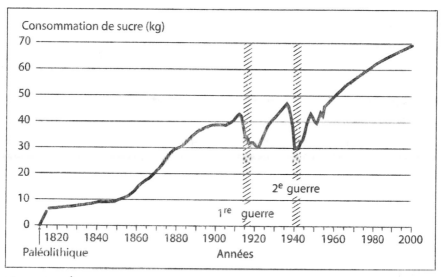

Figure 3 – Évolution de la consommation de sucre raffiné : 2 kg/personne/an à l'époque paléolithique (où notre physiologie s'est construite), 5 kg/personne/an en 1830, 70 kg/personne/an en 2000[18].

Le biologiste allemand Otto Heinrich Warburg a reçu le prix Nobel de médecine pour avoir découvert que le métabolisme des tumeurs cancéreuses était largement dépendant de leur consommation de glucose (la forme que prend le sucre dans le corps, une fois digéré). De fait, le scanner PET (aussi appelé TEP en français), couramment utilisé pour détecter les cancers, ne fait que mesurer les régions du corps qui consomment le plus de glucose. Si une région se distingue des autres par une consommation excessive, il y a une forte probabilité qu'il s'agisse d'un cancer.

105

Lorsque nous mangeons du sucre ou des farines blanches qui font monter rapidement le taux de glucose dans le sang (ce sont des aliments à « index glycémique élevé »), notre corps libère immédiatement une dose d'insuline pour permettre au glucose de pénétrer dans les cellules. La sécrétion d'insuline s'accompagne de la libération d'une autre molécule, appelée IGF *(insulin-like growth factor-I)*, dont la caractéristique est de stimuler la croissance des cellules. Bref, le sucre nourrit et fait croître rapidement les tissus.

Parallèlement, l'insuline et l'IGF ont aussi pour effet commun de donner un coup de fouet aux facteurs d'inflammation – que nous avons passés en revue au chapitre 4 – qui, eux aussi, agissent comme des engrais au profit des tumeurs.

On sait aujourd'hui que les pics d'insuline et la sécrétion d'IGF stimulent directement non seulement la croissance des cellules cancéreuses[19], mais aussi leur capacité à envahir les tissus voisins[20]. Plus encore, des chercheurs qui avaient inoculé des cellules de cancer du sein à des souris ont montré qu'elles réagissaient beaucoup moins bien à la chimiothérapie quand le système insuline était activé par la présence de sucre[21]. Ils en concluent qu'il faut désormais développer une nouvelle classe de médicaments contre le cancer : ceux qui permettront de réduire les pics d'insuline et d'IGF dans le sang. Sans attendre ces nouvelles molécules, chacun peut déjà réduire dans son alimentation les apports en sucre raffiné et en farines blanches. Il est démontré que cette simple diminution agit très rapidement sur le taux d'insuline et d'IGF. Les conséquences sont très vite visibles, comme par exemple sur la peau.

En effet, le lien entre d'un côté le morceau de sucre dans le café, les confiseries, la baguette de pain blanc avec de la confiture, et de l'autre l'inflammation souterraine qui nourrit le cancer se mesure directement sur... l'acné.

Loren Cordain est chercheur en nutrition à l'université du

Colorado. En apprenant que certaines populations – aux mœurs très différentes des nôtres – ne connaîtraient pas l'acné (due – entre autres mécanismes – à une inflammation de l'épiderme), il a voulu en avoir le cœur net. Cela paraissait impossible, tant l'acné semble un passage obligé de l'adolescence qui touche dans nos pays 80 à 95 % des moins de 18 ans. Cordain est allé avec une équipe de dermatologues examiner la peau de 1 200 adolescents coupés du monde dans les îles Kitavan en Nouvelle-Guinée, et de 130 Indiens Aché qui vivent isolés au Paraguay. Dans ces deux populations, ils n'ont en effet trouvé *aucune* trace d'acné. Dans leur article publié dans *Archives of Dermatology*, les chercheurs attribuent cette étonnante découverte aux habitudes nutritionnelles de ces peuples qui ont conservé le régime alimentaire de nos lointains ancêtres : aucune source de sucre raffiné ni de farine blanche, et donc aucun pic d'insuline ou d'IGF dans leur sang [22]...

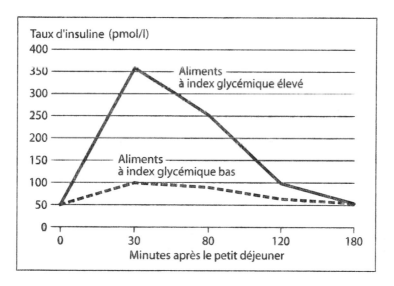

Figure 4 – Montée de l'insuline (qui stimule la croissance et la diffusion des cellules cancéreuses) chez des personnes qui consomment des aliments à index glycémique élevé (ligne continue) ou index glycémique bas (en pointillé) [25].

En Australie, des chercheurs ont convaincu des adolescents occidentaux d'essayer pendant trois mois un régime limité en sucre et en farine blanche. En quelques semaines, leur taux d'insuline et d'IGF avait diminué, ainsi que leur acné[23, 24].

Dans la seconde partie du XXe siècle, un nouvel ingrédient s'est répandu comme une mauvaise herbe dans notre alimentation : le sirop de fructose extrait du maïs (qui est en réalité un mélange de fructose et de glucose). Si notre corps avait déjà du mal à tolérer la charge en sucre raffiné que nous lui imposions, il s'est fait complètement déborder par ce sirop de sucre omniprésent dans les aliments industriels. Ce concentré est un peu aux sucres naturels ce que l'opium est au pavot. Retiré de sa matrice naturelle (il y a du fructose dans tous les fruits), il n'est plus gérable par l'insuline que notre corps peut produire sans dommages collatéraux. Il devient alors toxique.

Tout laisse à penser que le boum du sucre contribue, via l'explosion du taux d'insuline et d'IGF dans nos organismes, à l'épidémie de cancer. Chez des souris auxquelles on a inoculé un cancer du sein, on a étudié les conséquences sur la croissance de la tumeur de l'apport d'aliments de divers index glycémiques. Au bout de deux mois et demi, les deux tiers des 24 souris dont le glucose sanguin montait régulièrement étaient mortes, contre une seule des 20 qui avaient un régime les protégeant de la hausse de la glycémie[26]. On ne peut, naturellement, reproduire cette expérience chez la femme, mais les études qui comparent les populations occidentales avec les populations asiatiques suggèrent la même chose...

Par ailleurs, on sait que les personnes souffrant de diabète (qui se caractérise par un taux de sucre trop élevé dans le sang) ont un risque de cancer plus élevé que la moyenne[27]. Dans une étude américano-canadienne, le docteur Susan Hankinson a montré que chez les femmes de moins de 50 ans, celles qui présentaient le plus haut taux d'IGF avaient sept fois plus de risques de faire un cancer du sein que celles qui avaient les taux les plus bas[28] ! Une autre équipe regroupant des chercheurs de Harvard, de McGill (à Montréal) et de l'université de San Francisco a démontré le même phénomène pour le cancer de la prostate : un risque jusqu'à neuf fois plus élevé pour les hommes qui avaient les taux les plus importants d'IGF[29, 30]. L'index glycémique élevé de l'alimentation est aussi associé au cancer du pancréas[31], du côlon[32, 33] et des ovaires[34].

Toute la littérature scientifique nous pousse à le penser : une personne qui veut éviter le cancer se doit de limiter sérieusement sa consommation de sucre et de farines blanches. Il faut apprendre à ne plus mettre de sucre dans le café (plus facile avec le thé), à se contenter d'un dessert deux ou trois fois par semaine (il n'y a pas de limite à la consommation de fruits s'ils ne sont pas saupoudrés de sucre ou accompagnés de sirop), ou bien à utiliser des substituts naturels du sucre qui ne provoquent pas un pic de glycémie, d'insuline et d'IGF (voir tableau 1).

Sirop d'agave

Récemment, l'équipe de l'université de Sydney qui classifie tous les aliments en fonction de leur index glycémique a mis en avant un substitut naturel du sucre blanc présentant un index glycémique très bas : le sirop d'agave. Il s'agit d'un extrait de la sève d'un cactus (qui sert à fabriquer la tequila). Il a un goût délicieux comparable à un miel très clair, mais un index glycémique quatre à cinq fois plus bas que celui-ci. Il peut être utilisé dans le thé ou le café, pour sucrer les plats, les fruits ou les desserts.

Il faut aussi manger du pain multicéréale (blé mélangé à de l'avoine, du seigle, du lin, etc.), afin de ralentir l'absorption des sucres rapides du blé, ou encore du pain fait au levain traditionnel plutôt qu'avec la levure chimique (cette dernière, beaucoup plus courante, augmente l'index glycémique du pain). De même pour le riz blanc qui doit être évité et remplacé par du riz complet ou du riz basmati ou thaï dont l'index glycémique est moins élevé. Il vaut bien mieux, comme nous le verrons dans le chapitre consacré aux aliments anticancer, se nourrir avant tout de légumes et de légumineuses qui présentent par ailleurs l'avantage de lutter pied à pied contre la progression du cancer grâce à leurs composés phytochimiques actifs.

Index glycémique élevé (réduire ou éviter)	Index glycémique bas (préférer)
Sucres : blanc ou roux, miel, sirop d'érable, de maïs, dextrose	Extraits sucrants naturels : sirop d'agave, plante du Pacifique Stevia, xylitol, glycine, chocolat noir (plus de 70 % de cacao)
Farines blanches : pain blanc, pâtes (trop cuites), riz blanc, muffins, bagels, viennoiseries, galettes de riz, céréales de petit déjeuner raffinées et sucrées	Céréales complètes et mélangées : pain multicéréale (pas seulement blé) ou fait au levain ancien, riz complet ou basmati, pâtes et nouilles cuites *al dente* (préférer pâtes semi-complètes ou à base de mélange de céréales), quinoa, avoine, millet, sarrasin
Pommes de terre, et surtout purée de pommes de terre (sauf pommes de terre de la variété *Nicola)*	Patates douces, ignames, lentilles, pois, haricots
Cornflakes, riz soufflé, (et la plupart des autres céréales de petit déjeuner)	Flocons d'avoine (porridge), muesli, All Bran, Special K
Confitures, fruits cuits au sucre, fruits en sirop	Fruits à l'état naturel, particulièrement myrtilles, cerises, framboises qui aident à réguler la glycémie (on peut y ajouter un filet de sirop d'agave pour sucrer si nécessaire)
Boissons sucrées : jus de fruits industriels, sodas	Eau citronnée ou parfumée au thym, à la sauge, à l'écorce d'orange ou de mandarine bio Thé vert qui agit directement contre le cancer (sans sucre ajouté ou au sirop d'agave)
Alcool en dehors des repas	Un verre de vin par jour avec un repas
	L'ail, les oignons, les échalotes, mélangés aux autres aliments, contribuent à réduire les pics d'insuline

Tableau 1 – Choisir ses aliments en fonction de l'index glycémique. De nombreuses études montrent que le boom de la consommation de sucre contribue – via l'explosion du taux d'insuline dans notre organisme – à l'épidémie de cancer. Il faut donc éviter les aliments à « index glycémique élevé » et privilégier ceux qui ont un « index glycémique bas ».

Il est aussi indispensable d'éviter les confiseries et autres encas ou le grignotage *entre les repas*. Si des petits gâteaux ou du sucre sont consommés entre les repas, il n'y a plus aucun obstacle à la montée d'insuline, car seule la présence d'autres aliments, surtout les fibres contenues dans les légumes ou les fruits, ou les bonnes graisses – comme l'huile d'olive ou le beurre fermier –, retarde l'assimilation du sucre et réduit les pics d'insuline. De la même façon, certains aliments bénéfiques comme les oignons ou l'ail, ou encore les myrtilles, les cerises et les framboises aident l'organisme à réduire les montées du taux de sucre dans le sang*.

La chaîne alimentaire en péril

Tout le monde connaît une amie qui est en « surpoids ». Depuis qu'elle est enfant, elle a toujours été enrobée. Malgré des régimes en tous genres et un exercice physique régulier, elle n'a jamais pu trouver une ligne « normale », et elle s'énerve contre le « pneu » qui ceint ses hanches et qui résiste à tous ses efforts. Même quand elle réussit à respecter son régime, elle ne perd que très peu de poids, pour le reprendre presque immédiatement au moindre écart. Pourtant, elle fait attention à ne pas manger de beurre (seulement de la margarine, depuis vingt ans), et à consommer les huiles « équilibrées » et « polyinsaturées » que les nutritionnistes lui ont recommandées (et qui sont très riches en huile de tournesol ou de colza).

Un des plus grands mystères de l'épidémiologie moderne, mis à part le cancer, concerne l'épidémie d'obésité. Après le

---

* Non seulement ce régime à index glycémique bas réduit les chances de progression du cancer, mais une équipe de recherche de l'Hôtel-Dieu à Paris a montré qu'il tend à faire fondre la graisse tout en la remplaçant par du tissu musculaire[35].

tabac, l'obésité est le deuxième facteur de risque pour le cancer. Or, on le comprend depuis peu, l'obésité et le cancer ont une racine commune. Mais examinons d'abord l'énigme de l'obésité.

Entre 1976 et 2000, les Américains ont réussi à réduire considérablement leur consommation de graisse (− 1 %), et même la quantité totale de calories ingérées (− 4 %). Pourtant, l'obésité a continué sa course galopante, augmentant de 31 % pendant la même période[37]... Le patron du plus grand département d'épidémiologie de la nutrition, à Harvard, le professeur Walter Willett, résume le constat dans le titre de son retentissant article : « Manger gras joue un rôle majeur dans l'obésité : NON[38] ». Ce phénomène baptisé « paradoxe américain » affecte en réalité toute l'Europe – et plus encore Israël[39].

C'est une équipe de chercheurs français qui a la première réussi à percer l'énigme du paradoxe américain. Gérard Ailhaud, la soixantaine, un peu enrobé lui-même, les yeux pétillants d'intelligence et de curiosité, est parti d'une observation très simple. Au moment où tout le monde mettait l'épidémie d'obésité sur le compte de la « malbouffe » et du manque d'exercice physique, il relevait une anomalie dans le raisonnement : aux États-Unis, la masse de tissu gras des *enfants de moins de un an a doublé* entre les années 1970 et 1990... Dans un livre passionnant qui raconte l'aventure de leurs découvertes, Pierre Weill – à la fois biochimiste et agronome, et membre de l'équipe de recherche – rapporte la remarque de son ami Ailhaud : « À un âge qui va de 6 à 11 mois, on ne peut pas incriminer MacDo, le grignotage, la télé et le déficit d'activité physique[39] ! »

Non, les nourrissons ne sont pas suralimentés. On leur donne toujours la même quantité de lait, qu'il soit maternel ou maternisé. Gérard Ailhaud et son confrère Philippe Guesnet ont pu démontrer que c'est le changement dans la *nature* du lait depuis 1950 qui serait responsable de l'obésité des nourrissons[40, 41]. Ce déséquilibre agit à la fois sur la croissance des cellules adipeuses et sur celle des cellules cancéreuses. Voici comment.

La malbouffe des vaches et des poules

Dans le cycle de la nature, les vaches mettent bas au printemps, au moment où l'herbe est le plus grasse, et font du lait pendant plusieurs mois, jusqu'à la fin de l'été. L'herbe de printemps est une source particulièrement riche en acides gras oméga-3, qui se retrouvent donc concentrés dans le lait des vaches élevées en pâturage, et par conséquent dans tous ses dérivés, beurre, crème, yaourt, fromage. Les oméga-3 de l'herbe se retrouvent également dans la viande du bœuf qui s'en nourrit, et dans les œufs des poules élevées en liberté et nourries au fourrage (plutôt qu'au grain).

À partir des années 1950, la demande pour les produits laitiers et la viande de bœuf a tellement augmenté que les éleveurs ont dû contourner la contrainte du cycle naturel de production du lait, et réduire l'espace d'herbage nécessaire pour nourrir un bovin de 750 kg. Les pâturages ont donc été abandonnés au profit de l'élevage en batterie. Le maïs, le soja et le blé, qui constituent désormais l'alimentation principale des bêtes, ne contiennent quasiment pas d'oméga-3. Ils sont en revanche très riches en oméga-6. Ces acides gras oméga-3 et oméga-6 sont dits essentiels car ils ne peuvent être fabriqués par le corps humain ; par conséquent, la quantité d'oméga-3 et 6 dans notre corps découle directement des quantités présentes dans notre alimentation. Celles-ci dépendent à leur tour de ce qu'ont absorbé les vaches ou les poules dont nous tirons notre nourriture. Si elles mangent de l'herbe, alors la viande, le lait et les œufs qu'elles nous offrent sont parfaitement équilibrés en oméga-3 et oméga-6 (un équilibre proche de 1/1). Si elles mangent du maïs et du soja, le déséquilibre dans notre organisme atteint les taux actuels, soit 1/15, voire 1/40 chez certains d'entre nous[42].

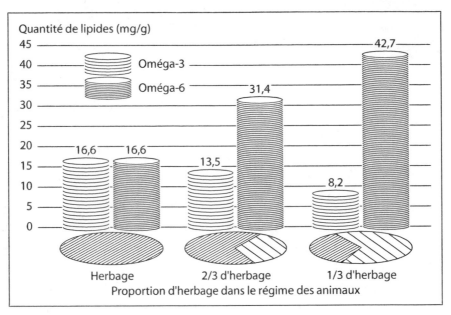

Figure 5 – Oméga-3 et oméga-6 dans le lait de vaches élevées en pâturage (à gauche), ou nourries principalement au maïs et au soja (à droite)[43].

Les oméga-3 et les oméga-6 présents dans notre corps sont en compétition permanente pour le contrôle de notre biologie. Les oméga-6 facilitent le stockage des graisses, la rigidité des cellules, la coagulation et les réponses inflammatoires aux agressions extérieures. Ils stimulent donc la fabrication de cellules graisseuses dès la naissance. Les oméga-3, au contraire, participent à la constitution du système nerveux, rendent les cellules plus souples et calment les réactions d'inflammation. Ils limitent aussi la fabrication des cellules adipeuses[40, 44]. L'équilibre de la physiologie dépend étroitement de l'équilibre entre oméga-3 et oméga-6. Or, ce rapport est celui qui a le plus changé dans notre alimentation en cinquante ans.

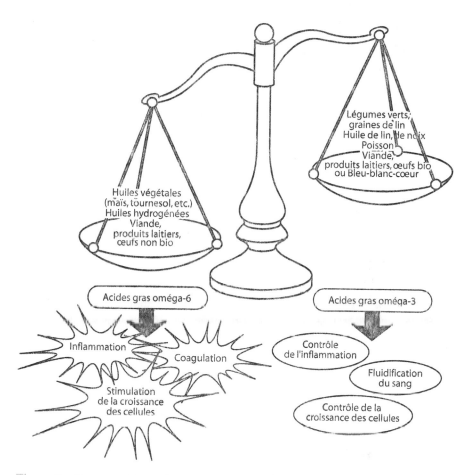

Figure 6 – La compétition des acides gras oméga-3 et oméga-6 dans notre organisme. Le déséquilibre dans notre alimentation en faveur des acides gras oméga-6 augmente l'inflammation, la coagulation et la croissance des cellules adipeuses et cancéreuses.

Il n'y a pas seulement les bovins. L'alimentation des poules aussi s'est transformée de fond en comble, et les œufs – aliment « naturel » par excellence – ne contiennent plus du tout les mêmes acides gras essentiels qu'il y a cinquante ans. Le docteur Artemis Simopoulos est une grande nutritionniste américaine d'origine grecque, qui a dirigé la branche de recherche en nutrition du National Institute of Health américain. Elle a publié une étude curieuse dans le *New England Journal of Medicine* : les œufs pondus par les poules élevées au grain de maïs (presque universel aujourd'hui) contiennent 20 fois plus d'oméga-6 que d'oméga-3. Alors qu'ils sont en quantités quasi égales dans la ferme où elle a grandi en Grèce[45].

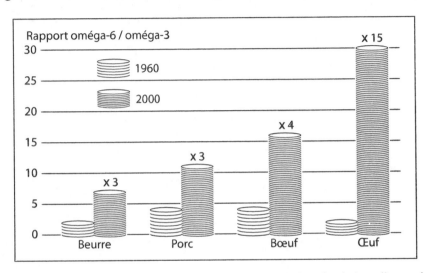

Figure 7 – Détérioration du rapport oméga-6/oméga-3 dans la chaîne alimentaire entre 1960 et 2000[41, 45].

Parallèlement au bouleversement de son régime alimentaire, le bétail est parfois traité avec des hormones comme l'estradiol et le zéranol afin d'accélérer sa prise de poids*. Ces hormones s'accumulent dans le tissu gras et sont excrétées dans le lait. Récemment, une nouvelle hormone synthétique a été mise au point aux États-Unis pour stimuler la production de lait – le rBGH (*recombinant bovine growth hormone*, aussi appelée BST). Elle agit sur les glandes mammaires de la vache et permet d'augmenter la production de lait de façon importante. Le rBGH est encore interdit en Europe et au Canada, mais, à

---

* La législation européenne en vigueur interdit cette utilisation dans les pays de la Communauté européenne, mais elle est menacée de disparaître.

la faveur des accords commerciaux internationaux, cette hormone risque de se retrouver dans nos assiettes via l'importation de produits dérivés du lait américain. On ne connaît pas les effets du rBGH sur l'homme, mais on sait qu'il favorise la production de l'IGF chez la vache, que cette IGF se retrouve dans le lait, et qu'elle n'est pas détruite par la pasteurisation. L'IGF est un facteur majeur de stimulation des cellules graisseuses. Comme on l'a vu, c'est aussi un accélérateur de croissance des tumeurs cancéreuses.

Figure 8 – Le rBGH – L'hormone injectée aux vaches laitières aux États-Unis pour stimuler la production de lait. On la retrouve dans le lait de consommation courante (non bio) et elle risque de favoriser la croissance des cellules cancéreuses chez l'homme.

Enfin, le passage des herbages à la combinaison soja/maïs présente encore un autre inconvénient. Un des très rares composés alimentaires d'origine *animale* qui aient une efficacité possible contre le cancer est un acide gras appelé CLA (*conjugated linoleic acid*)[46]. L'équipe du professeur Philippe Bougnoux, cancérologue et chercheur de l'INRA à Tours, a été parmi les premières à mettre en évidence le rôle du CLA contre la croissance des cellules cancéreuses[47, 48]. Le CLA est surtout présent dans les fromages, mais uniquement s'ils proviennent d'animaux nourris à l'herbe. Ainsi, en bouleversant le régime des vaches, des chèvres et des brebis, nous avons éliminé le seul atout anticancer qu'elles auraient pu nous offrir.

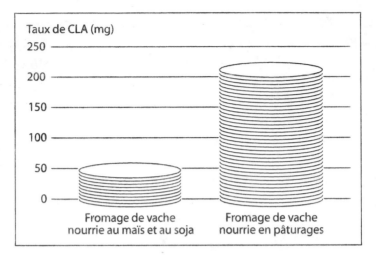

Figure 9 – La concentration de l'acide gras CLA (qui pourrait contribuer à limiter la progression du cancer) dans les fromages issus de vaches nourries au maïs/soja et de vaches nourries à l'herbe[43, 49].

La margarine – beaucoup plus dangereuse que le beurre

Le dernier facteur qui a transformé – pour le pire – notre alimentation depuis les années 1960 a été l'apparition de la margarine et des graisses « hydrogénées » ou « partiellement hydrogénées ». Dans les années 1950, ayant trouvé une association entre les graisses animales et les maladies cardiovasculaires, de nombreux nutritionnistes et l'industrie agroalimentaire ont usé de leur pouvoir de persuasion pour pousser à remplacer le beurre par la margarine « végétale » industrielle. Mais c'était oublier que ces margarines sont à base d'huile de tournesol (70 fois plus d'oméga-6 que d'oméga-3), d'huile de soja (7 fois plus) ou d'huile de colza (la moins déséquilibrée, avec seulement 3 fois plus d'oméga-6 que d'oméga-3*). Si ce remplacement a de fait contribué à

---

* Les margarines St-Hubert oméga-3 et Primevère sont équilibrées et ne présentent pas cet inconvénient.

réduire le taux général de cholestérol, il a dans le même temps provoqué une flambée des pathologies d'origine inflammatoire, et même, dans certains pays, des infarctus ! En Israël par exemple, les prescriptions religieuses interdisent de manger de la viande et des produits laitiers au cours du même repas. Du coup, le beurre n'est quasiment pas utilisé, et la cuisine recourt en abondance à des margarines végétales très riches en oméga-6 et à l'huile de soja ou de tournesol, beaucoup moins chère que l'huile d'olive. Ce qui a entraîné le « paradoxe israélien » – distinct du « paradoxe américain » – qui se caractérise par un taux de cholestérol parmi les plus bas des pays occidentaux, associé à un des taux les plus élevés d'infarctus du myocarde, et d'obésité[50]...

À Jérusalem, c'est le professeur Eliot Berry qui a identifié le lien entre les maladies cardiovasculaires et l'obésité d'une part, et la teneur en oméga-6 dans l'organisme des Israéliens d'autre part. Lorsque Pierre Weill lui a rendu visite pour étudier avec lui les liens entre alimentation et santé, Eliot Berry, qui est juif pratiquant et porte la kippa, lui a affirmé non sans humour : « Vous savez, je ne crois pas en grand-chose, hormis Dieu, et l'importance du rapport oméga-6/oméga-3[39] ! »

Les aliments industriels : graisses hydrogénées

Parallèlement à l'irruption des margarines, nous nous sommes aussi largement laissé séduire par les aliments industriels, comme les biscuits, les tartes préparées, les quiches, les chips, qui contiennent des « huiles végétales hydrogénées », ou « partiellement hydrogénées ». Ce sont des huiles oméga-6 (soja surtout, parfois palme ou colza) qui ont été modifiées pour devenir solides à température ambiante (alors que ces huiles sont généralement liquides, même au réfrigérateur). Cette modification les rend à la fois *moins* digestes et *plus* inflammatoires encore que les oméga-6 à l'état naturel. Mais ces huiles présentant l'avantage pratique de ne pas rancir, elles sont utilisées dans presque tous les produits industriels destinés à rester longtemps dans les rayons de supermarché sans s'abîmer. C'est donc pour des motifs purement industriels et économiques que ces huiles néfastes se sont imposées. Elles n'existaient pas avant la Seconde Guerre mondiale, mais leur production et leur consommation ont littéralement explosé depuis 1940.

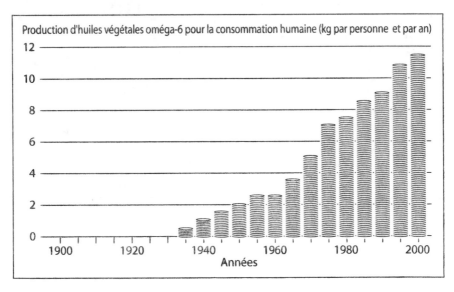

Figure 10 – Augmentation de la production d'huiles végétales oméga-6 pour la consommation humaine au cours du XXe siècle [51].

Il suffit de lire n'importe quelle étiquette pour s'apercevoir qu'elles sont omniprésentes. Dans son livre consacré à la transformation de l'alimentation en France, Pierre Weill prend l'exemple d'un plat préparé acheté en supermarché [39] :

« Et la quiche lorraine ? 267 kilocalories par 100 grammes, 500 par portion, ça commence à faire : plus du quart des besoins quotidiens en une seule part d'un seul plat d'un seul repas, avec 16 % de lipides, 9 % de protéines, et 22 % de glu-cides. » Suit une longue liste d'ingrédients qui détaille, à côté de la « margarine végétale (huile de palme et de colza partiel-lement hydrogénée) », une foule d'émulsifiants, de correcteurs d'acidité, d'agents de traitement de la farine, de conservateurs, de stabilisants et d'épaississants.

Non seulement cette part de quiche est très calorique, mais elle est aussi trois fois plus grasse qu'un steak classique, avec des graisses qui sont parmi les plus mauvaises pour la santé. Les huiles végétales hydrogénées sont désormais interdites dans les restaurants de New York et de Philadelphie (depuis l'été 2007), et dans toute l'industrie alimentaire au Danemark.

J'ai additionné toutes ces observations. Voici le graphique impressionnant qui en résulte (figure 11). Il montre la pro-gression simultanée 1° de la consommation massive de graisses

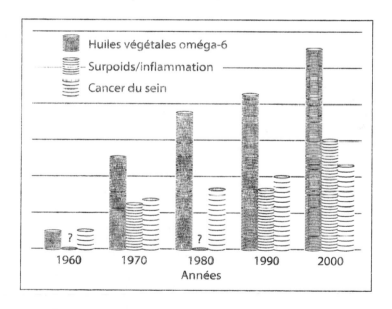

Figure 11 – Évolution simultanée de l'apport d'huiles végétales oméga-6 dans l'alimentation, de la progression du surpoids et du syndrome inflammatoire sub-clinique (« syndrome métabolique »), et de l'augmentation du cancer du sein aux États-Unis entre 1960 et 2000 (données rapportées à la même échelle)[51, 52, 54].

graisses végétales oméga-6 qui ont déséquilibré notre physiologie, 2° de l'obésité et du syndrome inflammatoire sous-jacent associé*, et 3° du cancer.

Le parallélisme de ces évolutions ne constitue pas une preuve, seulement une « corrélation ». Mais comme il est désormais établi que les oméga-6 en excès dans l'alimentation favorisent à la fois le développement des cellules graisseuses *et* l'inflammation propice au cancer, c'est une association qui doit être traitée avec la plus grande attention par ceux qui veulent se donner toutes les chances face à la maladie.

Voici donc le fin mot de l'histoire, la deuxième clé (après la surconsommation de sucre) de cette énigme de l'épidémiologie moderne que constitue l'explosion parallèle des épidémies de cancer et d'obésité. L'examen des modifications enregistrées par notre alimentation depuis un demi-siècle nous permet de désigner le coupable : il s'agit du déséquilibre du rapport entre les acides gras essentiels, et de la surconsommation démente d'oméga-6 qu'il entraîne. C'est précisément ce déséquilibre qui est associé à la présence de certains cancers, comme l'a montré aussi l'équipe du professeur Bougnoux à Tours[55].

Une solution simple et gastronomique

Les conditions d'élevage des animaux dont nous nous nourrissons sont préoccupantes pour notre santé – sans parler de celle des animaux eux-mêmes qui en souffrent sans doute plus encore que nous. Pourtant, l'équipe de chercheurs de Gérard Ailhaud a réussi une démonstration stupéfiante : on peut agir directement sur les taux d'oméga-6 et d'oméga-3 dans le corps

---

* Qu'on appelle maintenant le « syndrome métabolique », associé à une forte augmentation des marqueurs de l'inflammation, comme la protéine C-réactive[52, 53].

humain non pas en changeant notre régime, mais en nourrissant un peu différemment... les animaux dont proviennent nos aliments. Un léger ajout au fourrage peut suffire pour ramener leur alimentation à un équilibre proche de celui du passé.

Le lin, une plante cultivée depuis l'Antiquité, était intégré au « pain grec » que mangeaient les Romains. Or, la graine de lin est la seule du règne végétal qui contienne plus d'oméga-3 que d'oméga-6 (trois fois plus). Lorsqu'elle est consommée par les animaux (après une cuisson adaptée), elle permet d'augmenter considérablement le taux d'oméga-3 dans la viande, le beurre, le fromage ou les œufs, même si l'apport ne représente que 5 % de leur alimentation[56].

Après avoir élucidé le « paradoxe américain », l'équipe de Gérard Ailhaud, Pierre Weill et Philippe Guesnet s'est étoffée de médecins, d'agronomes, de biologistes et de statisticiens. Ils ont étudié deux groupes d'animaux identiques (des vaches, des poules, des cochons exactement de la même race, élevés dans les mêmes conditions). Le premier groupe était simplement nourri « à l'ancienne » – en ajoutant 5 % de graines de lin cuites à leur alimentation –, le second groupe « à la moderne », avec les habituelles rations de maïs, soja et blé. Ils ont ensuite recruté des volontaires, partagés à leur tour en deux groupes, auxquels ils ont livré leurs « courses » à la maison durant trois mois. L'un des groupes ne consommait que les produits animaux (bœuf, jambon, mouton, volaille, beurre, fromages et œufs) provenant des animaux nourris avec du lin. L'autre recevait des quantités égales de produits issus des animaux de la même race élevés au régime standard. Au bout de trois mois, un examen du sang a été pratiqué sur tous les participants. Les volontaires du second groupe, qui avaient reçu des produits standard, avaient un rapport oméga-3/oméga-6 très malsain, équivalent à celui que l'on retrouve dans toutes les enquêtes : 1/15. En revanche, ceux du premier groupe, qui avaient été nourris « à l'ancienne », avaient un rapport trois fois plus favorable en oméga-3 ! En trois mois, le profil des graisses dans le sang de ces volontaires est devenu parfaitement comparable à celui des fameux Crétois, dont l'alimentation méditerranéenne est donnée en exemple dans toutes les études de nutrition. Et, ce qui ne gâche rien pour les gourmands, ce résultat a été atteint sans lésiner sur la quantité de produits animaux consommés[42].

Lorsque l'étude fut réitérée deux ans plus tard chez des patients diabétiques et en surpoids, une autre surprise attendait les chercheurs : les patients nourris à l'ancienne avaient perdu du poids (1,3 kg en moyenne), alors qu'ils mangeaient exactement la même quantité de produits animaux que ceux nourris de façon standard[57] !

La leçon est simple : lorsque nous respectons les besoins et la physiologie des animaux qui nous nourrissent, notre propre organisme gagne en équilibre. Et le plus étonnant, c'est que notre organisme le devine tout de suite. Les chercheurs ont commandé à un laboratoire indépendant des tests de goût « à l'aveugle » : cinquante volontaires isolés chacun dans une cabine goûtent les viandes, les fromages ou le beurre équilibrés en oméga-3 et oméga-6 grâce à l'alimentation des animaux. Ils les comparent aux produits standard vendus habituellement dans les supermarchés, sans connaître, bien sûr, leur provenance. La grande majorité des goûteurs préfèrent, sans savoir pourquoi, les produits provenant d'animaux nourris sainement[41]... Tout se passe comme si nos cellules savaient reconnaître ce qui est bon pour elles et tentaient de nous le faire savoir à travers les préférences de nos papilles...

Depuis 2000, cette équipe de chercheurs a mis en place un label pour permettre aux consommateurs d'identifier les produits issus de cette filière lin. Il s'agit en France des produits « bleu-blanc-cœur » qui ont pour logo une petite fleur de lin bleue. Ils sont déjà disponibles dans plusieurs chaînes de grande distribution comme Monoprix ou Carrefour. Toutes les épiceries de quartier – comme la mienne l'a fait quand je le lui ai suggéré – peuvent choisir de s'approvisionner avec ces produits*.

Détoxifier l'alimentation

Le docteur Annie Sasco revient sur la cartographie du cancer dans le monde établie par l'OMS : « Après toutes ces années de travail, me dit-elle, nous n'avons toujours pas une certitude absolue. Mais regardez le cas très curieux du Brésil, dont le niveau de développement est encore bas mais dont le taux de cancer du sein est équivalent à celui des pays occidentaux les plus industrialisés. Nous sommes plusieurs à nous demander si ce phénomène n'est pas dû à la consommation très élevée de viande – près de trois fois par jour – et au recours massif, jusqu'à une date très récente, d'hormones en tous genres pour accélérer la croissance des bêtes d'élevage. »

En effet, on retrouve dans tous les pays un lien direct entre la fréquence des cancers et la consommation de viande, de charcuterie et de produits laitiers. À l'inverse, plus l'alimentation d'un pays est riche en légumes et en légumineuses (pois, haricots, lentilles, etc.), moins les cancers sont fréquents.

Même si elles ne l'établissent pas de façon définitive, les études chez l'animal et les corrélations chez l'homme suggèrent que, en déséquilibrant notre alimentation, nous avons créé dans notre physiologie les conditions optimales pour le développement du cancer. Si celui-ci est conditionné dans une large mesure par les toxines apportées par l'environnement, il faut nécessairement commencer par détoxifier ce que nous mangeons.

---

* J'en profite pour remercier Ayeth et « M. Albert » du Shopi de Neuilly, qui tolèrent avec beaucoup de grâce mes requêtes concernant leur approvisionnement. J'ai été très touché le jour où Ayeth m'a montré, toute fière, le rayon « bio » qu'elle avait créé parmi ses fruits et légumes !

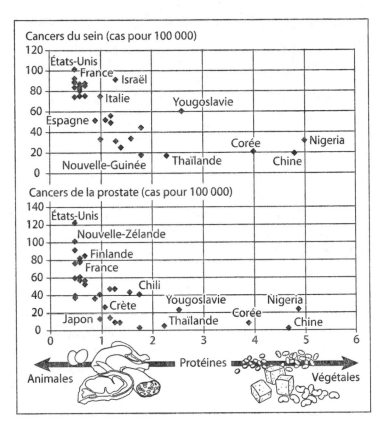

Figure 12 – La fréquence du cancer du sein et de la prostate est considérablement plus basse dans les pays où l'on mange moins de produits animaux et plus de légumes et de légumineuses. Données tirées de la base de données du CIRC (montrant l'incidence des cancers à âge égal[54]) et d'une publication de Frassetto et al., université de Californie à San Francisco, qui spécifie les apports en protéines animales et végétales pour chaque pays*[58].

Devant ce faisceau d'indices extraordinairement concordants, voici des recommandations très simples pour ralentir la progression du cancer :

1. manger peu de sucres raffinés, et peu de farines blanches ; les remplacer par le sirop d'agave pour sucrer, et

---

* Cette analyse a été présentée initialement par le professeur Janet Plant, dans son livre sur le cancer du sein[59].

126

par les farines ou pains aux céréales multiples et au levain à l'ancienne ;

2. éviter toutes les graisses végétales hydrogénées (que l'on trouve aussi dans les viennoiseries qui ne sont pas « pur beurre ») et toutes les graisses animales déséquilibrées en oméga-6. L'huile d'olive est une excellente graisse végétale qui ne favorise pas l'inflammation. Le beurre (pas la margarine) et le fromage, équilibrés en oméga-3, ne semblent pas y contribuer non plus. On trouve ce type de beurre et de fromage dans les produits issus de l'agriculture biologique (à condition que les animaux soient élevés en pâturage), ou dans les produits de la filière lin (Bleu-blanc-cœur). Il faut donc systématiquement privilégier ces lipides pour aider son corps à lutter contre la maladie*. En faisant ce choix, nous contribuons aussi à restaurer une alimentation beaucoup plus saine pour les animaux qui font partie de notre chaîne alimentaire, et à réduire notre dépendance vis-à-vis des champs de maïs et de soja nécessaires à l'alimentation du bétail. Le maïs et le soja sont les plus gros consommateurs d'engrais chimiques, de pesticides et d'eau**[60, 61]. Ils contribuent plus que toutes les autres cultures à la détérioration de l'environnement.

Enfin, pour que la détoxification soit complète, il reste à apprendre à se protéger du deuxième phénomène nocif qui a accompagné la progression du cancer en Occident depuis la Seconde Guerre mondiale : l'accumulation de produits chimiques cancérigènes dans notre environnement immédiat.

---

* ATTENTION : Pour que les viandes et les œufs soient riches en oméga-3, il ne suffit pas qu'ils soient « bio ». Il faut que les animaux aient été nourris en pâturage ou bien aux graines de lin. Exigez des labels qui garantissent le contenu en oméga-3 (par exemple Bleu-blanc-cœur), l'élevage en pâturage (par exemple Label rouge – sauf en ce qui concerne les œufs, pour lesquels ce label est insuffisant) ou qui précisent l'alimentation des animaux (par exemple « ajout de fourrage à la ration journalière » ou « riche en oméga-3 »).

** Les 2/3 des calories agricoles de la planète pour la consommation proviennent aujourd'hui de seulement quatre cultures, dont le maïs et le soja sont les principales (les deux autres sont le blé et le riz).

TROISIÈME PARTIE
On ne peut pas vivre en bonne santé
sur une planète malade

L'ours polaire vit à l'écart de toute civilisation. Les vastes étendues de neige et de glace dont il a besoin pour survivre ne sont pas propices aux développements urbains ni aux activités industrielles. Pourtant, de tous les animaux du monde, l'ours polaire est *le plus contaminé* par des produits chimiques toxiques, au point que son système immunitaire et sa capacité de reproduction sont menacés. Ce grand mammifère se nourrit de phoques et de gros poissons, qui se nourrissent à leur tour de poissons plus petits, ces derniers ayant eux-mêmes mangé des poissons encore plus petits, du plancton et des algues.

Les polluants que nous déversons dans nos rivières et nos fleuves finissent tous dans la mer. Beaucoup sont « persistants », c'est-à-dire qu'ils ne se décomposent pas en éléments assimilables par la biomasse de la terre ou des mers. Ils font le tour de la planète en quelques années et s'accumulent, au contraire, au fond des océans. Ils s'accumulent aussi dans l'organisme des animaux qui les ont ingérés (ils sont « bio-accumulatifs ») et ont une affinité particulière avec les graisses – on les dit « liposolubles ». On les retrouve donc dans la graisse animale. D'abord celle des petits poissons, puis des gros qui mangent les petits, puis de ceux qui mangent les gros poissons. Plus on s'élève dans la chaîne alimentaire, plus la quantité de « POP » (polluants organiques persistants) dans la graisse augmente[62]. L'ours polaire est au sommet d'une chaîne alimentaire, et celle-ci est contaminée de part en part. Fatalement il est le plus touché par la concentration progressive – la « biomagnification » – des polluants de l'environnement.

Il existe un autre mammifère qui trône au sommet de sa chaîne, dont l'habitat est de surcroît nettement moins protégé que celui de l'ours polaire : l'être humain.

Daniel Richard est le président de la branche française de la première association écologiste au monde, le WWF (World Wildlife Fund). Daniel aime la nature avec passion. Il vit depuis douze ans en Camargue, au bord d'une réserve naturelle très protégée. Lorsque, en 2004, le WWF a lancé une campagne – insolite – pour mesurer le taux de différents produits chimiques toxiques dans l'organisme de personnalités, il s'est proposé comme volontaire. Stupéfait, il a découvert qu'il portait dans son corps près de la moitié des composés testés (42 sur 109). Presque autant que les ours polaires... À quoi l'attribue-t-il ? « Je suis un carnassier... », répond-il. Dans la même étude, 39 députés européens et 14 ministres de la Santé ou de l'Environnement de plusieurs pays européens ont été testés. Ils étaient tous porteurs de doses significatives de polluants dont la toxicité pour l'homme est établie. Treize résidus chimiques (phtalates et composés perfluorés) ont été systématiquement retrouvés chez *tous* les députés. Quant aux ministres, ils présentaient entre autres 25 traces de produits chimiques identiques : 1 retardateur de flamme, 2 pesticides et 22 PCB (biphényles polychlorés)[63]. Cette pollution de l'organisme n'est pas réservée aux élus, ni aux Européens : aux États-Unis, les chercheurs du Center for Disease Control ont identifié la présence de 148 produits chimiques toxiques dans le sang et les urines d'Américains de tous âges[64].

Comme l'explosion de la consommation de sucre et la dégradation extrêmement rapide du rapport oméga-6/oméga-3, l'apparition de ces substances toxiques dans notre environnement – et notre corps – est un phénomène radicalement nouveau. Il date, lui aussi, de la Seconde Guerre mondiale. La production annuelle de substances chimiques synthétiques est passée de 1 million de tonnes en 1930 à 200 millions de tonnes aujourd'hui[65].

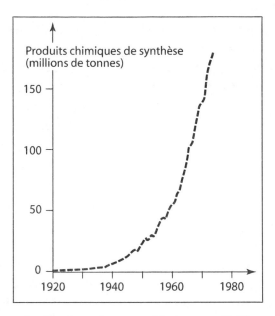

Figure 13 – La production des substances chimiques synthétiques, dont les pesticides, est un phénomène nouveau qui caractérise la fin du XXᵉ siècle[65].

Quand ces chiffres ont été publiés pour la première fois en 1979 par la chercheuse Devra Lee Davis, cette jeune et brillante épidémiologiste qui ne mâchait pas ses mots s'est vu traiter d'agitatrice. Il faut dire qu'elle avait courageusement donné comme titre à son article dans la revue *Science* : « Le cancer et la production chimique industrielle ». Un thème que tout le monde aurait préféré taire et qui a failli mettre fin à sa carrière débutante. Mais Davis a persisté. Après la publication de plus de 170 articles au cours des années qui ont suivi, puis de deux livres retentissants sur le sujet[12, 66], Davis est même devenue la première directrice d'un Centre de cancérologie environnementale, créé pour elle à l'université de Pittsburgh. Aujourd'hui, le lien entre le cancer et l'environnement n'est plus guère contesté.

Le Centre international de recherche sur le cancer de l'OMS établit une liste des produits cancérigènes présents dans l'environnement. En trente ans, il en a testé 900 (une infime proportion des plus de 100 000 molécules qui sont répandues, à coups de millions de tonnes par an, par l'industrie depuis 1940[67]). Sur ces 900 produits qui lui ont été soumis – le plus souvent par des organismes gouvernementaux, des sociétés médicales ou des associations de consommateurs qui émettent un doute –, *un seul* a été reconnu comme *n'étant pas* cancérigène ; 95 ont été classés comme « cancérigènes établis » (c'est-à-dire qu'il existe suffisamment d'études épidémiologiques et d'études chez l'animal pour établir un lien formel de cause à effet) ; 307 sont des cancérigènes « probables » ou « possibles » (les études chez l'animal sont convaincantes, mais les études humaines nécessaires pour apporter la preuve de leur nocivité *n'ont pas été faites ou sont insuffisantes*) ; 497 ont été étiquetés comme « inclassables » (ce qui signifie, non pas qu'ils ne sont pas dangereux, mais que leurs effets n'ont pas été suffisamment étudiés, souvent faute de moyens).

Dans de nombreux cas, ces composants continuent d'être largement utilisés. Par exemple le benzène, cancérigène « établi », qu'on retrouve dans l'essence, certains plastiques, des résines et colles, certains lubrifiants, teintures, détergents et pesticides[68]. Les industriels se défendent en arguant que les taux auxquels les utilisateurs sont généralement exposés sont cent fois inférieurs aux doses toxiques chez l'animal. Mais Sandra Steingraber, biologiste spécialisée dans l'environnement, a montré qu'un rapide calcul suffit pour balayer l'argument : en 1995, le National Toxicology Program a pu compléter des essais chez l'animal concernant près de 400 produits chimiques, un échantillon « représentatif » des 75 000 substances présentes sur le marché à l'époque. Conclusion des chercheurs : 5 à 10 % d'entre eux peuvent être considérés comme cancérigènes pour l'homme ; 5 à 10 %, cela veut dire 3 750 à 7 500 des produits auxquels nous sommes exposés. Pas de quoi être rassuré quand on nous dit que chacun est à moins d'1/100 de la dose toxique[11]. À supposer que chaque produit atteigne le seuil d'1/100, il en résulterait une charge totale de 37 à 75 fois la dose toxique établie chez l'animal. En Europe, les médecins, chercheurs et associations internationales réunis à l'UNESCO en 2004 sont arrivés à des conclusions similaires. Ensemble, à l'instigation du professeur Dominique Belpomme, cancérologue à l'hôpital européen Georges-Pompidou, ils sont devenus signataires de l'« appel de Paris » qui demande l'application d'un principe de précaution à toute nouvelle substance chimique. Il recommande de déterminer le potentiel toxique d'un nouveau composé avant de l'introduire de façon incontrôlée dans l'environnement. Un principe que nous nous appliquons spontanément à nous-mêmes et à nos enfants, mais qui n'a jamais été imposé à l'industrie chimique[69, 70].

C'est dans la graisse que s'accumulent de nombreux cancérigènes, y compris ceux émis par la fumée de cigarette – comme le hautement toxique benzo-[A]-pyrène des additifs, un des cancérigènes les plus agressifs que l'on connaisse[71]. Parmi les cancers qui ont le plus augmenté en Occident depuis cinquante ans, on retrouve surtout les cancers de tissus qui contiennent ou qui sont entourés de graisse : le sein, les ovaires, la prostate, le côlon, le système lymphatique...

Beaucoup de ces cancers sont sensibles aux hormones circulant dans l'organisme. On parle alors de cancers « hormono-dépendants ». C'est pour cette raison qu'ils sont soignés par des antagonistes des hormones – comme le Tamoxifène pour le cancer du sein, ou les antiandrogènes pour le cancer de la prostate. Par quel mécanisme les hormones agissent-elles sur le développement du cancer ? En se fixant sur certains récepteurs à la surface des cellules, elles se comportent en quelque sorte comme une clé qui s'introduit dans une serrure. Si ces cellules sont cancéreuses, les hormones déclenchent alors en leur sein des réactions en chaîne qui ont pour effet de les lancer dans une croissance anarchique.

Un grand nombre de polluants de l'environnement sont des « perturbateurs hormonaux ». C'est-à-dire que leur structure imite celle de certaines hormones humaines. Cela les rend capables de s'introduire dans les serrures et de les activer anormalement. Plusieurs d'entre eux imitent les œstrogènes. Au cours de ses recherches, Devra Lee Davis les a baptisés « xénoestrogènes » (du grec *xeno* pour « étranger »)[72]. Véhiculés par certains herbicides et pesticides, ils sont attirés par la graisse des animaux d'élevage dans laquelle ils s'accumulent. Mais ils sont aussi présents dans certains plastiques et certains dérivés des processus d'élimination industriels auxquels nous sommes régulièrement exposés. On en trouve même dans certains produits de beauté et produits ménagers[68] (une liste des produits à éviter est fournie à la fin de ce chapitre).

Le département d'épidémiologie de Harvard a montré en 2006 – dans une étude longitudinale sur 91 000 infirmières suivies pendant douze ans – que le risque du cancer du sein chez les femmes en préménopause est deux fois plus élevé chez celles qui consomment de la viande rouge plus d'une fois par jour comparé à celles qui en mangent moins de trois fois par semaine. On pourrait donc diviser par deux le risque de cancer du sein en jouant simplement sur la consommation de viande rouge. En Europe, la grande étude EPIC, qui suit plus de 400 000 personnes dans dix pays différents, est arrivée à la même conclusion pour le cancer du côlon : deux fois plus de risques chez les gros mangeurs de viande que chez ceux qui en mangent moins de 20 g par jour (la consommation de poisson – riche en oméga-3 – *divisant*, quant à elle, le risque par deux[73]).

On ne sait pas si le risque lié à la consommation de viande est dû aux contaminants organochlorés présents dans la graisse des animaux d'élevage, à la façon de la faire cuire (les amines hétérocycliques qui se forment lors de la cuisson de viandes trop grillées, ou les composés de conservation N-nitroso des charcuteries, qui sont aussi des agents cancérigènes connus), ou encore aux xénoestrogènes des plastiques dans lesquels on conserve et transporte les produits animaux. Il est aussi possible que le risque soit dû en partie au fait que les gros mangeurs de viande consomment beaucoup moins d'aliments anticancer (qui sont presque tous des végétaux).

On sait, en revanche, que la viande et les produits laitiers (ainsi que les gros poissons qui sont en haut de la chaîne alimentaire) constituent plus de 90 % de l'exposition humaine à des contaminants qui sont des cancérigènes connus comme la dioxine, les PCB ou certains pesticides qui persistent dans l'environnement malgré leur interdiction depuis plusieurs années*. Les végétaux des marchés français en contiennent, eux, cent fois moins que les produits animaux, et le lait « bio » est moins contaminé que le lait conventionnel[75, 76].

La France est le premier consommateur européen de pesticides et le troisième consommateur mondial derrière les États-Unis et le Japon avec environ 76 000 tonnes de matières actives utilisées en 2004 (pour un chiffre d'affaires proche de 1,8 milliard d'euros)[77]. Là encore, ces produits n'existaient quasiment pas avant 1930.

L'Union européenne est le principal producteur et 72 % des ventes sont destinées au marché communautaire. Ces produits ne sont pas cantonnés aux utilisations industrielles ou agricoles. En France, l'Observatoire des résidus et pesticides estime qu'aujourd'hui 80 à 90 % de la population est exposée aux pesticides et insecticides d'utilisation *ménagère*, avec en moyenne trois ou quatre produits différents[77].

Comme pour le DDT il y a quarante ans, l'atrazine est un pesticide tellement économique qu'on a longtemps considéré,

---

* Les experts de l'Agence française de sécurité sanitaire des aliments ont montré par exemple que le lait commercialisé aujourd'hui contient de la dioxine et des PCB, et plusieurs études européennes ont montré qu'il pouvait même contenir des pesticides comme le DDT ou le lindane, qui sont encore présents dans l'environnement bien qu'ils soient proscrits en Europe depuis plusieurs années[74, 75, 76].

eu égard au bénéfice qu'il représentait pour la production agricole, que les risques pour l'environnement – et pour les humains – étaient « acceptables ». Mais l'atrazine est un xenoestrogène si puissant qu'il est capable de changer le sexe des poissons dans les rivières où il finit par se déverser[78, 79] ! C'est seulement en 2003, après d'âpres batailles opposant scientifiques et industriels, qu'il a finalement été interdit en France, suivie en 2006 par l'Union européenne. Il était massivement utilisé dans notre pays depuis 1962.

Une partie des tumeurs au cerveau comme la mienne sont sensibles aux xénoestrogènes[80]. De fait, les agriculteurs français exposés aux pesticides et fongicides ont un risque accru de tumeur au cerveau[81]. Entre 1963 et 1970, de l'âge de deux ans à l'âge de neuf ans, j'ai joué tous les étés dans les champs de maïs aspergés d'atrazine qui environnaient notre maison de vacances en Normandie. Toute ma vie, jusqu'au jour où on m'a diagnostiqué un cancer, j'ai bu du lait, mangé des yaourts, de la viande, des œufs, qui provenaient de vaches, de moutons et de poules qui avaient été nourris avec du maïs traité aux pesticides. J'ai croqué – sans enlever la peau – des pommes qui avaient reçu 15 traitements de pesticides. J'ai bu l'eau du robinet issue des rivières et des nappes phréatiques contaminées (l'atrazine n'est pas éliminée par la plupart des systèmes de purification de l'eau). Mes deux cousines qui ont eu un cancer du sein ont partagé avec moi ces jeux en Normandie, cette eau, cette nourriture. D'autres enfants ne sont pas tombés malades. Nous ne saurons jamais quelle a été la contribution de l'atrazine, parmi de nombreux autres facteurs, à nos cancers respectifs. Nous ne saurons jamais si le risque était « acceptable ».

Et le bio ?

Tout au nord-ouest des États-Unis, bordé par l'océan Pacifique et une chaîne de montagnes, l'État de Washington est un des plus beaux du grand Ouest américain. Comme souvent là où la beauté de la nature s'impose, les habitants y sont aussi des plus progressistes. De nombreux supermarchés et coopératives « bio » prospèrent autour de Seattle, et une grande partie de la population choisit de se nourrir de cette manière. Comme en Europe, les produits labellisés « bio » sont cultivés avec des engrais naturels, sans pesticides de synthèse. Toutefois, ils sont souvent contestés parce qu'ils sont plus chers tout en étant parfois contaminés en partie par les pesticides des champs voisins. Permettent-ils vraiment de réduire notre exposition aux contaminants ?

À l'université de Washington, une jeune chercheuse, Cynthia Curl, s'inquiétait de savoir si la nourriture bio que ses amies donnaient à leurs enfants était réellement plus saine. Elle réussit à organiser une étude sur 42 enfants de 2 à 5 ans, en s'adressant à des familles qui sortaient du supermarché habituel ou d'une coopérative bio. Pendant trois jours, les parents devaient noter exactement ce qu'ils donnaient à manger et à boire à leurs enfants. Ceux-ci étaient classifiés « bio » si plus de 75 % de leur nourriture portait le label « bio », et « conventionnels » si plus de 75 % de leurs aliments n'étaient pas « bio ». Le docteur Curl mesura ensuite dans les urines des enfants les produits de dégradation des pesticides organochlorés (les pesticides les plus courants). Elle trouva que le taux de pesticides dans l'urine des enfants « bio » était nettement *en deçà* des minima fixés par l'Agence gouvernementale de protection environnementale. Il était aussi 6 à 9 fois moindre que celui des enfants « conventionnels ». Pour ces derniers, la charge toxique dépassait au contraire de 4 fois les limites officielles tolérées[82, 83]... La nourriture « bio » faisait bel et bien une différence de taille quant au niveau d'intoxication de l'organisme*.

Rapportées dans le *New York Times*, les réactions suscitées par cette démonstration sont malheureusement typiques. Le chercheur David Klurfeld, un nutritionniste réputé de l'université de Wayne State, à Détroit, explique par exemple qu'on ne connaît pas de façon claire les implications sur la santé de ces mesures de pesticides. « Je ne dis pas qu'il n'y a pas un risque possible pour la santé. Mais il faut être réaliste et ne pas paniquer à cause de ce genre de données. Pour ma part, je ne changerai rien aux habitudes de nourriture de ma famille sur la base de cette étude. »

Mais tous les spécialistes ne voient pas les choses de cette façon. Dans le Département d'études de l'environnement à l'université de Yale, le professeur John Wargo suit depuis des années l'impact sur la santé des enfants des changements dans l'environnement. Sa conclusion est tout autre : « Cette étude justifie l'importance d'un régime bio, et montre que les aliments bio réduisent l'exposition des enfants. Les industriels [de l'agroalimentaire] nous disent "montrez-moi les morts". Moi, je ne veux pas qu'on joue au poker avec la vie de mes gamins. »

Depuis, une deuxième étude de la même université a prolongé la démonstration : 23 enfants ont d'abord été testés après avoir suivi pendant plusieurs jours un régime « conventionnel ». Leur urine montrait la présence de pesticides. Ils ont ensuite consommé uniquement des aliments « bio ». En

---

* En France, l'ingénieur agronome Claude Aubert – dont on dit souvent qu'il est le parrain de l'agriculture biologique en Europe – a fait une démonstration comparable. Dans une étude de 1986, il a montré que les femmes qui se nourrissent « bio » à 90 % pendant leur grossesse ont 3 fois moins de pesticides organochlorés dans le lait maternel que celles qui se nourrissent de façon conventionnelle[84].

quelques jours, toute trace de pesticide avait disparu de leur urine. Lorsqu'ils sont revenus à l'alimentation conventionnelle, les traces de pesticides sont rapidement réapparues, au même niveau qu'avant l'alimentation bio[85].

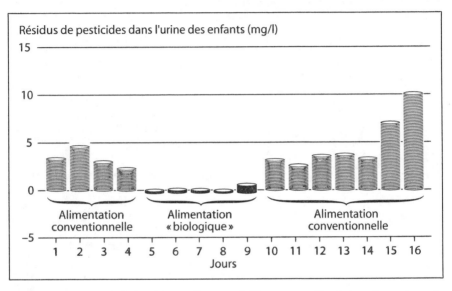

Figure 14 – Quantité de résidus d'un pesticide organochloré dans les urines de 23 enfants de 3 à 11 ans pendant qu'ils consomment une alimentation conventionnelle, puis « biologique », puis à nouveau conventionnelle sur une période de quinze jours consécutifs. Les résidus de pesticides disparaissent presque immédiatement des urines lorsque l'alimentation est « bio » (jours 5 à 9).

Imaginons qu'il existe un produit dont il suffirait de mettre une goutte sur un steak, du lait ou un fruit pour que, en changeant de couleur, il révèle la présence de pesticides. Du jour au lendemain, l'industrie agroalimentaire serait obligée de transformer radicalement ses pratiques pour se conformer aux exigences de la précaution la plus élémentaire face aux substances douteuses qui ont été introduites dans notre alimentation depuis 1940. Mais ces produits toxiques sont inodores, incolores et sans saveur. D'être indétectables les rend-il plus « acceptables » pour autant ? Cette question est-elle réservée à ceux d'entre nous qui ont déjà été touchés par le cancer* ?

Quand les épidémiologistes seront « sûrs »...

Longtemps réservée aux milieux « militants » verts, la question du lien entre cancer et environnement intéresse désormais de plus en plus les scientifiques. Alarmés par les données, les experts de l'INSERM écrivaient en 2005 : « Il est généralement admis que l'exposition environnementale est impliquée dans l'origine de la majorité des cancers. » Le tabac rend compte d'une partie de ces cas (de l'ordre de 30 %)[86]. Pour la plupart des autres, il n'y pas d'explication officielle. Chez l'homme, le cancer met en général cinq à quarante ans à se développer. Souvent, il n'y a donc d'études convaincantes que chez l'animal. Pour une partie de la communauté scientifique – et c'est légitime –, cela ne constitue pas une preuve suffisante pour désigner formellement les modifications récentes de l'environnement comme cause du cancer chez l'homme.

En 2002, à Victoria, au Canada, des femmes victimes de l'épidémie de cancer du sein ont organisé une conférence avec des experts en épidémiologie et des biologistes. Le docteur Annie Sasco y a présenté ses réflexions. Au cours de sa présentation, elle a aligné, les uns après les autres, les résultats de ses vingt-cinq années de travail comme épidémiologiste au plus haut niveau mondial. Devant toutes ces femmes qui cherchaient une explication à leur maladie, elle a conclu : « Si les données suggèrent fortement un lien entre l'augmentation du cancer et la transformation de l'environnement des cinquante

---

* Le livre de Fabrice Nicolino et François Veillerette *Pesticides : Révélations sur un scandale français* se lit comme un thriller et plonge beaucoup plus loin dans ce sujet[87].

dernières années, nous n'avons pas encore les arguments scientifiques irréfutables pour être sûrs du lien de causalité. » Une des femmes de l'assistance s'est alors emparée du micro : « Si nous attendons pour agir que les épidémiologistes soient sûrs, nous serons toutes mortes... » Et Annie Sasco lui a confié qu'elle était, malheureusement, d'accord.

Des obstacles au changement

En 1950, 80 % des hommes fumaient dans les pays occidentaux. Cette habitude était considérée comme parfaitement inoffensive, y compris par les médecins. Dans les journaux médicaux, on trouvait des publicités pour les Gauloises ou les Marlboro. Cette année-là, le docteur Richard Doll, de l'université d'Oxford – lui-même fumeur –, a démontré sans l'ombre d'un doute que le tabac était la cause directe de l'explosion du cancer du poumon. Avec plus d'un paquet par jour, le risque était jusqu'à trente fois plus grand* ! Il a fallu attendre vingt-deux ans avant que soit prise la première mesure gouvernementale contre le tabac** et cinquante-sept ans pour qu'il soit interdit dans les lieux publics en France ! Encore aujourd'hui, la production, la consommation et l'exportation des cigarettes restent tout à fait légales.

L'augmentation de risque de cancer associé aux graisses animales – trop riches en oméga-6 et chargées de produits chimiques toxiques – est de l'ordre de 1,5 à 8 selon les études et le degré d'exposition (il est moins fermement établi que

---

* Pour être historiquement exact, bien qu'on attribue généralement la découverte du lien entre le tabac et le cancer du poumon au docteur Richard Doll, il faut préciser que trois mois plus tôt un épidémiologiste juif allemand émigré aux États-Unis, le docteur Ernst L. Wynder, avait publié la première étude rapportant les mêmes conclusions[88].

** L'augmentation des taxes sur la vente des cigarettes, par Denis Healey, le ministre des Finances du Royaume-Uni en 1972.

pour le tabac, pour lequel il est de l'ordre de 20 à 30[89]). C'est loin d'être négligeable. Comme pour la cigarette, il existe des raisons économiques très puissantes pour ne pas vouloir en savoir plus : on prétend généralement que les pesticides sont nécessaires à la productivité agricole, alors qu'il y a très peu de données solides pour l'affirmer[90]. Ce qui est certain, c'est qu'ils sont nécessaires aux intérêts des industriels de la chimie. Parce qu'ils menacent ces intérêts et bouleverseraient les habitudes établies, tous les changements des politiques d'élevage et d'agriculture en faveur de pratiques qui respectent la nature et notre santé présentent des inconvénients évidents et immédiats. Ils nécessitent donc une vraie politique de développement de l'agriculture biologique. Comme pour le tabac, les avantages économiques qui résulteront du changement – une réduction marquée des coûts de santé – ne seront perçus que sur le long terme. Mais d'autres seraient immédiats, comme l'amélioration de la qualité des cours d'eau, et la santé des personnes exposées dans leur travail.

Dans son documentaire consacré au réchauffement climatique *(Une vérité qui dérange)*, Al Gore cite un grand journaliste américain du XXe siècle, Upton Sinclair : « Il est difficile de faire comprendre quelque chose à quelqu'un quand son salaire dépend du fait qu'il ne le comprenne pas. » Nous ne pouvons espérer ni des politiques ni des industriels qu'ils fassent ces choix difficiles à notre place. La femme qui a pris le micro à Victoria avait raison : si nous attendons que les épidémiologistes soient « sûrs », nous risquons fort d'être déjà morts. En revanche, nous avons chacun le pouvoir considérable d'appliquer à nous-même le principe de précaution. Nous pouvons choisir ce que nous voulons, ou non, consommer. Il suffit souvent de demander à son épicier de quartier qu'il se procure des produits « bio » ou Bleu-blanc-cœur pour qu'il le fasse. Lorsque nous serons suffisamment nombreux à consommer de cette manière, les prix diminueront, comme c'est déjà le cas dans certains supermarchés aux États-Unis où les prix du bio sont très proches de ceux des produits conventionnels.

Résumé : trois principes de détox

Lorsque les fumeurs arrêtent le tabac, leur risque d'avoir un cancer diminue nettement[91, 92]. Si on cesse de favoriser la croissance des cellules cancéreuses dans le corps, les mécanismes naturels de contrôle du cancer sont plus à même d'agir afin de juguler leur prolifération.

Pour se protéger du cancer, nous pouvons limiter autant que possible notre exposition aux facteurs toxiques de l'environnement. Parmi tous ceux qui ont été identifiés ou qui sont fortement suspectés, j'ai choisi d'en expliquer ici trois en particulier qui me semblent les plus impliqués et les plus facilement modifiables :

1. la consommation excessive de sucres raffinés et de farines blanches (qui stimulent l'inflammation et la croissance des cellules à travers l'insuline et l'IGF *(insulin-like growth factor)* ;

2. la consommation excessive d'oméga-6 dans les margarines, les graisses hydrogénées et les graisses animales (viande, produits laitiers, œufs) issues d'une agriculture déséquilibrée depuis la Seconde Guerre mondiale. Ces deux premières causes sont largement responsables du terrain inflammatoire favorable au développement du cancer ;

3. l'exposition aux contaminants de l'environnement apparus depuis 1940 et qui s'accumulent dans les graisses animales.

La première étape de tout processus de « détoxification » commence donc par ceci : manger beaucoup moins de sucre (et de farine blanche), et beaucoup moins de graisses animales (et très peu de produits qui ne soient pas labellisés « agriculture biologique » ou « bleu-blanc-cœur »). Il est nécessaire, non pas de les éliminer complètement, mais de les réduire à des mets « occasionnels » plutôt que d'en faire la base de notre alimentation. Au lieu de mettre des légumes autour d'un steak, il faut imaginer de mettre de temps en temps un peu de viande (équilibrée en oméga-3) dans les légumes. C'est ce que font les Indiens, les Vietnamiens ou les Chinois.

« Tout ce qui arrive à la terre arrive aux fils de la terre »

Si nous adoptions tous cette façon plus saine de nous nourrir, nous aiderions non seulement notre corps à se détoxifier, mais aussi la planète à retrouver son équilibre. Le rapport de 2006 des Nations unies sur l'alimentation et l'agriculture conclut que l'élevage des animaux pour la consommation humaine est un des principaux responsables du... réchauffement climatique ! La contribution de l'élevage à l'effet de serre est *plus élevée* que celle du secteur des transports. L'élevage est responsable de 65 % des émissions d'hémioxyde d'azote, un gaz qui contribue au réchauffement global 296 fois plus que le CO_2. Le méthane émis par la digestion des vaches (qui tolèrent mal le maïs qu'on leur donne à manger) agit 23 fois plus que le CO_2 sur le réchauffement, et 37 % du méthane mondial vient des ruminants. Un tiers des terres arables sont consacrées au maïs et au soja destinés à l'alimentation du bétail. Ces surfaces sont insuffisantes pour répondre à la demande, ce qui entraîne le défrichage des forêts – et une nouvelle perte en capacité d'absorption du dioxyde de carbone. Le rapport de l'ONU conclut aussi que l'élevage compte « parmi les activités les plus nuisibles pour les ressources en eau », à cause du déversement massif des pesticides et excréments animaux dans les cours d'eau.

Un Indien consomme en moyenne 5 kg de viande par an et
– à âge égal – vit en meilleure santé qu'un Occidental. Il en
faut 123 kg pour satisfaire un Américain – 25 fois plus[93]. Nos
modes de production et de consommation des produits
animaux détruisent la planète. Tout semble indiquer qu'ils
contribuent aussi à nous détruire dans le même temps.

À la fin de chaque journée, j'écris quelques mots dans un
journal intime pour résumer ce qui m'a donné le plus de
plaisir. En général, il s'agit de choses très simples. Et souvent
je me surprends à noter le plaisir que j'ai eu si je n'ai mangé
que des légumes, des pois et des fruits (et un peu de pain
multicéréale). Je remarque comme je me suis senti plus alerte
et plus léger toute la journée, et je souris à l'idée que j'ai pesé
moins lourd sur la planète qui me porte et me nourrit.

Après vingt années consacrées à soigner des malades
souffrant de cancer, Michael Lerner en a eu assez de recevoir
des personnes âgées de 30 ou 40 ans qui n'auraient jamais dû
faire partie de son programme. Aujourd'hui, le programme
existe toujours, mais Michael consacre désormais le plus gros
de son activité à la protection de l'environnement afin de prévenir les maladies à la racine. Il résume la situation avec une
simplicité lumineuse : « On ne peut pas vivre en bonne santé
sur une planète malade. »

En 1854, le chef Seattle des tribus du Nord-Ouest remit
solennellement son territoire et son peuple à la souveraineté
des États-Unis. Le discours qu'il prononça à cette occasion a
servi un siècle plus tard d'inspiration au mouvement écologiste qui l'a réinterprété de façon particulièrement percutante.
Le chef s'adresse, de façon plus pressante que jamais, aux
descendants des colons blancs que nous sommes :

« Enseignez à vos enfants ce que nous avons enseigné aux
nôtres, que la terre est notre mère. Tout ce qui arrive à la terre
arrive aux fils de la terre. Si les hommes crachent sur le sol,
ils crachent sur eux-mêmes.

La terre n'appartient pas à l'homme ; l'homme appartient à la terre. Cela, nous le savons. Toutes les choses se tiennent comme le sang qui unit une même famille. Toutes les choses se tiennent. Tout ce qui arrive à la terre arrive aux fils de la terre. »

Réduire	Remplacer par
Aliments à index glycémique élevé (sucre, farines blanches, etc., voir tableau p. 110)	Fruits, farines et féculents à index glycémique bas (voir tableau p. 110)
Huiles hydrogénées ou partiellement hydrogénées Huiles de tournesol, soja, maïs Produits laitiers conventionnels (trop riches en oméga-6) Frites, fritures, chips, amuse-gueules d'apéritif, etc.	Huile d'olive, huile de lin Beurre et produits laitiers bio ou Bleu-blanc-cœur Lait de soja, yaourts de soja (contribuent à un bon équilibre oméga-6/oméga-3) Olives, tapenade ou hoummous sur pain multicéréale, tomates cerises pour l'apéritif
Viande rouge Peau des volailles	Légumes, légumes secs, tofu Volailles, œufs bio ou Bleu-blanc-cœur Viande rouge bio (moins de 200 g par semaine) Poissons (maquereau, sardine, saumon, même d'élevage)
Peau des fruits et légumes non bio (les pesticides sont accumulés sur la surface)	Fruits et légumes épluchés ou lavés ou bio
Eau du robinet dans les régions d'agriculture intensive à cause de la présence de nitrates et de pesticides (on peut obtenir un rapport sur les teneurs en nitrates, pesticides et autres contaminants auprès de l'Agence de l'eau ou de sa mairie)	Eau du robinet filtrée avec un filtre à carbone ou osmose inversée, ou eau minérale ou de source en bouteille (à condition que les bouteilles n'aient pas été chauffées au soleil et que l'eau n'ait pas d'odeur de plastique qui trahit la présence de PVC)

Tableau 2 – Alimentation détoxifiée. Résumé des principales mesures à prendre pour assainir son alimentation quotidienne.

Fruits et légumes les plus contaminés (préférer bio)	Fruits et légumes les moins contaminés (origine moins importante)
Pommes	Bananes
Poires	Oranges
Pêches	Mandarines
Nectarines	Ananas
Fraises	Pamplemousses
Cerises	Melons
Framboises	Pastèques
Raisins	Prunes
	Kiwis
	Myrtilles
	Mangues
	Papayes
Poivrons	Brocolis
Céleris	Choux-fleurs
Haricots verts	Choux
Pommes de terre	Champignons
Épinards	Asperges
Laitue	Tomates
Concombres	Oignons
Courges	Aubergines
Citrouilles	Petits pois
	Radis
	Avocats

Tableau 3 – Fruits et légumes les plus contaminés par les pesticides et ceux qui le sont beaucoup moins. Attention : mieux vaut manger des légumes et des fruits – y compris quand ils portent des traces de pesticides – que de ne pas en manger. Leurs composés phytochimiques anticancer sont en effet plus bénéfiques que les pesticides ne sont dangereux (source : The Environmental Working Group, www.foodnews.org[94]).

Éviter autant que possible	Remplacer par
Perchloroéthylène du nettoyage à sec	Aérer les vêtements nettoyés à sec pendant plusieurs heures à l'air libre avant de les porter ou préférer le nettoyage humide, au CO_2 liquide ou au silicone
Déodorants avec antitranspirant contenant de l'aluminium (surtout chez les femmes qui se rasent les aisselles et facilitent ainsi la pénétration de l'aluminium dans l'organisme)	Déodorants naturels sans aluminium
Cosmétiques, lotions, shampoings, teintures de cheveux, laques mousses gels vernis à ongles, crèmes solaires, déodorants contenant des oestrogènes ou hormones placentaires (fréquents dans les produits destinés aux cheveux afro), des parabènes ou phtalates Phtalates à éviter particulièrement : DBP et DEHP Parabènes à éviter : méthylparabène, polyparabène, isoparabène, butylparabène	Produits naturels ou cosmétiques sans parabènes ni phtalates De nombreux cosmétiques bio ne contiennent pas de parabènes ni de phtalates (en France, se référer au label « cosmebio ») Certaines compagnies comme Body Shop ou Aveda proposent aussi des produits sans phtalates [logo BIO]
Parfums contenant des phtalates (presque tous)	Pas de parfum, ou utiliser uniquement de l'eau de toilette (qui en contient moins)
Pesticides et insecticides chimiques dans la maison	Pesticides à base d'huiles essentielles, d'acide borique, ou de terre diatomaceuse Voir liste complète des produits substituables aux pesticides et insecticides les plus suspects sur www.panna.org
Chauffer de la nourriture ou des liquides (café, thé, biberons) dans des récipients en plastique qui contiennent des PVC (que le chauffage libère dans les liquides), ou dans des gobelets en polystyrène ou Styrofoam	Utiliser des récipients en verre ou céramique (y compris lors du passage au micro-ondes)
Poêles en téflon rayé	Surface en téflon intact ou poêles sans téflon (acier inoxydable 18/10) [logo Ecolabel]
Produits de nettoyage courants : lessive liquide, nettoyant/désinfectant, désodorisants des cuvettes de toilette qui contiennent généralement des alkylphénols (nonoxynol, octoxynol, nonylphénol, octylphénol, etc.)	Produits écologiques ou « verts » (ECOLABEL européen), ou bien remplacer par du vinaigre blanc (pour les surfaces et les sols), du bicarbonate de soude, ou du savon de Marseille

Tableau 4 – Produits de consommation courante à éviter, au caractère cancérigène prouvé, ou suspectés de contribuer au développement du cancer – et leurs produits de substitution.

7

La leçon de la rechute

C'était quelques années après ma première opération. Il me semblait que tout était rentré dans l'ordre. Un après-midi, je prenais le thé avec une des rares amies qui étaient au courant de ma maladie. Alors que nous parlions de l'avenir, elle m'a dit d'une voix hésitante : « David, il faut que je te demande : que fais-tu pour soigner ton "terrain" ? » Elle savait que je ne partageais pas son enthousiasme pour les médecines naturelles et l'homéopathie. Pour moi, cette notion de « terrain »   dont je n'avais jamais entendu parler pendant mes études – sortait totalement du cadre de la médecine scientifique et je ne m'y intéressais pas du tout. Je lui ai répondu que j'avais été très bien soigné, qu'il n'y avait rien d'autre à faire que d'espérer que la tumeur ne revienne pas. Et j'ai changé de sujet.

Je me souviens de mon régime alimentaire de l'époque. À l'hôpital, pour gagner du temps, j'avais appris à me contenter à midi de plats qu'on pouvait consommer facilement pendant une conférence, voire dans un ascenseur ! Je me nourrissais presque quotidiennement de chili à la viande de bœuf hachée accompagné d'un bagel et d'un Coca-cola. Une combinaison qui, avec le recul, m'apparaît explosive, alliant farines blanches, sucres et graisses animales chargées d'oméga-6, d'hormones et de toxines de l'environnement. Comme la plupart des personnes qui ont eu une première alerte avec le cancer et s'en sont sorties, je préférais faire comme s'il s'agissait d'une pneumonie ou d'une fracture, pensant que j'avais fait le nécessaire et que c'était désormais derrière moi. Pris par le travail et la naissance de mon fils, j'avais beaucoup diminué mon activité physique, et j'avais laissé retomber un éphémère intérêt pour la méditation suscité par la lecture de Jung. Jamais l'idée ne m'avait effleuré que si j'avais eu un cancer, c'était probablement parce que quelque chose dans mon « terrain » lui avait permis de se développer et qu'il était nécessaire de me prendre en main pour limiter les risques d'une rechute.

Quelques mois plus tard, j'ai accompagné une patiente à une cérémonie amérindienne réunissant sa famille et ses proches, au cours de laquelle un « homme-médecine » invoquait les esprits pour l'aider à surmonter sa maladie. J'avais trouvé ce chaman particulièrement humain, intègre et sensible. Il savait trouver des mots très simples pour décrire chaque participant et faire sentir à ma patiente à quel point chacune de ces personnes contribuait à son désir de vivre, et donc à sa santé. Je n'avais aucun doute sur le fait que sa seule présence exerçait un effet extraordinairement thérapeutique.

Curieux des pouvoirs mystérieux attribués à cet homme, je lui ai demandé après la cérémonie de toucher mon crâne et de me dire s'il sentait quelque chose. Il a posé sa main délicatement sur ma tête, fermé les yeux quelques secondes, puis déclaré : « Il y a peut-être eu quelque chose ici, mais c'est parti. Il n'y a plus rien maintenant. » Je n'étais guère impressionné. Après tout, je savais qu'il n'y avait plus rien, puisque mes examens annuels s'étaient à nouveau conclus par des résultats normaux. Il avait très bien pu détecter cette assurance dans mon attitude. Mais il avait ajouté avec un peu de malice dans les yeux : « Vous savez, les gens veulent toujours me voir moi, alors que le vrai homme-médecine ici, c'est ma mère ! »

Le lendemain, nous sommes allés ensemble voir sa mère. C'était une femme de 90 ans, menue et frêle, qui m'arrivait au menton. Elle vivait seule dans une roulotte, se déplaçant avec une vivacité inattendue pour son âge. Son visage était buriné de rides profondes, et elle n'avait presque plus de dents. Mais dès qu'elle souriait, et elle souriait souvent, ses yeux pénétrants semblaient s'illuminer d'une jeunesse étonnante. Elle a à son tour posé la main sur ma tête en se concentrant un instant. Elle a dit dans un sourire : « Il y a là quelque chose qui ne va pas. Vous avez eu quelque chose de grave et c'est revenu. Mais ne vous inquiétez pas, vous allez très bien vous en sortir. » Et puis elle a dit qu'elle était fatiguée et a mis fin à ma visite.

Je n'ai pas accordé beaucoup de crédit à cette prédiction. Je me fiais plus volontiers aux résultats du scanner fait trois mois plus tôt. Tout de même, quelque chose en moi a dû y être sensible, car j'ai attendu moins longtemps que d'habitude avant de refaire un examen. J'ai alors appris que la vieille chamane avait vu juste : mon cancer était revenu. Exactement au même endroit.

Apprendre qu'on a un cancer est un choc. On se sent trahi par la vie et par son propre corps. Mais apprendre qu'on a une rechute est terrible. C'est comme si on découvrait soudain que le monstre qu'on croyait avoir terrassé n'était pas mort, qu'il n'avait cessé de nous suivre dans l'ombre, et qu'il avait fini par nous rattraper. N'y aura-t-il donc jamais de répit ? Sous le coup de cette annonce, j'ai revu en un éclair toutes les souffrances et les peurs vécues la première fois et je me suis dit que je n'aurais pas la force de repasser à travers toute cette épreuve. J'ai annulé mes rendez-vous de l'après-midi et je suis parti marcher seul. Ma tête bourdonnait. Je me souviens encore du tumulte qui m'agitait. J'aurais voulu parler avec Dieu mais je n'étais pas croyant. J'ai finalement réussi à me concentrer sur ma respiration, à calmer la tempête de mes pensées et à me tourner vers l'intérieur – une attitude qui ressemble finalement beaucoup à une prière : « Ô mon corps, mon être, ma force vitale, parle-moi ! Laisse-moi sentir ce qui t'arrive, comprendre pourquoi tu t'es laissé déborder comme cela... Dis-moi de quoi tu as besoin. Dis-moi ce qui te nourrit, te renforce et te protège le plus. Dis-moi comment nous allons pouvoir faire ce chemin ensemble, parce que moi, tout seul, avec ma tête, je n'ai pas réussi et je ne sais plus quoi faire... » Au bout de quelques heures, j'ai repris courage, prêt à recommencer la ronde des opinions médicales.

Les patients sont souvent étonnés que les différents médecins auxquels ils s'adressent puissent recommander des traitements si dissemblables. Mais le cancer est une maladie extraordinairement multiforme, contre laquelle la médecine s'est ingéniée à multiplier les angles d'attaque. Face à cette complexité, chaque praticien finit par se cantonner aux approches qu'il maîtrise le mieux. Du coup, aucun médecin de ma connaissance ne s'en remettrait, pour lui-même ou pour un membre de sa famille, au premier conseil venu. Il chercherait à obtenir l'opinion d'au moins deux ou trois confrères. Je savais qu'il existait des différences importantes entre les diverses cultures médicales. Aux États-Unis, par exemple, on a longtemps considéré que tout cancer du sein devait faire l'objet d'une opération très étendue, qui consiste à retirer non seulement la totalité du sein mais aussi tous les ganglions lymphatiques du côté affecté et même une partie des muscles de l'aisselle. Une opération particulièrement mutilante, qui paraissait indispensable pour prévenir les rechutes. À la même époque, le professeur François Baclesse – à l'institut Curie à Paris – avait commencé à pratiquer la « tumorectomie » (suivie de radiothérapie) qui se limite à l'ablation de la tumeur, de façon à préserver le reste du sein, et du corps, intact[1]. Il s'est avéré par la suite que les résultats étaient exactement les mêmes sur le long terme[2] !

Comme c'est souvent le cas dans le cancer, le chirurgien que j'ai consulté m'a dit qu'il fallait opérer, le radiothérapeute, qu'il fallait irradier, et le cancérologue, qu'on pouvait tenter la chimiothérapie. On pouvait aussi envisager différentes façons de combiner ces traitements... Mais chacun présentait des inconvénients sérieux. Celui de la chirurgie, c'était de tailler, au-delà de la tumeur, une marge non négligeable de tissus sains dans mon cerveau, afin de laisser le moins possible de cellules cancéreuses, sachant qu'il en reste toujours dans le type de cancer dont je souffrais. Avec la radiothérapie du cerveau, il existait un risque – faible mais non négligeable – de développer une démence dix à quinze ans plus tard. Si le pronostic de guérison est très faible, c'est une option à laquelle on peut se résoudre pour gagner quelques années, mais je préférais tabler sur la survie la plus longue possible. Un des neuroscientifiques les plus brillants avec qui j'avais travaillé était devenu dément quelques années après une radiothérapie pour une tumeur cérébrale qui n'était pas même cancéreuse. La probabilité était faible, mais il n'avait pas eu de chance. Je ne voulais pas finir comme lui. Quant à la chimiothérapie, c'était par définition un poison – un poison qui tue surtout les cellules qui se multiplient rapidement, c'est-à-dire d'abord les cellules cancéreuses, mais aussi les cellules de l'intestin, du système immunitaire, des cheveux. Elle risquait en outre d'entraîner la stérilité. Je ne trouvais rien de réjouissant à l'idée de vivre pendant plusieurs mois avec ce poison dans mon corps. D'autant qu'il n'y avait pas de garantie de réussite, les tumeurs du cerveau ayant une fâcheuse tendance à devenir rapidement résistantes à la chimiothérapie.

Naturellement, on me donnait aussi beaucoup de conseils sur des traitements « alternatifs » qui semblaient surtout trop beaux pour être vrais. Mais je comprenais à quel point il est tentant de croire à la possibilité de guérir complètement tout en évitant les traitements lourds et leurs effets secondaires !

Éviter les charlatans

Pour ne pas tomber dans les pièges des charlatans, il faut suivre quelques règles simples. Éviter systématiquement les praticiens qui :

— refusent de travailler en collaboration avec un cancérologue et conseillent d'arrêter les traitements conventionnels ;

— proposent un traitement dont l'efficacité n'est pas prouvée mais qui présente des risques certains ;

— proposent un traitement dont le prix est démesuré par rapport aux preuves de son efficacité.

Comme la plupart des patients, plus j'obtenais d'informations, plus je me sentais perdu. Chaque médecin qui m'examinait, chaque article scientifique que je lisais, chaque site internet que je consultais fournissait des arguments solides et convaincants en faveur de telle ou telle approche. Comment trancher ? Finalement, ce n'est qu'en descendant à l'intérieur de moi-même, au plus profond, que j'ai fini par « sentir » ce qui sonnait « juste » pour moi. J'ai renoncé à une technique de pointe où le geste du chirurgien était guidé par ordinateur, parce que celui qui me la proposait ne me parlait que de technologie et semblait plus intéressé par son robot que par mes peurs, mes doutes et mes espoirs. J'ai préféré choisir un chirurgien dont j'ai aimé le regard clair et la présence pleine de chaleur, avec lequel je m'étais senti « soigné » avant même qu'il ne m'ait examiné. Cela tient à très peu de chose, un sourire, une intonation, une petite phrase. J'avais aimé celle qu'il m'avait dite : « On ne sait jamais ce qu'on va trouver une fois à l'intérieur, et je ne peux rien vous promettre. La seule certitude, c'est que je ferai tout ce qui est en mon pouvoir. » Et je sentais que c'était sincère, qu'il ferait *tout* ce qu'il pourrait. C'était de cette foi que j'avais besoin. Plus que d'un robot dernier cri.

Finalement, j'ai décidé de compléter l'opération par un an de chimiothérapie, afin d'éliminer le plus grand nombre possible de cellules cancéreuses. C'est aussi à cette époque que je me suis plongé dans la littérature scientifique pour tenter de faire mieux que les statistiques qu'on me mettait sous les yeux. Cette fois, j'avais reçu le message : j'allais devoir m'occuper sérieusement de mon « terrain ».

8

Les aliments anticancer

PREMIÈRE PARTIE

La nouvelle médecine nutritionnelle

Le principe tibétain

Ma vision de la médecine a commencé à être ébranlée dans les rues de Dharamsala, le siège du gouvernement en exil du dalaï-lama en Inde. Au cours d'une mission humanitaire auprès des orphelins tibétains, j'ai compris qu'il existait deux systèmes de santé à Dharamsala. Le premier était centré sur le Dalac Hospital, un hôpital occidental moderne, avec un service de chirurgie, des examens complémentaires habituels de radiographies et ultrasons, et des médicaments classiques. Autour de cet hôpital, des médecins formés à l'occidentale en Inde, en Grande-Bretagne ou aux États-Unis pratiquaient la médecine dans leurs cabinets privés exactement comme je l'avais apprise. Dans nos discussions, nous nous référions aux mêmes manuels que ceux dans lesquels je m'étais formé en Amérique du Nord. Nous nous comprenions parfaitement.

Mais il existait dans la même ville une faculté de médecine où était enseignée la médecine tibétaine traditionnelle, une manufacture de remèdes tibétains par les plantes et des médecins tibétains qui soignaient leurs patients avec des méthodes totalement différentes de celles que je connaissais. Ils examinaient le corps comme on regarde le terreau d'un jardin. Ils n'y cherchaient pas les symptômes de la maladie (qui sont souvent évidents). Non, ils cherchaient plutôt les défaillances du terrain, ce qui lui manquait pour se défendre contre la maladie. Ils voulaient comprendre comment ce corps-là, ce terreau-là, devait être renforcé pour pouvoir faire face par lui-même au problème qui amenait le patient à consulter.

Je n'avais jamais considéré la maladie de cette façon, et cette approche me déroutait complètement. D'autant plus que pour « renforcer » le corps, mes confrères tibétains évoquaient des remèdes qui me semblaient parfaitement ésotériques et probablement inefficaces. Ils parlaient d'acupuncture, de méditation, de plantes en infusion, et, beaucoup, de corriger l'alimentation. Dans mon système de références, il était évident que rien de tout cela n'était vraiment efficace. Tout au plus pouvaient-ils mettre un peu de baume au cœur au patient et lui donner de quoi s'occuper en lui laissant croire qu'il se faisait du bien...

Je me suis demandé ce que j'aurais fait si j'avais été tibétain et que j'étais tombé malade. Ayant le choix entre ces deux systèmes de santé, vers lequel me serais-je tourné ? J'ai posé la question à toutes les personnes avec lesquelles je travaillais, ou que j'avais l'occasion de rencontrer. Je l'ai posée au ministre de la Santé qui m'avait invité à faire ma mission, au frère du dalaï-lama, chez qui j'habitais, aux grands lamas médecins auxquels on me présentait. J'en ai parlé aussi à des gens très simples qu'il m'arrivait de croiser lors de mes déplacements à pied dans la ville. Je croyais les confronter à un dilemme : feraient-ils le choix de la médecine occidentale – moderne et efficace – ou celui de leur médecine ancestrale – qui l'était forcément moins – par attachement à leur tradition ?

Ils me regardaient tous comme si j'avais posé une question

idiote. « Mais c'est évident, répondaient-ils en chœur, s'il s'agit d'une maladie aiguë, d'une pneumonie, d'un infarctus, d'une appendicite, il faut voir les médecins occidentaux. Ils ont des traitements très efficaces et rapides pour les crises ou les accidents. » Et puis ils continuaient : « Mais si c'est une maladie chronique, alors là, il faut voir un médecin tibétain. Les traitements sont plus lents, mais ils soignent le terrain en profondeur, et sur le long terme c'est la seule chose qui marche vraiment... »

Et le cancer ? On estime qu'il faut entre quatre et quarante ans pour qu'une première cellule cancéreuse devienne une tumeur dangereuse. Est-ce une maladie aiguë ou une maladie chronique ? Que faisons-nous en Occident pour « soigner le terrain » ?

Cinquante chercheurs et des « alicaments »

Le docteur Richard Béliveau, biochimiste et chercheur, dirige un des plus grands laboratoires de médecine moléculaire, spécialisé dans la biologie du cancer. En vingt ans, il a collaboré avec les plus grands groupes pharmaceutiques, comme AstraZeneca, Novartis, Sandoz, Wyeth, ou Merck, pour identifier les mécanismes d'action des médicaments anticancéreux. En comprenant comment agissent ces médicaments, on peut espérer en trouver de nouveaux qui aient moins d'effets secondaires. Dans leur grand centre de recherche fondamentale, son équipe et lui se focalisaient sur des questions de biochimie, à mille lieues des préoccupations de ceux qui souffrent de la maladie. Et puis, un jour, son laboratoire s'installa dans de nouveaux locaux, au sein de l'hôpital pour enfants de l'université de Montréal. Tout bascula alors.

Son nouveau voisin, le chef du service d'hémato-oncologie, lui demanda de trouver des approches complémentaires d'accompagnement capables de rendre moins toxiques et plus efficaces la chimiothérapie et la radiothérapie. « Je suis ouvert à tout ce que vous pourrez trouver pour nous aider à traiter nos enfants, affirma-t-il. Tout ce qui peut se combiner aux traitements existants. Même si cela devait passer par l'alimentation. »

L'alimentation ? C'était un concept tellement éloigné de la pharmacologie médicale que Richard Béliveau pratiquait depuis vingt ans ! Mais depuis son déménagement, il traversait chaque jour le service des enfants leucémiques pour rejoindre son laboratoire. Les parents l'arrêtaient dans le couloir et lui demandaient : « Est-ce qu'il y a quelque chose d'autre qu'on peut faire pour notre fille ? Quelque chose que vous avez trouvé récemment et qu'on pourrait essayer ? Nous sommes prêts à faire n'importe quoi pour notre enfant... » Le plus dur, c'était d'être arrêté par les enfants eux-mêmes. Il en était profondément remué et son cerveau était en ébullition. Il se relevait la nuit avec l'impression d'avoir trouvé une idée, pour s'apercevoir, une fois mieux réveillé, qu'elle n'était pas valable. Le lendemain, il se replongeait dans l'analyse de la littérature scientifique, en quête d'une piste à explorer. C'est ainsi qu'il tomba un jour sur un article révolutionnaire publié dans la grande revue *Nature*.

Depuis quelques années, toute l'industrie pharmaceutique était à la recherche de molécules synthétiques innovantes capables de bloquer la formation des nouveaux vaisseaux sanguins nécessaires à la croissance des tumeurs (voir chapitre 4 sur l'angiogenèse). Voici que Yihai et Renhai Cao (prononcer « Tsao »), deux chercheurs de l'institut Karolinska de Stockholm, démontraient pour la première fois qu'un aliment aussi banal que le thé (la boisson la plus consommée au monde après l'eau) était capable de bloquer l'angiogenèse, en empruntant les mêmes mécanismes que les médicaments existants. Deux à trois tasses de thé vert par jour suffisaient[1] !

L'idée lui parut lumineuse. Il fallait chercher du côté de

l'alimentation, bien sûr ! Toutes les données épidémiologiques le confirment en effet : la principale différence entre les populations qui ont le plus fort taux de cancer et celles qui ont le plus faible est leur alimentation. Lorsque les femmes asiatiques développent un cancer du sein, ou les hommes un cancer de la prostate, leur tumeur est généralement beaucoup moins agressive que chez un Occidental. Partout où l'on boit du thé vert en abondance, il y a moins de cancer... Et si les molécules chimiques contenues dans certains aliments étaient de puissants agents anticancer ? se demandait Béliveau. Qui plus est, elles auraient déjà fait la preuve de leur innocuité avec 5 000 ans d'expérimentation humaine. Il tenait enfin quelque chose qui pouvait être proposé aux enfants sans leur faire courir le moindre risque : des « aliments anticancer » ou, comme Béliveau aime les appeler, des « alicaments » !

Le laboratoire de médecine moléculaire de l'hôpital des enfants Sainte-Justine à Montréal était un des mieux équipés du monde pour analyser l'effet des molécules chimiques sur la croissance des cellules cancéreuses et sur l'angiogenèse des vaisseaux sanguins qui les alimentent. Si Béliveau décidait de mettre son équipe, avec ses cinquante chercheurs et ses 20 millions de dollars d'équipement, au service de la recherche d'aliments anticancer, des progrès considérables pouvaient être rapidement accomplis. Mais c'était une décision risquée. Étant donné qu'il n'y avait pas de brevet possible sur les aliments, qui paierait pour toute cette recherche ? Sans plus de preuves tangibles sur la validité de la démarche, il ne paraissait pas raisonnable de se lancer dans une telle aventure. C'est la vie elle-même qui poussa Béliveau à accomplir le saut auquel aucun autre laboratoire au monde ne s'était risqué.

Un cancer sans être malade

Un jeudi soir, il reçut un coup de téléphone désespéré, à propos d'un ami qui souffrait d'un grave cancer du pancréas. Lenny vivait à New York. À l'hôpital Memorial Sloan-Kettering – un des meilleurs centres de cancérologie aux États-Unis –, on lui avait annoncé qu'il ne lui restait plus que quelques mois à vivre. Le cancer du pancréas est de fait un des plus virulents qui soient. Mais Lenny était un personnage de roman. Grand, au rire tonitruant et aux colères légendaires, il avait toujours aimé le poker et le casino. Il avait reçu de mauvaises cartes, mais, une fois de plus, il allait tenter sa chance jusqu'au bout. Béliveau avait-il une méthode quelconque à lui suggérer ? Lenny était prêt à aller au bout du monde pour se soumettre à n'importe quel protocole expérimental...

Au bout du fil, la femme de Lenny avait du mal à parler, tant sa gorge était serrée : « Ça fait trente-deux ans que nous vivons ensemble, dit-elle. Nous ne nous sommes jamais séparés. Je ne peux pas croire que ça va finir comme ça, aussi brutalement. Il nous faut juste un peu de temps, un peu de temps... »

Béliveau se fit envoyer le dossier médical par fax et, dès le lendemain matin, il éplucha les bases de données internationales sur les protocoles de recherche les plus récents. Mais sur le cancer du pancréas, ils étaient très peu nombreux, et ceux qui existaient ne prenaient pas de patients à un stade aussi avancé. Le cœur lourd, il rappela la femme de Lenny le soir même pour lui annoncer son échec. Elle était en larmes : « J'ai entendu parler de votre intérêt pour les effets de l'alimentation sur le cancer. Je vais m'occuper de Lenny de A à Z tous les jours jusqu'à la fin. Il fera tout ce que je lui dirai. Si vous avez des suggestions, nous les essayerons toutes. Nous n'avons rien à perdre. »

Il n'y avait de fait rien à perdre. Si ses idées étaient justes, c'était le moment d'en faire profiter quelqu'un qui en avait vraiment besoin. Tout le week-end, Béliveau se plongea dans la base de données MedLine*, recueillit des articles tous azimuts sur les aliments ayant montré une action contre le cancer, calcula les concentrations de composés phytochimiques qu'on peut espérer atteindre avec les quantités habituelles en cuisine, évalua la biodisponibilité et l'assimilation par l'intestin... Au bout de deux jours de travail intense, il arriva à la première liste d'« aliments contre le cancer » dont il devait faire plus tard un livre promis à un succès extraordinaire au Canada[2, 3]. Elle comprenait, notamment, les différents choux, les brocolis, l'ail, le soja, le thé vert, le curcuma, les framboises, les myrtilles, le chocolat noir. Ce dimanche soir-là, il rappela la femme de Lenny pour lui communiquer la liste, assortie d'une explication clé : « Le cancer est comme le diabète. Il faut s'en occuper tous les jours. Vous avez quelques mois : il va falloir manger de ces aliments répartis sur tous les repas et ne jamais dévier. Il ne s'agit pas d'en prendre "à l'occasion". Il faut consommer ces aliments tous les jours, trois fois par jour. » Il indiqua aussi ce qui devait être proscrit : tous les corps gras, excepté l'huile d'olive ou l'huile de lin, pour éviter les oméga-6 qui activent l'inflammation. Il lui donna quelques recettes japonaises qu'il connaissait bien et qu'il aimait particulièrement. La femme de Lenny prenait des notes : « Je vais lui préparer ça tous les jours », promit-elle. C'était la seule chose à laquelle elle pouvait encore se raccrocher.

Les premiers jours, elle appela souvent. Elle faisait scrupuleusement tout ce qu'elle avait promis, mais elle avait peur. Au téléphone, elle pleurait encore : « Je ne veux pas le perdre... je ne veux pas le perdre... » Au bout de quelques semaines, sa

---

* Recueil informatisé de tous les articles médicaux publiés dans le monde, tenu à jour par le National Library of Medicine (Washington D. C.).

voix était différente : « C'est la première fois qu'il se lève depuis quatre mois, annonça-t-elle. Aujourd'hui il a mangé avec appétit... » De jour en jour, l'embellie se confirmait : « Il va mieux... Il marche... Il est sorti de la maison... » Béliveau n'en croyait pas ses oreilles. C'était tout de même un cancer du pancréas. Le plus terrible, le plus agressif, le plus foudroyant. Mais il n'y avait pas de doute. Quelque chose était en train de se transformer dans le corps épuisé de Lenny.

Lenny survécut quatre ans et demi. Longtemps, sa tumeur s'était stabilisée et avait même régressé de près du quart. Il avait repris ses activités habituelles, ses voyages. Son cancérologue à New York disait qu'il n'avait jamais vu une chose pareille. Tout se passa pour un temps comme s'il avait porté son cancer sans en être malade, même si son organisme finit par succomber. Quand Richard Béliveau raconte l'histoire, il en rougirait presque. « C'était la première fois que je faisais ce genre de recommandation. Évidemment, il s'agissait d'un cas unique. On ne pouvait rien en conclure. Mais tout de même... si c'était possible ? » Pour un chercheur qui avait consacré sa vie à la biologie de la chimiothérapie, c'était un choc. Mais au fond, qu'est-ce qui empêche de mieux manger pendant une chimiothérapie, ou après ? D'autant qu'il n'y a aucune contre-indication. Les jours suivants, Richard Béliveau continua à se réveiller la nuit. « Qu'est-ce que je fais avec ça ? se demandait-il. Est-ce que j'ai le droit de passer à côté d'une contribution aussi importante à la santé publique ? Est-il acceptable de ne *pas* explorer cette approche par les aliments de façon systématique, de façon scientifique ? » C'est à ce moment-là qu'il décida de lancer son laboratoire dans le plus grand programme de recherche jamais entrepris sur les effets biochimiques des aliments anticancer. Depuis, les résultats sont tels qu'ils bouleversent de fond en comble les idées sur la meilleure manière de se protéger du cancer. Voici comment.

La graine et le terreau

Le professeur T. Colin Campbell, de l'université de Cornell, auteur d'une des plus grandes études jamais réalisées sur le lien entre cancer et habitudes alimentaires, a passé son enfance dans une ferme[4]. Peut-être son expérience de la terre l'a-t-elle servi, car il a su mieux que quiconque formuler le rapport entre le développement du cancer et l'alimentation. Il compare en effet les trois étapes de la croissance des tumeurs (initiation, promotion et progression) à celles de la pousse des mauvaises herbes. L'*initiation* est la phase où une graine s'est déposée dans le sol. La *promotion*, celle où elle devient une plante. La *progression*, celle où elle prolifère de façon incontrôlée, envahissant les plates-bandes de fleurs, les allées du jardin, et jusqu'au trottoir de la rue... Une plante qui ne prolifère pas n'est pas une mauvaise herbe*.

L'initiation – la présence d'une graine potentiellement dangereuse – dépend largement de nos gènes ou des toxines présentes dans notre environnement (radiations, produits chimiques cancérigènes, etc.). Mais sa croissance (la promotion) dépend de l'existence de conditions indispensables à sa survie : un terreau favorable, de l'eau et du soleil.

Dans le livre qu'il a consacré à ses trente-cinq ans d'expérimentations sur le rôle des facteurs nutritionnels dans le cancer, Campbell conclut : « La promotion peut être réversible, selon que la première microtumeur cancéreuse reçoit ou non les conditions nécessaires à sa croissance. C'est à ce niveau que les facteurs nutritionnels jouent un rôle aussi important.

---

* C'est la même chose pour les tumeurs. Les grains de beauté, par exemple, sont des tumeurs. Ils peuvent apparaître, grandir ou disparaître, mais ils se comportent de façon civilisée. Ils n'envahissent pas le tissu voisin au-delà de quelques millimètres, et ils ne se propagent jamais vers d'autres organes ou régions du corps. Ce ne sont pas de « mauvaises herbes » et ils ont même une valeur esthétique, comme les fleurs...

Certains de ces facteurs (les "promoteurs") nourrissent la croissance du cancer. D'autres (les "antipromoteurs") la ralentissent. Le cancer prospère quand il y a plus de promoteurs que d'antipromoteurs. Il ralentit ou s'arrête quand les antipromoteurs dominent. C'est un mécanisme de balancier. On ne peut assez souligner l'importance capitale de cette réversibilité[4]. »

Même lorsque les conditions nutritionnelles de promotion maximale du cancer sont réunies – c'est le cas avec le régime occidental –, on estime que moins d'une cellule cancéreuse sur 10 000 réussit à devenir une tumeur capable d'envahir les tissus[5, 6]. En agissant sur le terreau dans lequel se déposent ces graines de cancer, il est donc possible de réduire considérablement leur chance de se développer. C'est probablement ce qui se produit chez les Asiatiques qui ont autant de *micro*tumeurs que les Occidentaux dans leur corps, mais chez qui celles-ci ne deviennent pas des tumeurs cancéreuses agressives. Comme dans un jardin « bio », on peut apprendre à contrôler les mauvaises herbes en contrôlant la nature du sol : proscrire ce qui les nourrit – les « promoteurs » – et au contraire fournir en abondance les nutriments qui les empêchent de grandir – les « antipromoteurs ».

C'est exactement ce qu'avait compris le grand chirurgien anglais, Stephen Paget, qui avait publié dans le *Lancet* en 1889 un article retentissant qui fait encore autorité cent vingt ans plus tard. Il y décrivait son hypothèse à laquelle il avait donné un nom digne d'une fable de La Fontaine : « La graine et le terreau[7] ».

Un siècle plus tard, dans la revue anglaise *Nature*, les chercheurs du Cancer Research Institute de l'université de San Francisco démontraient l'actualité de cette idée y compris avec des cellules cancéreuses très agressives. Si l'environnement de la tumeur est dépourvu des facteurs inflammatoires nécessaires à sa croissance, elle ne réussit pas à se développer[8]. Or, ces facteurs inflammatoires – ces engrais pour le cancer – sont directement tributaires de notre alimentation : sucres raffinés qui font monter l'insuline et l'IGF pro-inflammatoires, manque d'oméga-3 et excès d'oméga-6 qui se transforment en molécules d'inflammation, hormones de croissance présentes dans la viande ou certains produits laitiers qui stimulent aussi l'IGF. Inversement, l'alimentation fournit aussi les « antipromoteurs » : tous les composés phytochimiques de certains végétaux ou de certains fruits, qui contrebalancent directement les mécanismes inflammatoires (voir plus bas).

Quand Richard Béliveau évoque aujourd'hui le régime occidental à la lumière de ces résultats, il est consterné : « Avec tout ce que j'ai appris au cours de ces années de recherche, si on me demandait de concevoir un régime alimentaire qui *favorise* au maximum le développement du cancer, je ne pourrais pas faire mieux que notre régime actuel ! »

Des aliments qui fonctionnent comme des médicaments

Si certains aliments de notre régime peuvent servir d'engrais aux tumeurs, d'autres recèlent au contraire de précieuses molécules anticancer. Il ne s'agit pas seulement des traditionnels minéraux, vitamines ou antioxydants. Les découvertes récentes vont bien au-delà.

Dans la nature, face aux agressions, les végétaux ne peuvent ni fuir ni se battre. Pour survivre, ils doivent s'armer de molécules puissantes capables de les défendre contre les bactéries, les insectes et les intempéries. Ces molécules sont des composés phytochimiques aux propriétés antimicrobiennes, antifongiques et insecticides qui agissent sur les mécanismes biologiques des agresseurs potentiels. Les végétaux ont aussi des propriétés antioxydantes pour se protéger de l'humidité et des rayons du soleil (les antioxydants empêchent la « rouille » cellulaire de se former lorsque les fragiles mécanismes de la cellule sont exposés aux propriétés corrosives de l'oxygène).

167

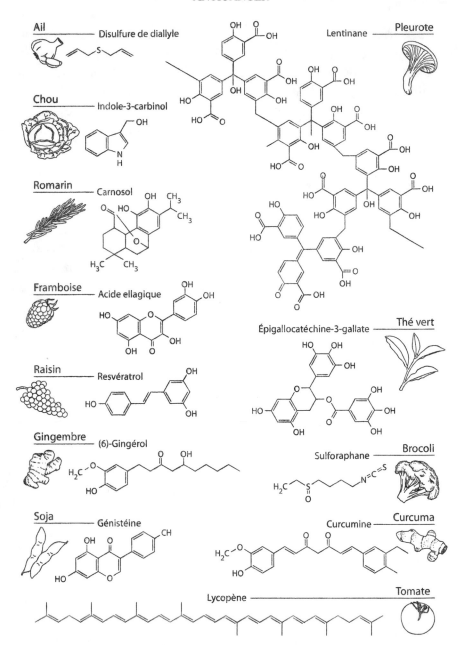

Figure 1 – Aliments ou médicaments ? Certains aliments contiennent des molécules reconnues par la communauté scientifique comme particulièrement puissantes contre le cancer. Ici un tableau issu en partie de la revue internationale *Nature*[9].

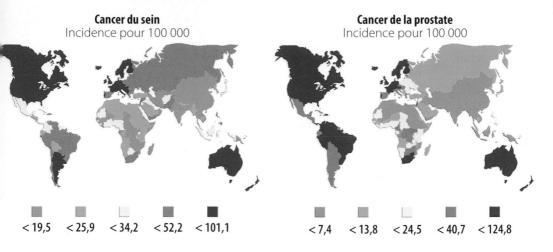

Cancer du sein
Incidence pour 100 000

< 19,5 < 25,9 < 34,2 < 52,2 < 101,1

Cancer de la prostate
Incidence pour 100 000

< 7,4 < 13,8 < 24,5 < 40,7 < 124,8

Figure 1
Répartition des cancers du sein dans le monde (à âge égal). Les pays les plus affectés sont les pays occidentaux les plus industrialisés. La même répartition se retrouve pour la plupart des cancers (ovaire, côlon, pancréas, testicules, etc.), qu'il existe ou non des systèmes de détection précoce. Base de données du CIRC de l'OMS.
Disponible sur www-dep.iarc.fr

Figure 2
Répartition des cancers de la prostate dans le monde (à âge égal). Une distribution très proche de celle des cancers du sein. Base de données du CIRC de l'OMS.
Disponible sur www-dep.iarc.fr

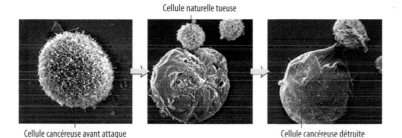

Cellule naturelle tueuse

Cellule cancéreuse avant attaque

Cellule cancéreuse détruite

Figure 3 – A.
Cellule cancéreuse S180 avec ses microvilli dans l'abdomen d'une souris vulnérable au cancer.

Figure 3 – B.
Dans l'abdomen d'une souris résistante : la cellule cancéreuse S180 est attaquée par des cellules tueuses naturelles du système immunitaire.

Figure 3 – C.
Sa surface devient lisse (perte des microvilli), percée de trous. Elle se vide de sa substance et perd sa forme bombée.

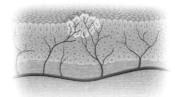

Figure 4 – A.
L'angiogenèse est le processus de formation de nouveaux vaisseaux sanguins. Ce processus transforme un petit groupe de cellules cancéreuses (qu'on appelle une tumeur *in situ*) en une grosse masse capable de se propager à d'autres organes.

Figure 4 – B.
Les processus qui ralentissent l'angiogenèse peuvent réduire la taille des tumeurs et les maintenir dans un état latent.

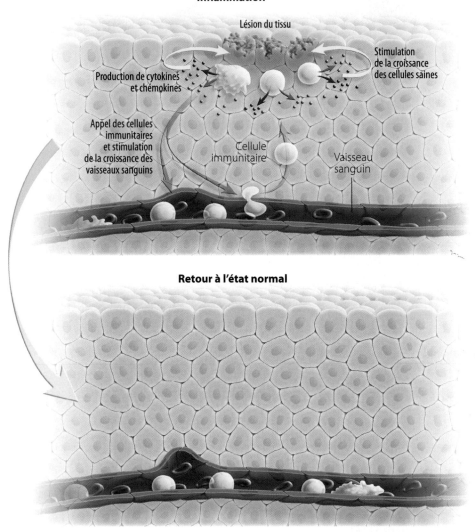

Inflammation

Lésion du tissu

Stimulation
de la croissance
des cellules saines

Production de cytokines
et chémokines

Appel des cellules
immunitaires
et stimulation
de la croissance des
vaisseaux sanguins

Cellule
immunitaire

Vaisseau
sanguin

Retour à l'état normal

Figure 5
Processus inflammatoire normal. Une lésion sur un tissu attire les cellules immunitaires ; celles-ci pourchassent les bactéries et stimulent la croissance des cellules et des vaisseaux sanguins pour réparer les brèches. Une fois le tissu réparé, la situation revient rapidement à la normale.

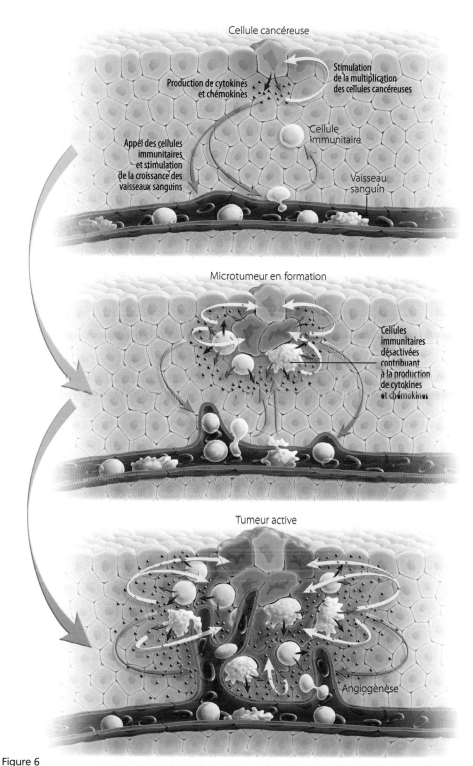

Figure 6
Le cercle vicieux du cancer. Les cellules cancéreuses détournent les processus inflammatoires naturels pour alimenter leur propre croissance. Elles agissent comme une blessure qui ne guérit pas: elles produisent elles-mêmes des substances pro-inflammatoires. Celles-ci attisent la croissance de la tumeur, font pousser les vaisseaux sanguins dont elle a besoin, et attirent des cellules immunitaires «désarmées» mais qui produisent à leur tour encore plus de ces mêmes substances.

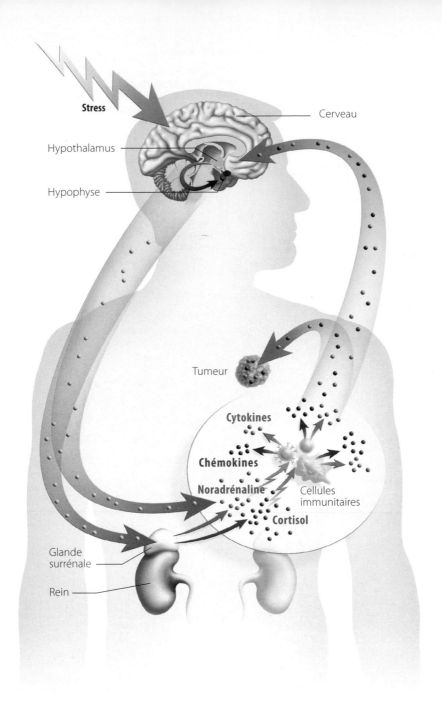

Illustrations : © Sylvie Dessert

Figure 7
Le «cerveau circulant» se dérègle : le stress psychologique entraîne la libération de noradrénaline et de cortisol. Ceux-ci déséquilibrent l'activité des cellules immunitaires : surproduction de substances pro-inflammatoires, et inhibition de la lutte contre les cellules cancéreuses. À leur tour, les substances produites par les cellules immunitaires perturbées agissent sur le cerveau.

Le thé vert bloque l'invasion des tissus et l'angiogenèse

Le thé, par exemple, qui pousse dans des climats particulièrement humides, contient de multiples polyphénols nommés catéchines. Parmi ces dernières, l'épigallocatéchine-3-gallate – ou EGCG – est une des molécules nutritionnelles les plus puissantes contre les mécanismes nécessaires à l'invasion des tissus et la formation de nouveaux vaisseaux par les cellules cancéreuses. Elle est détruite lors de la fermentation nécessaire à la fabrication du thé noir, mais elle est présente en abondance dans le thé resté « vert » (non fermenté). Après deux ou trois tasses de thé vert, l'EGCG est largement présente dans le sang et se répand dans tout l'organisme à travers les petits vaisseaux capillaires qui entourent et nourrissent chaque cellule du corps. Elle se pose à la surface de ces dernières et s'encastre dans les interrupteurs (les « récepteurs ») dont la fonction est de donner le signal qui permet l'invasion des tissus par des cellules étrangères, comme les cellules cancéreuses[10]. L'EGCG est aussi capable de bloquer les récepteurs qui déclenchent la création de nouveaux vaisseaux[1]. Les récepteurs ne répondent plus aux commandes que leur envoient les cellules cancéreuses – via les facteurs d'inflammation – pour envahir les tissus voisins et fabriquer les nouveaux vaisseaux nécessaires à la croissance des tumeurs.

Richard Béliveau et son équipe ont testé, dans leur laboratoire de médecine moléculaire à Montréal, les effets de l'EGCG du thé vert sur plusieurs lignées de cellules cancéreuses. Ils ont observé qu'elle ralentissait considérablement la croissance des cellules de la leucémie, du cancer du sein, de la prostate, du rein, de la peau et de la bouche[11].

Le thé vert agit aussi comme un détoxifiant de l'organisme. Il active les mécanismes du foie qui permettent d'éliminer plus rapidement les toxines cancérigènes de l'organisme. Chez la souris, il bloque même l'effet des cancérigènes chimiques responsables des tumeurs du sein, du poumon, de l'œsophage, de l'estomac ou du côlon[11].

Thé vert et radiothérapie

Il n'y a pas beaucoup d'options thérapeutiques pour les enfants qui souffrent d'une tumeur au cerveau. La radiothérapie, utilisée avec les adultes, est souvent trop dangereuse pour leur cerveau en plein développement. Mais les cellules du médulloblastome de l'enfant sont beaucoup plus sensibles à des doses très faibles de radiothérapie si elles ont d'abord été « sensibilisées » au traitement par les molécules actives – et parfaitement inoffensives – du thé vert[12].

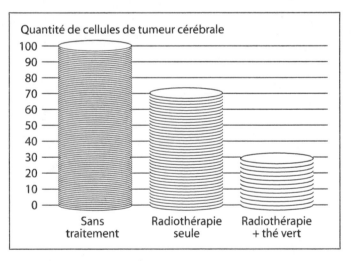

Figure 2 – Les molécules actives du thé vert augmentent l'effet de la radiothérapie sur des cellules de tumeur cérébrale en les « sensibilisant » aux radiations[12].

Enfin, son effet est encore plus frappant lorsqu'il est combiné à d'autres molécules couramment présentes dans l'alimentation en Asie. Par exemple, lorsque le thé vert est combiné au soja. Le laboratoire de nutrition et métabolisme de Harvard a montré chez la souris que la combinaison thé vert + soja multipliait les effets protecteurs de chacun pris séparément, et ce, autant pour les tumeurs de la prostate que pour les tumeurs du sein[13, 14]. Les chercheurs concluent leur article : « Notre étude suggère que la combinaison de composés phytochimiques du soja + thé vert pourrait être utilisée comme un régime alimentaire potentiellement efficace pour inhiber la progression du cancer du sein œstrogène-positif [le plus courant]. » Dans le langage extrêmement prudent qui caractérise les articles scientifiques sur le cancer (ainsi que le style des chercheurs de l'université de Harvard), ce sont des mots lourds de sens.

Le soja bloque les hormones dangereuses

Le soja possède, lui aussi, des molécules phytochimiques puissamment actives contre les mécanismes nécessaires à la survie et à la progression du cancer. Il s'agit des isoflavones du soja, surtout la génistéine, la daidzéine et la glycitéine. On les appelle « phytoestrogènes » parce que ces molécules sont très similaires aux œstrogènes de la femme. On sait que l'abondance d'œstrogènes (naturels ou chimiques) chez les Occidentales est une des principales causes de l'épidémie de cancers du sein[15]. C'est la raison pour laquelle aujourd'hui on ne prescrit plus qu'avec beaucoup de prudence un traitement hormonal substitutif aux femmes ménopausées*. Les phytoestrogènes du soja sont mille fois *moins* actifs biologiquement que les œstrogènes naturels de la femme. Agissant selon le même principe que le Tamoxifène – couramment utilisé pour

---

* Aux États-Unis, le taux de cancers du sein a baissé pour la première fois depuis plusieurs années, à la suite de la réduction drastique de la prescription du traitement hormonal substitutif[16].

prévenir la rechute d'un cancer du sein –, leur présence dans le sang réduit donc considérablement la surstimulation du corps par les œstrogènes, et par conséquent pourrait freiner la croissance de toutes les tumeurs œstrogènes-positives. Il faut noter toutefois que l'action protectrice du soja contre le cancer du sein n'a été démontrée de façon formelle que pour les femmes qui en consomment depuis l'adolescence. L'effet protecteur contre le cancer n'est pas prouvé si la consommation commence à l'âge adulte. (Attention : cette action bénéfique n'est vraie que du soja consommé à des doses nutritionnelles. Il semble que les *extraits concentrés* d'isoflavones vendus sous forme de suppléments alimentaires au moment de la ménopause risquent au contraire d'activer la croissance des

---

Soja et cancer du sein

Certaines patientes souffrant d'un cancer du sein se sont vu conseiller de ne *pas* consommer de produits à base de soja. En réalité, le consensus de la littérature scientifique sur le sujet suggère qu'il n'y a aucun effet dangereux du soja sur le cancer du sein, hormis certaines expérimentations avec des compléments alimentaires à haute dose qui ne sont pas recommandés. Il semble que le soja consommé régulièrement (tous les jours) puisse réduire les effets dangereux des xénoestrogènes, surtout dans le cadre d'une alimentation riche en ingrédients anticancer (thé vert, légumes crucifères, etc.) et tant que les quantités restent alimentaires (éviter les suppléments d'isoflavone). En attendant des données scientifiques plus précises, l'Agence française de sécurité sanitaire des aliments (AFSSA) recommande aux femmes qui ont eu un cancer du sein de ne consommer que des quantités modérées de soja (pas plus d'un yaourt au soja par jour, ou un verre de « lait de soja[17] »).

---

tumeurs.) Comme la génistéine ressemble de près aux hormones mâles qui stimulent la croissance des cancers de la prostate, le même mécanisme protecteur est probablement également à l'œuvre chez les hommes qui consomment du soja régulièrement.

De plus, tout comme l'EGCG du thé vert, les isoflavones du soja agissent aussi en bloquant l'angiogenèse. Ils jouent donc un rôle important dans de nombreux autres cancers que ceux du sein et de la prostate. Le soja sous ses différentes formes (tofu, tempeh, miso, yaourt de soja, graines germées, etc.) est donc un constituant important d'un régime anticancer.

Le curcuma est un puissant anti-inflammatoire

Un autre exemple remarquable de combinaison culinaire particulièrement efficace vient aussi d'Asie. Il s'agit cette fois d'une épice aux propriétés étonnantes : le curcuma. Les Indiens consomment en moyenne 1,5 à 2 g par jour de curcuma (un quart à une demi-cuiller à café), la principale épice du curry auquel il donne sa couleur orangée. C'est aussi un des ingrédients les plus couramment utilisés dans la médecine ayurvédique pour ses propriétés anti-inflammatoires. Aucun autre ingrédient nutritionnel n'est aussi puissamment anti-inflammatoire que la poudre jaune de cette racine. La principale molécule responsable de cet effet est la curcumine. En laboratoire, elle inhibe la croissance d'un très grand nombre de cancers : côlon, foie, estomac, sein, ovaire, et leucémie par exemple. Elle joue aussi sur l'angiogenèse et force les cellules cancéreuses à mourir (par le processus de suicide cellulaire appelé « apoptose »). Chez la souris, la curcumine prévient l'apparition de plusieurs types de tumeurs induites par des carcinogènes chimiques[18]. Il n'est donc pas surprenant qu'à âge égal les Indiens aient 8 fois moins de cancers du poumon que les Occidentaux, 9 fois moins de cancers du côlon, 5 fois moins de cancers du sein, ou 10 fois moins de cancers du rein[19]. Et cela malgré une exposition à de multiples cancérigènes présents dans l'environnement, sur une échelle probablement pire qu'en Occident...

Au M. D. Anderson Cancer Center de Houston, le professeur Bharat Aggarwal est considéré comme un brillant iconoclaste. Un des chercheurs en cancérologie les plus cités au monde[20], il est un des responsables du laboratoire de thérapeutique expérimentale du cancer. Comme le docteur Béliveau à Montréal, sa prééminence en biochimie et pharmacologie ne l'a pas empêché de garder un esprit ouvert à tout ce qui peut contribuer à la lutte contre le cancer. Durant sa jeunesse à Batala, dans le Pendjab, la médecine ayurvédique par les plantes était « la seule médecine que nous avions », dit-il. Il se souvient parfaitement de son efficacité.

Après son PhD (doctorat ès sciences) à Berkeley, il est le premier biologiste engagé par Genentech – célèbre compagnie d'ingénierie génétique médicale – pour identifier de nouveaux traitements moléculaires contre le cancer. C'est là qu'il découvre dans les années 1990 le rôle des facteurs inflammatoires dans le développement des tumeurs, dont le fameux NF-kappaB. Il écrira plus tard que le contrôle des effets néfastes du NF-kappaB dans le cancer est « une question de vie ou de mort[21] ». Depuis, il n'a cessé de chercher le moyen de contrecarrer ces mécanismes qu'il a mis au jour.

Le curcuma est mentionné dans les traités médicaux de l'Inde, de la Chine, du Tibet et du Moyen-Orient depuis plus de 2 000 ans. Aggarwal se souvenait de cette poudre jaune omniprésente dans la cuisine familiale. Il était tout naturel de l'étudier en premier. Mais il fallait l'évaluer exactement comme s'il s'agissait d'une nouvelle molécule issue de l'industrie pharmaceutique.

Aggarwal montre d'abord que la curcumine est très active sur les cellules cancéreuses en culture[22]. Puis, en 2005, il prouve qu'elle est capable d'agir sur des tumeurs du sein greffées à des souris qui ne réagissent plus à la chimiothérapie par le Taxol*.

Chez ces souris, l'ajout de doses nutritionnelles de curcumine réduisait de façon impressionnante la progression des métastases. On trouvait encore des microtumeurs disséminées dans les poumons, mais, dans la majorité des cas, elles ne pouvaient plus grandir et ne présentaient plus de danger réel[23]. Pour les cancérologues du très sérieux M. D. Anderson Cancer Center, ces résultats improbables obtenus par des remèdes de grand-mère ne méritaient pas d'être pris en considération. Jusqu'au jour très récent où le docteur John Mendelsohn, président du centre, et cancérologue parmi les plus influents aux États-Unis, s'est trouvé dans la même conférence qu'Aggarwal et est resté pour écouter sa présentation jusqu'au bout. Il est immédiatement allé lui parler : « Je n'avais aucune idée que les preuves scientifiques de ce que vous avancez étaient si solides ! » a-t-il déclaré, sidéré. Dès son retour à Houston, il a donné son feu vert au lancement de trois essais cliniques avec le curcuma : dans un des cancers du sang les plus fréquents (le myélome multiple), un cancer gynécologique et en prévention du cancer du poumon chez les sujets à haut risque. Ces études sont actuellement en cours et les résultats ne sont pas encore connus.

Le curcuma illustre magnifiquement le rôle des grandes traditions culinaires comparé à la consommation d'éléments isolés. À Taiwan, des chercheurs qui ont essayé de traiter des tumeurs cancéreuses par le curcuma en gélules se sont aperçus qu'il était extrêmement mal absorbé[24]. De fait, quand il n'est pas mélangé à du poivre – comme il l'a toujours été dans le curry –, le curcuma ne passe pas la barrière intestinale. Le poivre multiplie *par 2 000* l'absorption du curcuma par l'organisme[25]. La

---

* Le Taxol est considéré comme un des rares médicaments efficaces dans le cancer du sein métastatique, mais il ne marche que dans moins de la moitié des cas.

sagesse indienne a donc largement devancé la science dans la découverte des synergies naturelles entre les aliments.

Lorsque je faisais des recherches sur mon propre cancer, j'ai été stupéfait d'apprendre que même les tumeurs cérébrales aussi agressives que le redoutable glioblastome se montraient plus sensibles à la chimiothérapie lorsqu'on prescrivait en parallèle la consommation de curcumine[26].

D'après l'équipe d'Aggarwal à Houston, cette action prodigieuse du curcuma serait due en grande partie à sa capacité d'interférer directement avec le chevalier noir du cancer que nous avons rencontré dans le chapitre 4 : le NF-kappaB qui protège les cellules cancéreuses contre les mécanismes de défense du corps. Toute l'industrie pharmaceutique cherche de nouvelles molécules non toxiques capables de lutter contre ce dangereux allié des tumeurs. Or, nous savons désormais que la curcumine est un puissant antagoniste du NF-kappaB. Et elle a fait la preuve de son innocuité totale au cours des 2 000 ans d'utilisation quotidienne dans la cuisine indienne.

On peut combiner le curcuma avec tous les légumes ou avec le soja – haricots mung, fèves de soja ou tofu –, qui remplacent les protéines animales et apportent la génistéine mentionnée plus haut, détoxifie les carcinogènes et aide à contrôler l'angiogenèse. Ajoutez une tasse de thé vert, et imaginez la puissance du cocktail qui vient jouer sans effet secondaire sur trois des principaux mécanismes de croissance du cancer...

Les champignons stimulants du système immunitaire

Au Japon, les champignons shitaké, maïtaké, kawarataké ou enokitaké font partie des plats les plus communs. Désormais, on les trouve aussi dans les hôpitaux, où ils accompagnent les traitements par chimiothérapie[27, 28, 29]. La lentinane et les autres polysaccharides qu'ils contiennent en abondance stimulent directement le système immunitaire. Les paysans japonais qui font une forte consommation de ces champignons ont jusqu'à deux fois moins de cancers de l'estomac que ceux qui n'en mangent pas[30]. Dans des études universitaires japonaises, les patients qui reçoivent des extraits de champignon voient le nombre et l'activité de leurs globules blancs augmenter notablement, y compris à l'intérieur même de la tumeur[28, 31, 32, 33, 34].

Les chercheurs de l'université de Kyushu au Japon ont montré que lorsque ces champignons accompagnent ou suivent la chimiothérapie chez des patients souffrant d'un cancer du côlon, ils permettent de prolonger leur survie[27]. Sans doute parce que l'activation de leur système immunitaire ralentit la croissance des tumeurs.

Dans le laboratoire de Béliveau, différents champignons ont été testés contre les cellules du cancer du sein. Les bénéfices ne se limitent pas aux champignons asiatiques. Certains, comme la pleurote, permettent de stopper presque complètement la croissance des cellules en culture (figure 3).

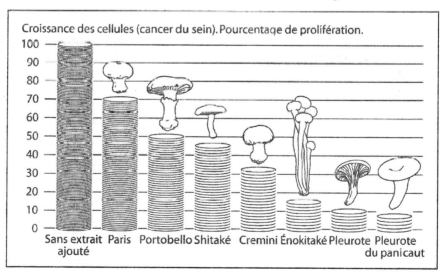

Figure 3 – Différents champignons agissent sur la croissance des cellules du cancer du sein (lignée MDA-231)[35].

177

Les fruits rouges : mûres, framboises, fraises, myrtilles...

L'autre piste la plus activement exploitée par l'industrie pharmaceutique dans la lutte contre le cancer concerne les médicaments capables de bloquer l'angiogenèse.

Richard Béliveau connaît bien l'exaltation de ces moments où l'on pense avoir découvert que telle molécule est peut-être l'agent anticancer numéro un de demain. Il travaille depuis le milieu des années 1990 sur les médicaments contre l'angiogenèse que l'industrie lui demande de tester dans son laboratoire. Son travail consiste à faire croître *in vitro* des cellules de vaisseaux sanguins soumises aux accélérateurs de croissance que fabriquent les tumeurs cancéreuses. On applique ensuite, à l'aide d'une micropipette, de très faibles doses du médicament à tester pour mesurer sa capacité d'empêcher la formation de nouveaux vaisseaux malgré la stimulation. Il faut attendre plusieurs jours pour observer des effets souvent relativement subtils à détecter.

Béliveau se souvient des matins où il arrivait dans son laboratoire impatient de savoir si telle ou telle nouvelle molécule avait « passé le test ». Lorsqu'il constatait l'efficacité du médicament, il ressentait une montée d'adrénaline dans son corps. Il prenait tout de suite son téléphone, appelait son correspondant dans la compagnie pharmaceutique et claironnait : « Nous en tenons un ! » Il télécopiait ensuite immédiatement les résultats à son interlocuteur surexcité et recevait parfois dans la journée même une subvention qui pouvait s'élever à des centaines de milliers de dollars, de quoi lancer un programme de recherche de grande envergure. Pourtant il y avait toujours une ombre majeure au tableau : 95 % de ces molécules synthétiques prometteuses finissent dans les oubliettes de la médecine lorsqu'on les évalue chez les animaux puis chez les humains. Même si elles sont efficaces *in vitro* contre les cellules cancéreuses, elles sont le plus souvent trop toxiques pour que l'on puisse les prescrire. Mais, aujourd'hui, dans le laboratoire de médecine moléculaire de l'hôpital Sainte-Justine, l'atmosphère n'est plus tout à fait la même...

Récemment, au lieu d'une nouvelle molécule chimique, Béliveau a eu l'idée d'évaluer le potentiel antiangiogénique d'un... extrait de framboise. L'acide ellagique est un polyphénol abondant dans les framboises et les fraises (on en trouve aussi dans les noix et les noisettes). À des doses comparables à celles de la consommation normale de framboises ou de fraises, cet acide avait déjà fait la preuve de sa capacité à ralentir considérablement la croissance des tumeurs cancéreuses chez des souris soumises à des cancérigènes agressifs.

Testé avec la même rigueur que celle appliquée à un médicament, l'acide ellagique de la framboise s'est révélé potentiellement aussi efficace que les médicaments connus pour ralentir la croissance des vaisseaux. En effet, il était actif contre les *deux* mécanismes de stimulation des vaisseaux les plus courants (VEGF et PGEF)[36]. Richard Béliveau savait l'importance de cette découverte. S'il s'était agi d'une molécule pharmaceutique, son télécopieur aurait crépité toute la journée, et les subventions auraient afflué de toutes parts. D'autant que dans ce cas, le risque de s'apercevoir dans un second temps que la molécule magique est trop toxique est exclu, les hominidés consommant des framboises depuis la nuit des temps. Mais... qui appeler ? Il n'y a pas de brevet possible sur l'acide ellagique puisque – heureusement – on ne peut pas breveter les framboises... Il n'y a donc personne au bout du fil avec qui partager l'excitation, pas de fax, pas de subventions.

Les petits fruits comme les fraises et les framboises (ou les noix, noisettes, noix de pécan) sont plus prometteurs encore. Contrairement aux médicaments antiangiogéniques classiques, leur action ne se limite pas à ce seul mécanisme. L'acide ellagique est aussi un détoxifiant pour les cellules. Il bloque la transformation de plusieurs cancérigènes de l'environnement en substances toxiques pour la cellule ; il les empêche aussi d'agir sur l'ADN où ils peuvent faire dangereusement muter les gènes ; et enfin il stimule les mécanismes d'élimination des toxines[36]. C'est une sorte de supermolécule aux actions multiples et sans aucun effet secondaire.

Les cerises, quant à elles, contiennent de l'acide glucarique qui a la capacité de détoxifier l'organisme des xénoestrogènes présents dans l'environnement[37]. Les myrtilles possèdent des anthocyanidines et des proanthocyanidines qui sont capables de forcer les cellules cancéreuses au suicide cellulaire (apoptose)[38]. En laboratoire, ces molécules agissent sur plusieurs lignées cancéreuses, en particulier celle du côlon. D'autres sources extrêmement riches de proanthocyanidines sont les airelles, la cannelle et le chocolat (noir).

Les épices et les herbes dans la même division que le Glivec ?

En 2001, la Food and Drug Administration aux États-Unis a battu tous les records de vitesse pour approuver un nouveau médicament anticancer : le Glivec. Ce médicament est efficace sur une des formes communes de leucémie (la leucémie myeloïde chronique), et sur un type rare de cancer intestinal jusqu'alors invariablement fatal. Dans un entretien enthousiaste au *New York Times*, le docteur Larry Norton, ancien président de l'American Society for Clinical Oncology et un des principaux cancérologues de l'hôpital Memorial Sloan-Kettering de New York spécialisé dans le cancer, parle de « miracle[39] ».

Effectivement, le Glivec a inauguré pour les cancérologues une façon totalement nouvelle de soigner. Plutôt que d'essayer d'empoisonner les cellules cancéreuses comme le fait la chimiothérapie, le Glivec bloque jour après jour les mécanismes cellulaires qui permettent au cancer de grandir. Il agit sur un des gènes qui stimulent la croissance du cancer, mais on pense maintenant que son action principale consiste sans doute à bloquer un des mécanismes qui permettent la formation de nouveaux vaisseaux (le récepteur du PDGF). Administré quotidiennement, il permet de « contenir » un cancer qui ne présente alors plus de danger. On peut donc parler dans ce cas du « cancer sans maladie » cher au découvreur de l'angiogenèse, Judah Folkman[40].

Or, de nombreuses herbes et épices agissent selon des mécanismes similaires. La famille des lamiacées par exemple, qui comprend la menthe, le thym, la marjolaine, l'origan, le basilic, le romarin. Leur teneur très élevée en huiles essentielles de la famille des terpènes les rend particulièrement parfumées. Les terpènes sont capables d'agir sur une grande variété de tumeurs en réduisant la prolifération des cellules cancéreuses ou en provoquant leur mort.

Un de ces terpènes, le carnosol du romarin, agit sur la capacité des cellules cancéreuses à envahir les tissus avoisinants. Incapable de se disséminer, le cancer perd de sa virulence. De plus, les chercheurs du National Cancer Institute ont démontré que l'extrait de romarin favorise la pénétration de la chimiothérapie au sein des cellules cancéreuses. En culture, il sape la résistance des cellules du cancer du sein à la chimiothérapie[41].

Dans les expériences de Richard Béliveau, l'apigénine (présente en quantité dans le persil et le céleri) a montré des effets exactement comparables à ceux du Glivec sur la formation des vaisseaux sanguins nécessaires aux tumeurs, et cela à des concentrations extrêmement faibles, correspondant à celles que l'on observe dans le sang après la consommation de persil[42].

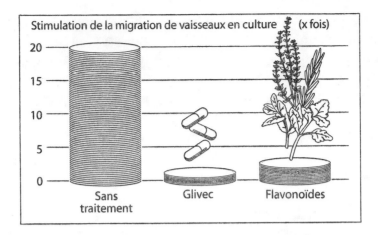

Figure 4 – La navigation des cellules de vaisseaux est un mécanisme essentiel de l'angiogenèse. Les flavonoïdes communément présents dans les aromates comme le thym, la menthe, le romarin ou le persil inhibent ce mécanisme nécessaire à la formation de nouveaux vaisseaux sanguins d'une façon comparable au médicament Glivec.

La synergie bénéfique des aliments

La liste des aliments dont les molécules agissent contre le cancer est, heureusement, bien plus longue qu'on ne l'imagine. J'en propose une (forcément partielle) dans l'appendice de ce chapitre. Richard Béliveau et le biochimiste Denis Gingras, son collaborateur depuis vingt ans, ont publié deux livres superbement illustrés, entièrement consacrés à ces « aliments contre le cancer ». Ils y donnent de nombreuses recettes dont je profite tous les jours et que je vous recommande de tout cœur[2, 35].

Voici ce qu'il est essentiel de retenir de cette recherche remarquable :

1. Certains aliments sont des « promoteurs » du cancer. Nous les avons évoqués dans le chapitre 6.

2. D'autres aliments sont des « antipromoteurs ». Ils bloquent

les facteurs de croissance du cancer, ou forcent les cellules cancéreuses au suicide.

3. L'alimentation agit tous les jours, trois fois par jour. Elle a donc une influence considérable sur les mécanismes biologiques qui accélèrent ou ralentissent la progression du cancer.

Les médicaments agissent généralement sur un seul facteur. La dernière génération de médicaments anticancer se targue même de proposer des traitements « ciblés », c'est-à-dire qu'ils interviennent sur une étape moléculaire très précise, espérant ainsi limiter les effets secondaires. Les aliments anti-cancer, au contraire, agissent sur plusieurs mécanismes à la fois. Mais ils le font en douceur, sans entraîner d'effet secondaire. Quant à la *combinaison* des aliments, telle que nous la pratiquons au cours d'un repas, elle permet d'agir sur un nombre encore plus élevé de mécanismes en jeu dans le cancer. C'est ce qui rend leur étude en laboratoire si compliquée (le nombre de combinaisons possibles à tester est virtuellement infini), mais c'est aussi ce qui fait la richesse de leur promesse.

Au M. D. Anderson Cancer Center à Houston, le professeur Isaiah Fidler étudie les conditions dans lesquelles les cellules cancéreuses réussissent – ou non – à envahir d'autres tissus. Il montre à ses confrères et consœurs les images d'un cancer du pancréas au microscope. Son équipe a réussi à colorer les cellules en fonction des différents facteurs de croissance – les « engrais » – auxquels elles réagissent. Ces facteurs permettent à la tumeur de s'implanter, de grandir et de résister aux traitements auxquels elle est soumise. Certains sont verts, d'autres rouges, jaunes quand ils se superposent (avec des noyaux colorés en bleu). Une tumeur du pancréas est multicolore, la plupart des cellules se servant de plusieurs facteurs de croissance. « Que peut-on en conclure ? » demande Fidler à son auditoire en pointant son laser sur la diapositive. « Bloquez le rouge, le vert peut encore vous tuer. Bloquez le vert, et c'est le rouge qui vous rattrape... La seule solution, c'est de les attaquer tous à la fois[43]. »

Des chercheurs du University College of Medical Sciences à New Dehli, sans doute influencés par la grande tradition médicale ayurvédique, ont montré à quel point certaines combinaisons d'aliments peuvent agir en *synergie* pour protéger l'organisme des cancérigènes[44]. Chez les souris femelles, l'exposition chronique à un cancérigène connu – le DMBA – provoque 100 % de cancers du sein au bout de quelques semaines. Sauf si on leur administre des éléments communément présents dans une alimentation saine. Il s'agit du *sélénium* (présent surtout dans les légumes et les céréales de l'agriculture biologique, ainsi que dans les poissons et crustacés), du *magnésium* (présent dans les épinards, noix, noisettes, amandes, céréales complètes ou certaines eaux minérales), de la *vitamine C* (présente dans la plupart des fruits et légumes, surtout les agrumes et les légumes verts, ainsi que les choux et les fraises), de la *vitamine A* (tous les légumes et fruits aux couleurs intenses, ainsi que les œufs). Parmi les souris qui recevaient dans leur alimentation quotidienne seulement l'*un* de ces composés en même temps que la substance cancérigène, la moitié développaient un cancer. Parmi celles qui en recevaient *deux à la fois*, seulement un tiers avaient une tumeur. Pour trois combinés, la proportion tombait à une sur cinq. Et seulement une sur dix pour celles qui consommaient tous les quatre. Ces souris sont passées de 100 % de risque de développer un cancer à 90 % de chances d'y *échapper*, simplement en consommant une combinaison d'ingrédients qu'on trouve couramment dans l'alimentation[44]. Sans doute parce que chacun de ces éléments nutritionnels agit en synergie avec les autres pour ralentir les différents mécanismes qui contribuent à la progression de la tumeur. La synergie, c'est exactement ce que recommandait le docteur Fidler.

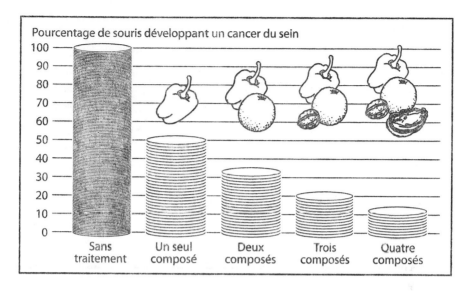

Figure 5 – Les composés présents dans les aliments ont une action combinée très supérieure à leur action individuelle. Un seul réduit le risque de cancer du sein de 50 % chez des souris soumises à un cancérigène puissant. Les quatre ensemble réduisent le risque de 90 %[44].

Un cocktail de légumes contre le cancer

Si l'hypothèse de Béliveau est exacte, la synergie entre des aliments anticancer quotidiennement consommés devrait freiner considérablement le développement des cancers. Or, la meilleure façon de combiner tous ces aliments, c'est de faire... un cocktail de légumes.

Dans leur laboratoire de l'hôpital Sainte-Justine, l'équipe de Béliveau a donc évalué l'effet d'une sorte de soupe chez des souris gravement malades. Les souris « nues » ont un défaut génétique qui les prive à la fois de leur système immunitaire et de leur pelage. Elles ne peuvent pas se défendre efficacement contre une infection, et encore moins contre des cellules cancéreuses humaines. Lorsqu'elles reçoivent une injection de cellules du cancer du poumon humain sous la peau, elles développent en quelques jours une tumeur énorme qui peut atteindre jusqu'à 5 % de leur poids – l'équivalent d'une tumeur de 3 ou 4 kg pour un être humain.

Les collaborateurs de Béliveau se souviennent que le cocktail servi aux souris du laboratoire ressemblait à la potion de Panoramix, et répandait un fumet appétissant qui contrastait agréablement avec l'odeur des composés chimiques et autres détergents auxquels ils étaient habitués. La fameuse mixture contenait des choux de Bruxelles, des brocolis, de l'ail, des oignons verts, du curcuma, du poivre noir, des airelles, du pamplemousse, et même un peu de thé vert... Les proportions étaient étudiées pour qu'elles correspondent à ce que peut absorber un être humain en une journée sans difficulté (100 g de choux, 100 g d'airelles, une infusion de 2 g de thé, etc.*).

Équipés de masques stériles et de gants afin de ne pas infecter ces souris ultrafragiles, les chercheurs les nourrissaient et les pesaient quotidiennement. Chez les souris qui ne recevaient pas la potion, au bout d'à peine une semaine, les tumeurs difformes et inquiétantes apparaissaient sous la peau. Celles qui étaient nourries aux légumes anticancer semblaient beaucoup plus en forme. Elles se déplaçaient plus, étaient plus curieuses, mangeaient mieux. Surtout, malgré leur absence de système immunitaire, les tumeurs qu'elles développaient mettaient beaucoup plus de temps à apparaître, et progressaient bien plus lentement (figure 6).

Est-ce ainsi que Lenny avait survécu ? En bloquant simultanément, grâce à la combinaison des plats préparés trois fois par jour par sa femme, les différents facteurs de croissance de son cancer du pancréas ? On ne peut en avoir la certitude, mais il est certain en revanche qu'il n'a pris aucun risque pour sa santé en se nourrissant de cette façon. Chaque jour, à chaque

---

* La composition exacte du cocktail, qui peut être consommé à raison de 250 ml par jour, est donnée en appendice.

repas, nous pouvons choisir les aliments qui tout à la fois vont :

— détoxifier les carcinogènes présents dans notre environnement ;

— donner un coup de fouet à notre système immunitaire ;

— bloquer le développement des nouveaux vaisseaux nécessaires à la croissance des tumeurs ;

— les empêcher de créer l'inflammation qui leur sert d'engrais ;

— bloquer les mécanismes qui leur permettent d'envahir les tissus voisins ;

— induire le suicide des cellules cancéreuses.

NON TRAITÉE   TRAITÉE AVEC LE COCKTAIL
                      DE LÉGUMES ANTICANCER

Figure 6 – Les souris dépourvues de système immunitaire qui mangent tous les jours un cocktail de légumes « anticancer » (en plus de leur régime habituel) [image de droite] sont en meilleure santé et développent des tumeurs cancéreuses beaucoup moins graves que celles qui mangent uniquement leur régime habituel (image de gauche) [42].

Les aliments : plus importants que les contaminants

Le fait que les aliments anticancer soient à même de détoxifier le corps de nombreux cancérigènes revêt une importance particulière. Il en découle, par exemple, que, même si certains légumes ou fruits non bio sont contaminés par des pesticides, *l'effet positif des molécules anticancer peut l'emporter sur l'effet négatif des cancérigènes.* Comme l'affirme T. Colin Campbell, de Cornell, en matière de cancer, « les aliments gagnent à tous les coups contre les contaminants[4] ».

Pourquoi les recommandations nutritionnelles ne font-elles pas encore partie du traitement conventionnel du cancer ?

Depuis cinq mille ans, toutes les grandes traditions médicales ont utilisé l'alimentation pour peser sur le cours des maladies. La nôtre ne fait pas exception, puisque, cinq cents ans avant notre ère, Hippocrate disait : « Que ton alimentation soit ton traitement, et ton traitement ton alimentation. » En 2003, la revue *Nature* publiait un grand article qui arrivait à la même conclusion – dans un style nettement moins poétique : « La chimioprévention par des ingrédients phytochimiques comestibles est désormais considérée comme une approche à la fois abordable, facilement applicable, acceptable et accessible pour le contrôle et la gestion du cancer[9]. »

Pourtant, si l'alimentation reste un pilier des médecines ayurvédique, chinoise ou nord-africaine, quel médecin occidental s'y réfère aujourd'hui dans sa pratique ?

Lorsque je suis retourné voir mon cancérologue après la deuxième opération que j'ai dû subir à la suite d'une rechute de ma tumeur au cerveau, je m'apprêtais à entamer une année de chimiothérapie. Je lui ai demandé si je devais changer mon alimentation pour bénéficier au maximum du traitement et éviter une autre rechute. Malgré les soins attentifs qu'il m'avait prodigués, malgré sa patience et sa gentillesse acquises au fil des ans au chevet de personnes confrontées au plus grand désarroi, sa réponse a été tout à fait stéréotypée : « Mangez ce que vous aimez. De toute façon, ça ne fait pas une grosse différence. Mais, quoi que vous fassiez, faites surtout attention à ne pas perdre de poids. »

J'ai consulté depuis les manuels de cancérologie qui ont servi de base à la formation de nombre de mes confrères. Le meilleur exemple est l'incontournable *Cancer : Principes et*

189

pratique de l'oncologie[45], produit sous la direction du professeur Vincent T. DeVita, ancien directeur du National Cancer Institute, célèbre pour avoir découvert comment guérir la maladie de Hodgkin par la chimiothérapie combinée. Dans la dernière édition de cet ouvrage remarquable qui donne le ton à toute la cancérologie dans le monde, il n'y a pas un seul chapitre sur le rôle de la nutrition dans le traitement d'un cancer déjà établi ou la prévention des rechutes. Pas un.

Comme tous les patients qui ont eu un cancer, je me plie à un rituel obligatoire tous les six mois : vérifier que les défenses naturelles de mon corps continuent de tenir en échec les cellules cancéreuses qui ont fatalement échappé à la chirurgie et à la chimiothérapie. Dans la salle d'attente de ce grand centre universitaire américain, des brochures de toutes sortes sont à la disposition des patients. Lors de mon dernier examen, j'en ai regardé une de près, sur « la nutrition pendant le traitement des personnes souffrant d'un cancer – un guide pour les patients et leur famille[46] ». J'y ai trouvé beaucoup de choses censées, comme la recommandation de manger plus de légumes et de fruits, d'avoir « quelques repas sans viande chaque semaine », ainsi que de réduire la consommation d'aliments gras et d'alcool*. Et puis, dans la section sur « la nutrition après la fin du traitement », une phrase lapidaire : « Il existe très peu de recherches qui permettent de penser que les aliments que vous mangez peuvent prévenir le retour de votre cancer. »

---

* À la page suivante, j'ai trouvé une liste de « collations nutritives » censées me soutenir pendant la chimiothérapie. Cette liste recommandait pêle-mêle : les petits gâteaux, la crème glacée, le pain blanc, les bretzels, les muffins, les milk-shakes et même le « lait de poule ». L'intention est louable : prévenir la perte de poids qui accompagne souvent la chimiothérapie. Mais ce sont tous des aliments à index glycémique élevé qui stimulent directement les processus inflammatoires. Leur utilisation occasionnelle pendant la chimiothérapie (qui attaque la tumeur directement) est sans doute acceptable pendant cette phase du traitement, mais elle doit rester judicieuse. Sur les 97 pages, pas un mot sur le curcuma, le thé vert, le soja, les myrtilles ou les champignons immunostimulants.

Mes confrères cancérologues m'ont sauvé la vie, et j'ai une estime profonde pour leur engagement quotidien auprès de patients qui portent une maladie particulièrement éprouvante. Comment est-il possible que ces médecins exceptionnels continuent à promouvoir une idée aussi fausse ? En discutant avec certains d'entre eux que je compte au nombre de mes amis, j'ai réussi à trouver la réponse à cette question. Il s'agit en fait de plusieurs réponses.

« Si c'était vrai, ça se saurait »

Comme tous les médecins, les cancérologues sont constamment à l'affût des avancées susceptibles d'aider leurs patients. Ils participent tous les ans à des congrès afin de se tenir au courant des nouveaux traitements. Ils sont abonnés à des revues scientifiques où les nouvelles études sont publiées, ainsi qu'à des revues professionnelles, de nature plus commerciale, qui commentent les études et les recommandations des leaders d'opinion sur un ton journalistique. Plusieurs fois par mois, ils reçoivent la visite de représentants de l'industrie pharmaceutique qui leur présentent les derniers médicaments disponibles sur le marché. Ils ont le sentiment d'être au courant de tout ce qui compte dans leur domaine. Et, dans l'ensemble, ils le sont.

Mais dans la culture médicale, on n'envisage de changer les recommandations faites aux patients que dans un cas et un seul : quand il existe une série d'études, faites « en double-aveugle », démontrant l'efficacité d'un traitement chez l'homme. C'est ce qu'on appelle, légitimement, « la médecine fondée sur les preuves ».

Par rapport à ces études expérimentales chez l'homme, l'épidémiologie n'est considérée que comme une source d'hypothèses. D'autre part, pour un cancérologue qui passe ses journées au contact des patients, les études faites en laboratoire sur des cellules cancéreuses ou sur des souris ne sont pas prises en considération tant qu'elles n'ont pas été confirmées par des études humaines à grande échelle. Elles ne constituent pas encore des « preuves ». Même quand elles sont publiées dans *Nature* ou *Science*, elles n'arrivent généralement même pas sur l'écran radar de ces spécialistes qui n'ont guère le temps d'explorer le travail pourtant colossal réalisé en laboratoire. Et comme ils n'en ont pas entendu parler dans leurs sources habituelles, ils ont le sentiment que « ça ne peut pas être vrai, sinon je le saurais ».

La validation d'un médicament anticancer jusqu'au stade des expériences sur l'homme en nombre suffisant coûte aujourd'hui entre 500 millions et un milliard de dollars. Ce type d'investissement apparaît justifié lorsqu'on sait qu'un médicament comme le Taxol rapporte à la compagnie qui en détient le brevet un milliard de dollars *par an*. Il est en revanche absolument impossible d'investir des sommes de cet ordre pour démontrer l'utilité des brocolis, des framboises ou du thé vert, puisqu'ils ne peuvent pas être brevetés et que leur commercialisation ne remboursera pas l'investissement initial. Nous n'aurons jamais, pour les bénéfices anticancer des aliments, d'études humaines de même calibre que pour les médicaments. Du coup, il est fréquent que l'on entende : « Toutes ces études chez les souris, ça ne prouve rien chez l'homme. » Et c'est juste.

C'est pourquoi il est capital d'encourager les instances publiques à financer la recherche sur les bénéfices anticancer des aliments chez l'homme. Cependant, je suis convaincu qu'il n'est pas nécessaire d'attendre des résultats pour commencer à introduire ces aliments anticancer dans son alimentation. Pourquoi ? Parce qu'il est parfaitement établi que le type d'alimentation que j'ai moi-même adopté et que je vous recommande ici :

1. ne fait courir aucun danger à ceux qui la suivent ;

2. entraîne, au contraire, des bienfaits pour la santé qui dépassent de toute façon très largement le cadre du cancer (effets bénéfiques sur l'arthrite, les maladies cardiovasculaires, la maladie d'Alzheimer, etc.)[4, 47-52].

Ce qui signifie qu'au minimum, en suivant ces principes, on se fait beaucoup de bien.

« Ne nous embête pas avec ton régime ! »

Plus grave peut-être est le fait que la nutrition est une discipline à peine enseignée en faculté de médecine. Dans de nombreuses facultés, les concepts de nutrition sont saupoudrés au sein de l'enseignement d'autres disciplines, comme la biochimie ou l'épidémiologie. Mes connaissances de nutrition avant que les médecins tibétains n'éveillent mon intérêt pour cette branche fascinante de la médecine étaient très inférieures à celles d'un lecteur moyen de *Elle*. En caricaturant à peine, j'avais appris que :

— les aliments sont composés de glucides, lipides et protéines, vitamines et minéraux ;

— si on souffre d'obésité, il faut absorber moins de calories ;

— de diabète, il faut manger moins de sucre ;

— d'hypertension, moins de sel ;

— d'une maladie cardiaque, moins de cholestérol.

Mon ignorance en matière de nutrition m'a longtemps mené à adopter une attitude dédaigneuse vis-à-vis du rôle thérapeutique des aliments. Je préférais, moi aussi, des traitements issus de la branche noble de la médecine : les médicaments.

Je me souviens très bien d'un dîner de cardiologues, dans les années 1990, auxquels j'avais été invité à donner un cours sur le lien entre la dépression et les maladies cardiaques. Pour persuader ces médecins très sollicités d'assister à la soirée, la compagnie pharmaceutique qui organisait l'événement nous avait réunis dans un des meilleurs restaurants de Pittsburgh – un restaurant entièrement dédié à la meilleure viande de bœuf des États-Unis. L'une des cardiologues refusa la suggestion du maître d'hôtel de commander une superbe pièce de chateaubriand (de 700 g !). Elle lui dit gentiment qu'elle surveillait son cholestérol et lui demanda s'il était possible d'avoir plutôt un plat de poisson. Elle se fit immédiatement charrier par le reste de la tablée : « Prends ton Lipitor et ne nous embête pas avec ton régime* ! »

Cette réaction ne m'avait même pas particulièrement frappé à l'époque. Elle traduit parfaitement l'état d'esprit dans lequel nous, médecins, baignons généralement : s'il y a un problème, il y a un médicament. Même dans le cas des cardiologues, qui admettent volontiers qu'on peut réduire son risque de maladie cardiaque en modifiant ses habitudes alimentaires, notre culture médicale nous pousse à négliger cette approche et à préférer au fond une intervention pharmaceutique plus contrôlable, donc plus « noble ».

« Les experts ne sont pas d'accord entre eux »

En 1977, j'ai accompagné mon père lors de sa rencontre avec le sénateur George McGovern dans son bureau du Sénat à Washington. Je me souviens que son bureau m'avait paru très petit pour un sénateur qui avait été candidat démocrate à la présidence des États-Unis. Je me souviens aussi de l'étrange carte du Dakota du Sud – dont il était l'élu – qui tapissait le mur derrière son fauteuil. C'était un grand rectangle presque vide, avec une poignée de petites villes dispersées dont je ne

---

* Le Lipitor est le médicament qui a rapporté le plus d'argent à l'industrie pharmaceutique de toute son histoire. Au plus haut de ses ventes, il rapportait plus de un million de dollars par *heure*, 365 jours par an (9 milliards de dollars par an).

connaissais pas même le nom. McGovern était abattu et préoccupé. Il faisait face à une fronde considérable, bien plus redoutable que les attaques de Nixon sur ses anciens quartiers généraux du Watergate pendant la campagne perdue de 1972. « Je viens de faire la plus grande erreur de ma carrière politique », nous a-t-il déclaré. Il avait accepté de présider la commission parlementaire chargée d'édicter des recommandations nutritionnelles de santé publique. Les experts qui avaient apporté leur témoignage devant la commission avaient présenté des résultats limpides : le taux de maladies coronariennes s'était envolé depuis la Seconde Guerre mondiale, alors que, dans les pays où le régime était plus riche en végétaux qu'en produits animaux, ces maladies étaient presque inexistantes. Les épidémiologistes avaient aussi remarqué que lors du rationnement de la viande et des produits laitiers pendant la guerre, le taux des maladies cardiaques avait chuté considérablement.

Croyant bien faire, la commission avait fait publier un document qui lui semblait de bon sens. Dans ces « Objectifs alimentaires pour les États-Unis », elle avait naïvement recommandé de « réduire la consommation de viande et de produits laitiers ».

Depuis cette annonce, McGovern se débattait dans un orage politique qu'il ne pouvait plus maîtriser. Il avait déclenché la fureur de toute l'industrie du bœuf et de la vache laitière des États-Unis. Dans ses grandes prairies vides, le South Dakota n'avait pas beaucoup plus d'habitants que de têtes de bétail... McGovern nous a expliqué ce jour-là qu'il y a des choses auxquelles il vaut mieux ne pas toucher.

Trois ans plus tard, les subventions de cette puissante industrie allaient se porter sur son adversaire politique, mettant fin à sa carrière de sénateur. La triste mine de McGovern suggérait qu'il avait déjà compris ce qui allait lui arriver. Financés par l'industrie, des experts de tout acabit déclaraient qu'il ne fallait « surtout pas incriminer un aliment en particulier ». Les

« graisses saturées » qui étaient en cause n'étaient pas présentes uniquement dans la viande et les produits laitiers, expliquaient-ils doctement, mais également dans le poisson (ce qui est vrai, mais dans des quantités très inférieures). L'industrie a donc réussi à faire modifier les recommandations de sorte que nulle part il n'était explicitement conseillé de réduire la consommation d'un aliment en particulier. Ce faisant, elle a jeté la confusion dans l'esprit du public, peut-être pour des décennies. Ce qui aurait dû être un message simple et évident était devenu un salmigondis inintelligible qui n'eut finalement aucun impact. Comme le souligne dans le *New York Times* Michael Pollan, professeur de journalisme à l'université de Berkeley, le seul message transmis au public fut celui qu'on met en avant quand on veut s'assurer que rien ne change : « Les experts ne sont pas d'accord entre eux[53]. »

Comme les patients, les médecins sont donc pris en tenaille entre deux industries très puissantes. D'une part, l'industrie pharmaceutique : sa logique naturelle consiste à proposer des solutions pharmacologiques plutôt que d'encourager les patients à se prendre en mains. De l'autre, l'industrie agro-alimentaire : elle protège jalousement ses intérêts en empêchant la diffusion de recommandations trop explicites sur les liens entre aliments et maladies. Son souhait le plus vif est que rien ne change.

Mais pour ceux qui, comme moi, veulent se protéger contre le cancer, il est inacceptable de continuer à être la victime passive de ces forces économiques. Il n'y a pas d'autre choix que de s'armer de toutes les informations disponibles sur tout ce qui peut contribuer à maîtriser la maladie sans nuire au corps. Les données existantes sur les effets anticancer de l'alimentation sont largement suffisantes pour que chacun commence à se les appliquer à soi-même.

« Les gens ne veulent pas changer »

Mais sommes-nous réellement prêts à nous aider nous-mêmes ? Je me souviens d'une conversation avec un confrère médecin à un congrès où j'avais présenté les données sur la dégradation des habitudes alimentaires en Occident depuis la Seconde Guerre mondiale. J'avais insisté sur l'urgence de corriger nos habitudes. « Tu as peut-être raison, David, mais les gens ne veulent pas changer. Ça ne sert à rien de leur dire tout ça. Tout ce qu'ils veulent, c'est prendre un médicament et ne plus y penser. »

Je ne sais pas s'il avait raison. Je sais que ce n'est pas vrai dans mon cas. Et je préfère croire que je ne suis pas tout seul à penser de cette façon.

Ce qui est certain, c'est que les institutions, elles, ont du mal à changer. Après mon dernier scanner au centre de cancérologie de l'université, je me suis arrêté à la cafétéria agréablement située sous une verrière près de l'entrée du bâtiment. J'y ai trouvé huit types de thés et infusions différents : Darjeeling, Earl Grey, camomille, verveine, plusieurs tisanes parfumées aux fruits. Décidément beaucoup de thés pour une cafétéria d'hôpital. Et pas de thé vert.

Résumé : les aliments anticancer au quotidien

L'assiette type

L'alimentation anticancer est constituée surtout de légumes et légumineuses accompagnés d'huile d'olive (ou d'huile de lin, ou de beurre bio), d'ail, d'herbes et d'épices. Au lieu de constituer le centre de l'assiette, la viande et les œufs sont optionnels et servent d'accompagnement pour le goût. C'est exactement l'inverse de l'assiette occidentale typique (une tranche de viande au centre avec quelques légumes autour...)

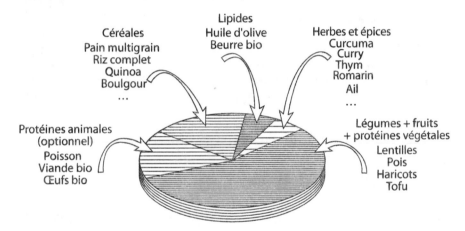

Céréales
Pain multigrain
Riz complet
Quinoa
Boulgour
...

Lipides
Huile d'olive
Beurre bio

Herbes et épices
Curcuma
Curry
Thym
Romarin
Ail
...

Protéines animales
(optionnel)
Poisson
Viande bio
Œufs bio

Légumes + fruits
+ protéines végétales
Lentilles
Pois
Haricots
Tofu

Thé vert

Riche en polyphénols dont les catéchines, et particuliè-rement l'épigallocatéchine-3-gallate (EGCG), qui réduit la croissance des nouveaux vaisseaux nécessaires à la croissance des tumeurs et des métastases. C'est aussi un puissant antioxydant, un détoxifiant (active les enzymes du foie qui éliminent les toxines de l'organisme) et un facilitateur de la mort des cellules cancéreuses par apoptose. En laboratoire, il augmente les effets de la radiothérapie sur les cellules cancéreuses.

Attention, le thé noir est fermenté. Ce procédé détruit en grande partie les polyphénols. Le thé Oolong est d'une fermentation intermédiaire entre le thé vert et le thé noir. Le thé vert décaféiné contient encore tous ses polyphénols.

Le thé vert japonais (Sencha, Gyokuro, Matcha, etc.) est encore plus riche en EGCG que le thé vert chinois.

La libération des catéchines nécessite une infusion prolongée, au moins 5 à 8 minutes, de préférence 10 minutes.

Utilisation recommandée : infuser 2 g de thé vert pendant 10 minutes dans une théière et consommer dans l'heure qui suit (au-delà de cette durée, les polyphénols disparaissent). Il est recommandé de consommer 6 tasses par jour.

ATTENTION : certaines personnes sont sensibles à la caféine du thé vert et peuvent souffrir d'insomnie si elles en consomment après 16 heures. Utiliser dans ce cas le thé vert décaféiné.

Curcuma-curry

Le curcuma (poudre jaune qui entre dans la composition du curry) est l'anti-inflammatoire naturel le plus puissant identifié à ce jour. Il contribue aussi à induire l'apoptose des cellules cancéreuses et à inhiber l'angiogenèse. En laboratoire, il augmente l'efficacité de la chimiothérapie et réduit la progression des tumeurs.

ATTENTION : pour être absorbé par l'organisme, le curcuma doit être mélangé à du poivre noir (pas simplement à des piments). Idéalement, il doit aussi être solubilisé dans de l'huile (huile d'olive, ou huile de lin de préférence). Les différents mélanges de curry peuvent ne contenir que 1/5 ou moins de curcuma. Il est préférable d'obtenir directement de la poudre de curcuma.

Utilisation typique : une demi-cuiller à café de poudre de curcuma mélangée à une cuiller à café d'huile d'olive, à une bonne pincée de poivre noir et à un filet de sirop d'agave. Peut être ajouté aux légumes, aux soupes, aux vinaigrettes.

Gingembre

La racine de gingembre agit aussi comme un puissant anti-inflammatoire, un antioxydant (plus efficace par exemple que la vitamine E) et contre certaines cellules cancéreuses. Il contribue aussi à réduire la formation de nouveaux vaisseaux sanguins[54, 55].

Une infusion de gingembre peut être utilisée pour réduire la nausée qui accompagne la chimiothérapie ou la radiothérapie.

Utilisation typique : râper un morceau de gingembre dans un mélange de légumes qui cuisent dans un peu d'huile au wok ou à la poêle. Ou laisser mariner des fruits avec du jus de citron vert et du gingembre râpé (peut être accompagné de sirop d'agave pour ceux qui préfèrent un goût plus sucré). En infusion : laisser infuser 10 à 15 minutes un doigt de gingembre découpé en tranches dans de l'eau bouillante. Peut être consommé chaud ou froid.

Légumes crucifères

Les choux (de Bruxelles, chinois, brocolis, choux-fleurs, etc.) contiennent du sulforaphane, des glucosinulates et des indole-3-carbinoles (I3C) qui sont de puissantes molécules anticancer. Le sulforaphane et les I3C ont la capacité de détoxifier certains carcinogènes. Ils empêchent l'évolution de cellules précancéreuses en tumeurs malignes. Ils agissent aussi en favorisant le suicide des cellules cancéreuses et en bloquant l'angiogenèse[56, 57, 58].

ATTENTION : il faut éviter de bouillir les choux et brocolis car cela risque de détruire le sulforaphane et les I3C.

Utilisation typique : cuisson courte à la vapeur, à l'étuvée, ou passés rapidement dans un wok avec un peu d'huile d'olive.

Ail, oignons, poireaux, échalote, ciboulette

L'ail est une des herbes médicinales les plus anciennes (on trouve des ordonnances d'ail sur les tablettes sumériennes trois mille ans avant J.-C.). Pasteur a noté ses effets antibactériens en 1858. Pendant la Première Guerre mondiale, il était largement utilisé dans le pansement des blessures et la prévention des infections. Puis à nouveau par les soldats russes de la Seconde Guerre mondiale qui manquaient d'antibiotiques, au point qu'on l'appelait « la pénicilline russe ».

Les composés soufrés de cette famille (les « alliacés ») réduisent en partie les effets cancérigènes des nitrosamines et composés N-nitroso qui se forment sur les viandes trop grillées, ou lors de la combustion du tabac. Ils induisent l'apoptose des cellules du cancer du côlon, du sein, du poumon, de la prostate, et de la leucémie.

Les études épidémiologiques suggèrent une réduction des cancers du rein et de la prostate chez les personnes qui en consomment le plus. En outre, tous les légumes de cette famille aident à maîtriser le taux de sucre dans le sang, ce qui réduit la sécrétion d'insuline et d'IGF et donc la croissance des cellules cancéreuses.

ATTENTION : les molécules actives de l'ail sont libérées lors de l'écrasement de la gousse, et sont beaucoup mieux absorbées si elles sont solubilisées dans un peu d'huile.

Utilisation typique : ail et oignons hachés et revenus dans un peu d'huile d'olive, mélangés à des légumes cuits à la vapeur ou au wok, combinés avec du curry ou du curcuma. Ils peuvent aussi se consommer crus, mélangés à des salades, ou dans un sandwich fait avec du pain aux quatre céréales et du beurre fermier (ou de l'huile d'olive).

Légumes et fruits riches en carotènes

Carottes, patates douces, courges, citrouilles, potimarrons, tomates, kakis, abricots, betteraves, et tous les légumes ou fruits aux couleurs vives : orange, rouge, jaune, vert. Ils possèdent de la vitamine A et du lycopène qui ont la capacité prouvée d'inhiber la progression de cellules cancéreuses de plusieurs lignées dont certaines des plus agressives (comme les gliomes du cerveau).

La lutéine, le lycopène, la phytoène, la canthaxanthine stimulent la multiplication des cellules du système immunitaire et augmentent leur capacité à attaquer les cellules tumorales. Ils rendent les cellules NK plus agressives. Une étude ayant suivi pendant six ans des femmes atteintes d'un cancer du sein a montré que celles qui consommaient le plus d'aliments riches en carotènes avaient une durée de vie plus longue que celles qui en consommaient moins[59].

Tomates

Le lycopène des tomates est associé à une augmentation de la survie dans le cancer de la prostate chez les hommes consommant au moins deux repas par semaine avec de la sauce tomate[60].

ATTENTION : pour rendre le lycopène disponible, il faut que

les tomates soient cuites (comme dans la sauce tomate), et son absorption est améliorée par les corps gras (comme l'huile d'olive).

Utilisation typique : sauce tomate en pot (à l'huile d'olive et sans sucre ajouté). Ou le faire soi-même : faire cuire des tomates dans une poêle avec un peu d'huile d'olive à feu doux. On peut y ajouter des oignons et de l'ail, du tofu, ou des œufs bio équilibrés en oméga-3, avec du cumin, du curcuma, du poivre, etc.

Soja

Les isoflavones du soja (dont la génistéine, la daidzéine et la glycitéine) bloquent la stimulation des cellules cancéreuses par les hormones sexuelles (comme les œstrogènes et la testostérone). Elles agissent aussi en bloquant l'angiogenèse. Les femmes asiatiques qui consomment du soja (depuis l'adolescence) ont beaucoup moins de cancers du sein. Quand elles en ont, il s'agit en général de tumeurs moins agressives avec des taux de survie plus élevés.

ATTENTION : les suppléments d'isoflavone (en pilule) ont été associés à une *aggravation* de certains cancers du sein, mais non les apports nutritionnels.

ATTENTION : les OGM sont interdits en France. Mais de nombreuses cultures de soja dans le monde sont maintenant faites à partir d'OGM. On ne connaît pas l'impact de ces plantes génétiquement modifiées sur le développement du cancer. Dans le doute, il est recommandé d'utiliser des sojas bio et non-OGM.

Soja et Taxol

Il semble que la génistéine du soja puisse interférer avec le Taxol. En attendant la confirmation de cette interaction dans des études sur l'homme, il est plus sage de ne pas consommer de produits à base de soja pendant la chimiothérapie par le Taxol (arrêter quelques jours avant et ne reprendre que quelques jours après).

Utilisation typique : lait de soja, yaourts au soja au petit déjeuner en remplacement des produis laitiers conventionnels. Fèves de soja, tofu, tempeh, miso. Le tofu peut être consommé cru ou cuit, il prend le goût des aliments, oignons, ail, curry, etc., et des sauces avec lesquelles il cuit dans la poêle ou le wok. Il peut aussi facilement être ajouté à des soupes. C'est une excellente source de protéines complètes qui peut être utilisée pour remplacer la viande.

Champignons

Champignons shitaké, maïtaké, énokitaké, cremini, portobello, champignons de Paris, pleurote et pleurote du panicaut possèdent tous des polysaccharides et de la lentinane qui stimulent la multiplication et l'activité des cellules immunitaires. Ils sont fréquemment utilisés au Japon en accompagnement de la chimiothérapie pour soutenir le système immunitaire (le maïtaké exerce sans doute l'influence la plus marquée sur ce dernier).

Utilisation typique : dans une soupe de légumes ou un bouillon de volaille, grillés au four, cuits au wok avec d'autres légumes.

Herbes et épices

Les herbes de cuisine comme le romarin, le thym, l'origan, le basilic, la menthe sont très riches en huiles essentielles (auxquelles elles doivent leur parfum) de la famille des terpènes.

Elles augmentent l'apoptose des cellules cancéreuses et réduisent leur prolifération en bloquant les enzymes nécessaires à l'invasion des tissus voisins.

Le carnosol du romarin est aussi un puissant antioxydant et anti-inflammatoire. Sa capacité à augmenter l'efficacité de certaines chimiothérapies est démontrée, y compris sur des lignées de cellules cancéreuses devenues résistantes au traitement.

Le persil et le céleri contiennent de l'apigénine qui est anti-inflammatoire, induit l'apoptose, et bloque l'angiogenèse selon un mécanisme comparable à celui du Glivec.

Algues

Plusieurs algues marines consommées couramment en Asie contiennent des molécules qui ralentissent la croissance du cancer, en particulier du sein, de la prostate, de la peau et du côlon. Les algues brunes rallongent aussi la durée des cycles menstruels par un effet antiœstrogène. Le fucoïdane qu'on trouve dans le kombu et le wakamé aide à provoquer la mort des cellules par apoptose et stimule les cellules du système immunitaire, comme les cellules *natural killer*[61, 62]. La fucoxanthine donne leur couleur brune à certaines algues. C'est un caroténoïde (de la même famille que le lycopène de la tomate) encore plus efficace que son cousin le lycopène sur l'inhibition de la croissance des cellules du cancer de la prostate.

Les principales algues alimentaires sont : le nori, le kombu, le wakamé, l'aramé et la dulse.

Le nori est une des très rares espèces végétales qui contiennent des acides gras oméga-3 à *longues chaînes* – les plus efficaces sur l'inflammation et indispensables au fonctionnement des neurones.

Utilisation courante : les algues peuvent être utilisées dans les soupes, les salades, ou ajoutées à la cuisson des légumineuses comme les haricots et les lentilles (en particulier, le kombu a la réputation d'abréger le temps de cuisson des légumineuses et de les rendre plus digestes).

Fruits rouges

Fraises, framboises, myrtilles, mûres, airelles contiennent de l'acide ellagique et de multiples polyphénols. Ils stimulent les mécanismes d'élimination des cancérigènes et inhibent l'angiogenèse. Les anthocyanidines et proanthocyanidines facilitent aussi l'apoptose des cellules cancéreuses.

Utilisation typique : au petit déjeuner, mélangés avec du lait de soja et des céréales multigrains qui, contrairement aux céréales commerciales de type *corn flakes*, ne font pas monter le taux de sucre, insuline et IGF dans le sang (les meilleures céréales sont le muesli, ou les combinaisons avoine, son, lin, seigle, orge, épautre, etc.).

En salade de fruits ou en encas entre les repas, pour leur goût frais et sucré qui néanmoins ne déclenche pas de pic glycémique dans le sang. En hiver, on peut continuer à consommer les fruits rouges sous forme surgelée qui conserve les molécules anticancer sans les abîmer.

Agrumes

Oranges, mandarines, citrons, pamplemousses contiennent des flavonoïdes anti-inflammatoires. Ils stimulent aussi la détoxification des cancérigènes par le foie. Il a même été montré que les flavonoïdes de la peau des mandarines – la tangéritine et la nobilétine – pénètrent les cellules du cancer du cerveau, facilitent leur mort par apoptose, et réduisent leur potentiel d'invasion des tissus voisins. (Attention, préférez des mandarines bio si vous mangez la peau.)[63, 64]

Utilisation typique : la peau des agrumes bio râpée peut être saupoudrée sur la vinaigrette, les céréales du petit déjeuner, la salade de fruits, ou encore infusée dans de l'eau chaude ou du thé.

Jus de grenade

Le jus de grenade est utilisé dans la médecine perse depuis des millénaires. Ses propriétés anti-inflammatoires et antioxydantes sont désormais prouvées, ainsi que sa capacité de réduire considérablement la croissance du cancer de la prostate (entre autres) y compris de ses formes les plus agressives. Chez l'homme, la consommation quotidienne de jus de grenade diviserait par trois la vitesse de propagation de cancers établis de la prostate[65].

Utilisation courante : un verre (225 ml ou 8 oz) par jour de jus de grenade (en vente dans les boutiques spécialisées), le matin au petit déjeuner.

Vin rouge

Le vin rouge contient de nombreux polyphénols, dont le fameux resvératrol. Ces polyphénols étant extraits par fermentation, leur concentration est plus importante dans le vin que dans le jus de raisin. Comme ils proviennent de la peau et des pépins du raisin, ils sont beaucoup moins présents dans le vin blanc. La conservation du vin – qui est protégé de l'oxygène – permet d'éviter leur oxydation rapide (ce qui n'est pas le cas des raisins secs, qui ont perdu leurs polyphénols).

Le resvératrol agit sur les gènes connus pour protéger les cellules saines du vieillissement (sirtuines). Il a aussi la capacité de ralentir les trois étapes de la progression du cancer – initiation, promotion et progression – en bloquant l'action du NF-kappaB [66, 67].

Utilisation courante : ces résultats sont observés avec des concentrations comparables à celles obtenues par la consommation d'un verre de vin rouge par jour (une consommation quotidienne supérieure n'est pas recommandée, car elle entraînerait selon certaines études une *augmentation* des cancers). Le vin de Bourgogne, où le climat est plus humide, est particulièrement riche en resvératrol.

Le chocolat noir

Le chocolat noir (plus de 70 % de cacao) contient de nombreux antioxydants, des proanthocyanidines et beaucoup de polyphénols (un carré de chocolat en contient deux fois plus qu'un verre de vin rouge et presque autant qu'une tasse de thé vert bien infusée). Ces molécules retardent la croissance des cellules cancéreuses, et limitent l'angiogenèse.

Une consommation jusqu'à 20 g par jour (un cinquième de tablette) n'est pas un apport calorique excessif. La satisfaction ressentie est souvent plus forte qu'avec une confiserie ou un dessert, en même temps que la faim est coupée plus efficacement. Son index glycémique (capacité à faire monter le taux de glucose dans le sang et à induire des pics néfastes d'insuline et d'IGF) est modéré, nettement inférieur à celui de la baguette de pain blanc.

ATTENTION : le mélange du chocolat et du lait annule les effets bénéfiques des molécules contenues dans le cacao.

Utilisation courante : quelques carrés de chocolat à la place d'un dessert à la fin d'un repas (avec du thé vert !). Faire fondre du chocolat noir au bain-marie pour le verser sur des poires ou toute autre salade de fruits.

La vitamine D

La vitamine D est fabriquée par la peau lors de l'exposition au soleil. Les populations qui vivent loin de l'équateur en fabriquent moins et sont parfois déficitaires. C'est la raison pour laquelle on a longtemps recommandé aux enfants des pays du Nord de prendre une cuillerée d'huile de foie de morue tous les jours pour éviter le rachitisme. On sait aujourd'hui qu'un apport suffisant de vitamine D réduit considérablement le risque de développer plusieurs cancers différents (de plus de 75 % dans une étude de l'université de Creighton publiée en 2007, pour un apport de 1 000 UI par jour de la forme 25 Hydroxyvitamine D[68]). L'Association canadienne du cancer recommande désormais à tous les Canadiens de consommer 1 000 unités de vitamine D pendant les mois d'automne et d'hiver (accès limité à la lumière du soleil), et toute l'année aux personnes âgées et à celles qui s'exposent rarement au soleil[69]. Vingt minutes d'exposition au soleil de midi sur l'ensemble du corps apportent à elles seules près de 8 000 à 10 000 unités (mais attention aux dangers de la surexposition).

Les aliments qui contiennent le plus de vitamine D sont : l'huile de foie de morue (1 360 UI dans une cuiller à soupe), le saumon (360 UI pour 100 g), le maquereau (345 UI pour 100 g), les sardines (270 UI pour 100 g) et les anguilles (200 UI pour 100 g). Le lait enrichi en vitamine D ne contient que 98 UI pour un verre, un œuf 25 UI, et le foie de veau 20 UI pour 100 g.

Oméga-3

Les oméga-3 à longue chaîne présents dans les poissons gras (ou les huiles de poissons gras de bonne qualité) réduisent l'inflammation. En culture, ils retardent la croissance des cellules cancéreuses d'un large éventail de tumeurs (poumon, sein, côlon, prostate, rein, etc.). Ils agissent aussi en réduisant la dissémination des tumeurs sous forme de métastases. De nombreuses études humaines montrent que le risque de plusieurs cancers (côlon, sein, prostate, ovaire) est considérablement réduit chez les personnes qui mangent du poisson au moins deux fois par semaine*[70-77].

ATTENTION : plus les poissons sont gros (thon, mais surtout roussette ou espadon), plus ils sont hauts dans la chaîne alimentaire, et plus ils sont contaminés par le mercure, les PCB et la dioxine qui abondent au fond des océans. Les meilleures sources de poisson gras sont donc les *petits* poissons comme les sardines (y compris les sardines en boîte, à condition qu'elles soient conservées dans l'huile d'olive et non dans l'huile de tournesol, trop riche en oméga-6), les anchois entiers

---

* Deux articles importants en 2006 ont mis en doute cette réduction du risque de cancer en lien avec la consommation de poisson[78, 79]. Toutefois, ces analyses ont été contestées, notamment parce qu'elles ne prenaient pas en compte les résultats les plus récents, dont ceux de l'immense étude européene EPIC qui a porté sur près de 500 000 personnes et confirmé la protection très importante associée à la consommation de poisson[74].

ou les petits maquereaux. Le saumon est aussi une bonne source d'oméga-3 et le niveau de contamination reste encore acceptable. Le thon germon est, semble-t-il, le moins contaminé des thons en boîte. Les poissons surgelés perdent progressivement de leurs oméga-3 avec la durée de la conservation.

Les graines de lin sont riches en oméga-3 végétaux (à « courte chaîne ») et en lignanes. Ces phytoestrogènes réduisent l'activité néfaste des hormones sur la croissance du cancer et peut-être aussi sur l'angiogenèse. Dans une étude récente de l'université de Duke, la consommation quotidienne de 30 g de graines de lin moulues ralentissait la croissance des tumeurs de la prostate de 30 à 40 %[80].

Utilisation typique : moudre les graines de lin (dans un moulin à café) et les mélanger avec du lait bio ou du lait de soja (ou un yaourt bio ou de soja). Cette poudre peut aussi être mélangée aux céréales du matin ou à une salade de fruits à laquelle elle donne un goût de noisette. L'huile de lin est aussi riche en oméga-3 végétaux et en lignanes. Mais attention de conserver cette huile au réfrigérateur, dans une bouteille opaque afin d'éviter l'oxydation (ainsi que l'odeur rance). Il est préférable de ne pas la conserver plus de trois mois.

Probiotiques

L'intestin contient normalement des bactéries « amies » qui participent utilement à la digestion et à la régularité du transit intestinal. Elles jouent aussi un rôle important dans l'équilibre du système immunitaire. Parmi les plus courantes, on trouve le Lactobacillus acidophilus et le Lactobacillus bifidus.

Il a été démontré que les probiotiques inhibent la croissance des cellules cancéreuses du côlon. L'accélération du transit intestinal réduirait aussi le risque du cancer du côlon en limitant le temps d'exposition de l'intestin aux cancérigènes apportés par l'alimentation. Les probiotiques joueraient donc aussi un rôle de détoxification[81].

Les yaourts et le kéfir sont de bonnes sources de probiotiques. Les yaourts de soja sont généralement enrichis en probiotiques. Ces précieuses bactéries sont aussi présentes dans la choucroute ou le kim chee.

Enfin, certains aliments sont des *pré*biotiques, c'est-à-dire qu'ils contiennent des polymères de fructose qui stimulent la croissance des bactéries probiotiques. Il s'agit de l'ail, de l'oignon, de la tomate, de l'asperge, de la banane et du blé.

Aliments riches en sélénium

Le sélénium est un oligoélément (présent dans la terre) qu'on retrouve en abondance dans les légumes ou les céréales cultivés en agriculture biologique (l'agriculture intensive vide le sol de son sélénium, qui est désormais très rare dans les pays européens[82]). On le trouve aussi dans les poissons, les fruits de mer ou encore dans les abats. Le sélénium stimule l'activité des cellules immunitaires, et particulièrement des cellules NK (jusqu'à plus de 80 % d'augmentation d'activité selon une étude[83]). Le sélénium est aussi un stimulant de l'activité des mécanismes antioxydants de l'organisme.

Aliments spécifiques contre certains cancers

Certains aliments inhibent spécifiquement la croissance des cellules de certains cancers. Le laboratoire du docteur Béliveau a pu tester des extraits bruts de différents aliments contre les cellules de plusieurs cancers.

Cela permet de dresser une liste d'aliments à privilégier au maximum dans une alimentation ciblée contre un cancer particulier. À noter que l'ail, les oignons et le poireau (la famille des alliacés) figurent en tête des aliments les plus efficaces pour tous les cancers de la liste qui figure dans le livret pratique joint à ce livre.

La dernière ligne de chaque tableau (« contrôle ») correspond à la croissance des cellules cancéreuses quand elles ne sont mises en présence d'aucun ingrédient particulier, ce qui permet de montrer l'efficacité de chaque ingrédient.

Cocktail de légumes utilisé dans l'expérience des souris
du laboratoire de Richard Béliveau

Ail : 100 g
Choux de Bruxelles : 100 g
Betterave : 100 g
Airelles : 100 g
Oignon vert : 100 g
Brocolis : 100 g
Épinard : 100 g
Fèves vertes : 100 g
Pamplemousse : 100 g
Curcuma dans huile de lin : 2 cuillers à café/10 ml d'huile
Polyphénols de thé vert : 2,4 g (ce qui correspond à environ 6 tasses de thé et 2 g de feuilles)
Poivre noir : 2 cuillers à café

Les 900 g de fruits et légumes donnent 270 ml de potion. Les souris sont gavées avec 100 microlitres par jour, en plus de leur nourriture habituelle, ce qui correspond à peu près à 240 ml de cocktail pour un humain.

Aliments riches en oméga-3*

Type de poisson		Quantité à consommer (pour apporter 1 g des deux principaux acides gras oméga-3 : EPA et DHA[1])
Thon	Blanc, en boîte	120 g
	Frais	75-350 g
Sardine		60-100 g
Saumon	Atlantique, élevage	45-75 g
	Atlantique, sauvage	60-100 g
Maquereau		60-250 g
Hareng	Atlantique	60 g
	Pacifique	45 g
Truite	Élevage	100 g
	Sauvage	120 g
Flétan		100-225 g
Cabillaud	Atlantique	400 g
	Pacifique	700 g
Aiglefin		450 g
Barbote	Élevage	600 g
	Sauvage	450 g
Limande/Sole		200 g
Huître	Pacifique	80 g
	Atlantique	200 g
Homard		250 g-1,3 kg
Crabe, Alaskan King		250 g
Palourde		350 g
Coquille Saint-Jacques		550 g

*Données issues de www.nalusda.gov/fnic/foodcomp/ [84] et des recommandations de l'Association américaine de cardiologie [85].

(1) Les quantités d'oméga-3 de chaque espèce de poisson varient jusqu'à 300 % en fonction des sous-espèces, des saisons, des méthodes de conservation et de cuisson. Ces estimations sont donc nécessairement approximatives. À noter que le poisson d'élevage contient plus d'oméga-3 que le poisson sauvage parce que, se dépensant moins, il est plus gras.

Les poissons représentent la principale source d'oméga-3 à longues chaînes (EPA et DHA). Selon l'espèce, la provenance, le conditionnement et la saison de pêche, ils en sont plus ou moins pourvus.

9

Le mental anticancer*

PREMIÈRE PARTIE

Le lien corps-esprit

Est-ce ma faute ?

À 55 ans, au faîte de sa renommée, l'acteur Bernard Giraudeau apprend qu'il a un cancer du rein. Cinq ans plus tard, c'est la rechute. Quand il revient aujourd'hui sur sa maladie, les causes lui en apparaissent clairement :

« Je vais sans doute vous étonner : je m'y attendais. Cette annonce n'a donc pas été pour moi un tel choc. J'étais engagé dans une spirale de vie totalement folle qui me maintenait en permanence dans un état d'angoisse existentielle, celle qui accompagne souvent notre métier d'acteur. Instinctivement, je sentais qu'il allait m'arriver quelque chose ! Après mon opération, j'ai décidé que j'allais tout faire pour changer ma qualité de vie, donner davantage de temps aux êtres que j'aimais, mieux profiter de chaque instant. Mais j'ai très vite

---

* Je remercie particulièrement Michael Lerner, Rachel Naomi Remen, David Spiegel, Francine Shapiro et Jon Kabat-Zinn pour les idées présentées dans ce chapitre, qui sont largement inspirées de mes rencontres avec eux et avec leurs écrits.

été happé par le rythme stressant, trépidant, d'une carrière de comédien, le paraître, et j'ai replongé dans une déplorable hygiène de vie. Cinq ans plus tard, je recevais le choc d'une deuxième annonce : j'avais une métastase au poumon. J'ai fait étudier les résultats des tests sanguins, que j'avais conservés depuis plusieurs années, par un ami médecin qui me suivait très régulièrement. Il m'a dit alors : "Chaque fois que tu t'apprêtais à jouer au théâtre, tu avais une montée folle des hormones du stress et un dérèglement de ton métabolisme." Je me suis dit : Maintenant, tu n'as plus le choix, il te faut très vite changer de comportement et regarder la vie autrement si tu veux encore en profiter. »

Près de la moitié des femmes qui ont un cancer du sein sont convaincues que leur maladie est la conséquence d'un stress qu'elles n'ont pas su gérer – un avortement, un divorce, la maladie d'un enfant, ou la perte d'un emploi auquel elles tenaient[1].

De leur côté, les médecins ont de tout temps associé des causes psychologiques au cancer. Il y a deux mille ans, le médecin grec Galien avait noté qu'il se développait surtout chez les personnes déprimées. En 1759, un chirurgien anglais écrivait que le cancer accompagnait « les désastres de la vie, ceux qui occasionnent moult ennuis et chagrin[2] ». En 1846, les autorités médicales anglaises considéraient que « la misère mentale, les retours de fortune soudains, les tempéraments de disposition morose [...] constituent la cause la plus puissante de la maladie ». L'auteur de cet article, le docteur Walter Hyle Walshe, un grand chirurgien et la plus grande autorité sur le cancer au milieu du XIXe siècle, y ajoutait son observation personnelle : « J'ai moi-même rencontré des cas où la relation semblait si claire que la remettre en question serait faire fi de la raison[3]. »

Nombreux sont mes amis cancérologues qui arrivent aux mêmes conclusions aujourd'hui. D'autres, en revanche, n'y croient pas du tout. Peut-on réellement « se fabriquer un cancer » ?

Il faut généralement plus de dix ans, et parfois jusqu'à quarante, pour que l'anomalie dans une cellule – la « graine » – devienne une tumeur cancéreuse détectable. Au départ, des cellules saines se sont gravement déréglées, soit par l'effet de leurs gènes anormaux, soit parce qu'elles ont été exposées à des radiations, des toxines de l'environnement, ou d'autres cancérigènes comme le benzo-[A]-pyrène de la fumée de cigarette. *Mais on ne connaît aucun facteur psychologique qui puisse fabriquer cette graine de cancer.*

En revanche, tout comme l'alimentation, le manque d'exercice, la qualité de l'air et de l'eau, les stress psychologiques influencent profondément le *terreau dans lequel la graine peut se développer.* Même si son cas ne constitue en rien une preuve scientifique, c'est exactement ce que décrit Bernard Giraudeau.

Comme lui, la plupart des patients que j'ai connus se souviennent d'une période de stress particulière dans les mois ou les années qui ont précédé le diagnostic de leur cancer. Il ne s'agit cependant pas de n'importe quel stress. Le plus souvent, c'est une épreuve qui nous a laissé avec un sentiment terrible d'*impuissance* : le sentiment que notre vie ne nous appartenait plus, qu'il n'y avait plus de joie à en attendre. Beaucoup d'entre nous ont été confrontés à un conflit chronique qui semblait insoluble ou, comme pour Bernard Giraudeau, à des obligations si lourdes qu'elles provoquaient une sensation d'étouffement. Ces situations ne déclenchent pas un cancer, mais, comme le constate un article publié dans *Nature Reviews Cancer* en 2006, on sait aujourd'hui qu'elles peuvent lui permettre de se développer[4]. Les facteurs qui contribuent au cancer sont si nombreux et variés que personne ne devrait se dire : « C'est de ma faute si j'ai développé cette maladie. » En revanche, chacun est à même de se dire : « Maintenant tu n'as plus le choix » et d'apprendre à fonctionner autrement. J'ai dû faire ce chemin moi aussi.

Les émotions étouffées

Je suis né fils aîné du fils aîné. À peine sorti du ventre de ma mère, on m'a retiré de ses bras et de son sein jugés insuffisants, pour me confier à la pouponnière, aux puéricultrices et au lait maternisé qu'on pensait « plus modernes ». Ils semblaient plus aptes à protéger cet enfant qui allait assurer la pérennité de la lignée familiale. Je pleurais beaucoup, en partie, j'imagine, parce que, comme tous les bébés du monde, j'aurais aimé être dans les bras de ma mère plutôt que dans une sorte de couveuse derrière une vitre insonorisée. Ma mère avait 22 ans. Malgré son intelligence et son caractère, elle n'était qu'une enfant, mariée à un homme de 37 ans qui dirigeait l'hebdomadaire le plus en vue du pays. Très vite, ma grand-mère paternelle a jugé ma mère insuffisamment compétente pour s'occuper d'un trésor aussi important que le fils de son fils. J'ai donc été confié à des gardes puis à une nounou qui habitait à la maison. Ma mère a terriblement souffert de cette séparation. Elle se souvient qu'elle avait des montées de lait la nuit mais qu'on l'empêchait de venir jusqu'à moi. Durant les années qui ont suivi, nous n'avons jamais su raccommoder cette relation de souffrance et de manque réciproque. J'ai très vite eu trois frères, et elle s'est reportée sur eux. Toute mon enfance, j'ai mal vécu cette absence de mère. Aujourd'hui encore, quand j'entends quelqu'un parler avec émotion de tout ce qu'a été sa mère pour lui, je sais que je ne peux pas le comprendre complètement. Pas dans ma chair. Mon corps ne garde que le souvenir du vide. Si j'ai pu grandir quand même et trouver un équilibre, c'est en grande partie grâce à la nounou qui s'est occupée de moi à partir de l'âge de trois mois. Son amour, parfois maladroit – elle avait, elle, 18 ans ! – mais constant et sincère, m'a donné l'oxygène dont j'avais besoin dans le grand vide émotionnel qui m'habitait. Mais je n'ai jamais oublié que pour me faire obéir, elle me rappelait souvent que si je n'étais pas sage elle quitterait la maison. Ces menaces me mettaient dans un état terrible d'impuissance et de désespoir. Enfant, j'ai appris très tôt à donner ce qu'on attendait du premier-né. Pas de colères, jamais d'éclats. Mais de l'application, de la discipline, et le soin des apparences. Je crois que j'ai bien rempli mon rôle, en étouffant mes émotions pour garder ma place.

Quand j'ai rencontré Anna, trente ans plus tard, je n'avais jusque-là jamais réussi à faire complètement confiance à une femme. Certainement pas confiance en sa capacité à tolérer mes défauts sans menacer de partir. Quand Anna n'est pas partie alors que nous apprenions ensemble que je portais en moi une maladie probablement mortelle, j'ai eu l'impression de rencontrer dans son visage si calme et si beau cet amour maternel, total, inconditionnel, que je n'avais jamais connu. Elle est devenue le roc sur lequel j'ai construit ma vie de jeune adulte, comme un enfant se construit dès les premiers instants grâce à l'amour de sa mère. Quand j'étais seul et que je fermais les yeux, je voyais son image apparaître devant moi et je sentais sa présence. Une partie d'elle était entrée en moi et vivait dans mon corps. Pour dire « je t'aime », les Indiens Yanomami en Amazonie disent : « Ya pihi irakema », qui signifie « j'ai été contaminé par ton être » – une partie de toi est entrée en moi, elle y vit et y grandit. C'est exactement ce que je ressentais. Quelque chose d'Anna vivait en moi. Alors que je sortais à peine de ma première opération, avec mon crâne rasé arborant une large cicatrice en forme de L, je lui ai demandé, timidement, si elle accepterait de m'épouser. Sa réponse, directe, entière, émue, a été un des plus beaux moments de ma vie. Mon esprit rationnel ne comprenait pas comment cette femme, aussi brillante, aussi forte, aussi pleine de gaieté, pouvait accepter de se lier à l'être fragile et peu attirant que j'étais à ce moment-là. Mais mon cœur savait qu'elle disait oui de tout son être. Que nous étions liés par quelque chose de plus fort que la mort elle-même. L'amour, notre amour, balayait toutes les peurs.

Je me souviens de notre voyage de noces sur un bateau de rivière dans l'estuaire de Cape Fear. Je n'étais pas très adroit dans les manœuvres et nous avons passé une bonne partie de ces quelques jours à court d'électricité, d'eau ou de fuel. Mais Anna était si gaie et nous étions si amoureux que chacune de ces tuiles avait été une occasion de plus de partager un fou rire, cuisiner, faire l'amour, ou de regarder les étoiles le soir quand nous avions échoué loin de tout et attendions des secours qui ne viendraient que le lendemain. Par la suite, tout dans notre vie semblait avoir été imprégné de cette même légèreté face aux inévitables difficultés, et nous avons vécu « deux ans de lune de miel ». Je me sentais invincible. Tant que nous étions ensemble, nous pouvions faire face à tout. J'avais l'impression que je goûtais à la douceur de la vie pour la première fois.

Et puis Anna a souhaité un enfant. De mon côté, je n'aurais jamais osé le lui demander. Je ne voulais pas qu'elle se retrouve à l'élever seule, que cet enfant grandisse avec l'image d'un père à peine connu. J'ai donc été profondément touché quand elle m'a dit qu'elle était prête, qu'elle n'avait pas peur et qu'elle voulait un enfant de moi quoi qu'il arrive. Anna n'était pas impulsive. Je savais qu'elle avait mûrement réfléchi, et je savais aussi qu'elle avait la force d'élever seule un enfant. Elle est tombée enceinte immédiatement.

La naissance de mon fils a été le deuxième plus beau jour de ma vie. Anna voulait accoucher le plus naturellement possible, et je l'ai regardée faire comme on regarde un athlète olympique gagner un marathon. Elle était parfaitement concentrée sur la tâche immense et triomphale de donner la vie. Parfois, entre les contractions, elle me regardait brièvement ou serrait ma main. Mais elle ne faisait plus qu'un avec son objectif. Sacha est né ce soir-là, au tout début du printemps, alors que les poiriers qui bordent les rues de

Pittsburgh avaient fait éclore leurs premières fleurs blanches. Elle l'a serré sur sa poitrine toute la nuit. Je ne savais pas encore que cet amour que je trouvais si beau annonçait la fin du nôtre.

Sacha dormait très mal. Nous l'avons installé dans notre lit pour la nuit et Anna n'a plus voulu qu'il le quitte. La journée, il ne faisait la sieste que dans ses bras. Elle refusait qu'il soit gardé par un baby-sitter et nous n'avons plus jamais – en cinq ans de vie commune – passé un seul week-end en tête à tête. Une partie de moi admirait l'incroyable dévouement d'Anna à cet amour maternel. Sans doute parce que j'aurais tant aimé avoir eu un peu de cette relation avec ma propre mère. Mais, une autre partie avait du mal à accepter l'intensité de cette relation qui nous éloignait l'un de l'autre. Très vite, je me suis retrouvé aussi seul que j'avais pu l'être avant de la rencontrer. Épuisée par sa journée, elle attendait que je rentre le soir pour se décharger un peu sur moi ; mais elle me demandait une attention pour Sacha qui débordait mes possibilités. Je me sentais déconnecté d'elle, et en manque de l'énergie que m'avait donnée notre relation. Je commençais aussi à prendre un sérieux retard dans mon travail de chercheur – qui ne s'arrête pas quand on est rentré chez soi. De son côté, elle m'en voulait de ne pas être assez disponible pour me consacrer à notre fils. Il m'arrivait de plus en plus souvent de dormir seul dans mon bureau, à côté du chien. C'était une situation impossible. Je perdais à la fois tout ce qui avait donné du sens à ma vie : le succès dans mon travail, l'amour de ma femme et le lien avec mon propre fils. Pendant plusieurs années, je me suis efforcé de faire bonne figure. Mais, intérieurement, je savais que ma vie se résumait à faire tant bien que mal ce qu'on attendait de moi. Je n'y trouvais plus aucun plaisir, et avais perdu tout espoir d'amélioration de notre couple. D'une certaine façon, ma vie s'était finalement réalignée sur le modèle de mon enfance : tout juste assez d'amour pour survivre, et des obligations à remplir de son mieux pour maintenir les apparences. Sans doute par peur de perdre le peu d'amour qui subsistait entre nous, je ne me suis pas dressé avec suffi-samment de détermination contre les excès d'Anna. Long-temps, comme par le passé, j'ai étouffé mes émotions. C'est au moment où je n'en pouvais plus, deux semaines seulement après avoir décidé de quitter la maison et ce mariage qui n'en était plus un, que j'ai appris que mon cancer était revenu. Comme pour d'autres, ce n'était presque pas une surprise.

Une personnalité propice au cancer ?

À l'université de Californie à San Francisco, les chercheurs en psychologie Lydia Temoshok et Andrew Kneier ont comparé les réactions émotionnelles des patients atteints de maladies cardiaques avec celles des malades souffrant d'un cancer. Ils les soumettaient à de petits chocs électriques, mesu-raient leurs réactions physiologiques, puis leur demandaient de raconter comment ils avaient vécu l'expérience. Physiquement, les patients souffrant d'un cancer réagissaient aux chocs plus fortement que ceux avec une maladie cardiaque, mais ils avaient ensuite tendance à les minimiser lorsqu'ils répondaient aux questions des chercheurs[5]. Temoshok a proposé le concept de « personnalité de type C » pour les patients atteints de cancer (par contraste avec la personnalité de type A, caractéristique des tendances agressives et impatientes des cardiaques[6]). La plupart des psychothérapeutes qui ont travaillé avec des personnes souffrant d'un cancer – comme Carl O. et Stéphanie Simonton, le docteur Lawrence LeShan, ou Ian Gawler[3, 7, 8] – ont retrouvé des éléments psychologiques communs, non pas chez tous, mais chez un bon nombre d'entre eux.

Comme moi, il s'agit souvent de personnes qui, à tort ou à raison, ne se sont pas senties pleinement accueillies dans leur enfance. Leurs parents ont pu être violents ou irascibles, ou bien simplement froids, distants et exigeants. Souvent, ces enfants ont reçu peu d'encouragements et ont développé un sentiment de vulnérabilité ou de faiblesse. Par la suite, pour être sûrs d'être aimés, ils ont décidé de se conformer au maximum à ce qu'on attendait d'eux plutôt que de suivre leurs propres penchants. Rarement en colère (parfois jamais !), ils deviennent des adultes « vraiment gentils », « toujours prêts à aider les autres », « un saint-bernard, une sainte ! ». Ils évitent les conflits et mettent leurs besoins et leurs aspirations profondes en veilleuse, parfois pour le restant de leurs jours. Afin de garantir la sécurité émotionnelle qui leur tient tant à cœur, ils peuvent se surinvestir considérablement dans un seul aspect de leur vie : leur métier, leur mariage, ou leurs enfants. Lorsque celui-ci est soudain menacé ou perdu – par un échec professionnel, un divorce, la retraite, ou simplement le départ des enfants de la maison –, la douleur vécue dans l'enfance resurgit. Souvent, elle est plus ravageuse encore, parce qu'elle s'accompagne de l'impression que, quoi qu'on fasse, on ne peut y échapper.

Ce deuxième traumatisme donne lieu à des sentiments d'impuissance, de désespoir, d'abandon. Et ce sont ces sentiments-là – l'impuissance surtout – qui peuvent peser gravement sur l'équilibre psychologique et corporel. Une de mes collègues thérapeutes appelle cela le phénomène du « touché-coulé » en référence à la bataille navale de notre enfance. La première blessure, celle de l'enfance, est encore supportable même si elle se fait toujours sentir. Lorsqu'un deuxième coup vient frapper exactement au même endroit, c'est tout l'édifice psychologique *mais aussi physique* qui peut s'effondrer*. À l'université d'Emory, à Atlanta, le laboratoire du professeur Charles B. Nemeroff a publié une étude récente qui vient conforter ce modèle du « touché-coulé ». Des patients déprimés à l'âge adulte avec une histoire de traumatisme dans la petite enfance voient leurs facteurs d'inflammation (qui favorisent le

---

* Freud, précurseur comme souvent, avait déjà décrit un phénomène similaire en matière de traumatisme psychologique, qu'il avait surnommé le phénomène de « l'après-coup » (*nachträglich*[9]).

développement du cancer) réagir d'une façon particulièrement violente à un stress de laboratoire*[10].

Le sentiment d'impuissance nourrit le cancer

Une expérience de laboratoire sur des souris illustre parfaitement comment le stress peut influencer le cours de la maladie. À l'université de Pennsylvanie, dans le laboratoire du professeur Martin Seligman, des rats se virent greffer une quantité précise de cellules cancéreuses connue pour induire un cancer mortel chez 50 % d'entre eux. Pour une partie, ces rats furent laissés ensuite à eux-mêmes, et effectivement, au bout de trois mois, la moitié d'entre eux avaient été emportés par la maladie. Un second groupe fut soumis de surcroît à de petits chocs électriques auxquels ils pouvaient apprendre à échapper en appuyant sur un levier dans leur cage. Enfin, un troisième groupe reçut le même nombre de chocs, mais ne pouvait rien faire pour les éviter. Les résultats, publiés dans *Science*, sont on ne peut plus clairs : un mois après la greffe, 63 % des rats qui avaient appris à contrôler la situation avaient rejeté la tumeur. Ils s'en sortaient *mieux* encore que ceux qu'on avait laissés tranquilles ! En revanche, seulement 23 % de ceux qui n'avaient aucune possibilité de réagir surmontèrent leur cancer. Chez les rats qui ne pouvaient rien faire pour prendre le dessus, le sentiment d'impuissance avait accéléré la progression de la tumeur[11]. La leçon de cette étude est cruciale. Ce n'est pas le stress en soi – les « chocs électriques » que nous prodigue la vie – qui favorise la progression du cancer. C'est notre façon d'y répondre, et notamment les sentiments d'abandon, d'impuissance, de déséquilibre intérieur qui nous envahissent face aux épreuves.

---

* On observe en particulier dans ce cas une nette activation du NF-kappaB, ce facteur qui contribue au développement du cancer et dont nous avons parlé précédemment.

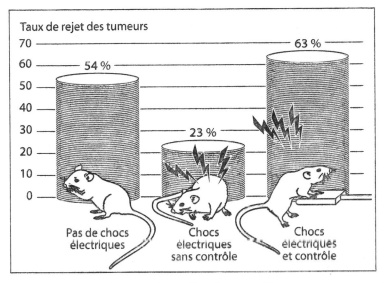

Figure 1 – Les rats soumis à des chocs électriques qu'ils ne peuvent pas contrôler développent des tumeurs agressives. Ceux qui apprennent à éviter les chocs rejettent les tumeurs beaucoup plus efficacement[11].

Le grand calme de Ian Gawler

Si le vécu d'impuissance et de désespoir alimente la croissance du cancer, peut-on en conclure qu'*a contrario* les états de sérénité le freinent ? Certains cas exceptionnels le suggèrent. À Melbourne, en Australie, Ian Gawler, un jeune vétérinaire qui venait de terminer ses études, apprit qu'il avait un ostéosarcome (un cancer des os) très grave qui avait déjà touché sa jambe. Une amputation suivie d'un an de traitements conventionnels n'avait pas réussi à enrayer la tumeur, qui se propageait désormais à la hanche et au thorax où elle se manifestait par des saillies difformes. Le cancérologue ne lui donnait plus que quelques semaines à vivre, peut-être moins d'un mois. N'ayant plus rien à perdre, Ian se jeta, avec le soutien de sa femme, dans une pratique intensive de la méditation, afin de goûter au calme qu'il avait découvert en pratiquant le yoga. Son médecin, le docteur Meares, lui-même initié à la méditation en Inde où il avait rencontré de grands mystiques, fut particulièrement impressionné par le calme que réussissait à atteindre le jeune patient. Il l'attribuait à la sérénité caractéristique des mourants dans les jours qui précédent le dernier soupir. Mais, au bout de quelques semaines, à la stupéfaction générale, il sembla aller mieux. Au bout de quelques mois de méditation intensive (une heure, trois fois par jour !), accompagnée d'un régime très strict, le jeune Ian retrouva des forces. Les affreuses excroissances osseuses qui déformaient sa poitrine commencèrent à se résorber. Quelques mois plus tard, elles avaient complètement disparu. Le docteur Meares demanda à Ian à quoi il attribuait cette extraordinaire régression de son cancer. « Je pense que c'est notre manière de vivre, la façon dont nous ressentons notre vie », répondit Ian, en parlant de lui et de sa femme. Comme si, explique le docteur Meares, à chaque instant de son existence, ce patient s'était imprégné de la paix trouvée dans ses périodes intenses de méditation[12]. Ian Gawler vit encore aujourd'hui, trente ans plus tard. Depuis sa guérison, il a consacré la plus grande partie de son temps à animer des groupes de patients souffrant de cancer*.

Les preuves du lien corps-esprit

Pour un esprit rationaliste, ces résultats ne sont pas faciles à accepter. Michael Lerner raconte qu'un grand chercheur universitaire spécialisé dans le lien entre stress et cancer avait, dans les années 1980, présenté à ses confrères médecins une

---

* Ian Gawler raconte son extraordinaire guérison dans un très beau livre, *You Can Conquer Cancer*. Il ne s'est pas guéri seulement avec la méditation et une alimentation très naturelle. Il a aussi fait appel à de multiples formes de traitements naturels, psychologiques et psychospirituels. Toutefois, il attribue sa guérison principalement à son calme intérieur.

étude montrant un effet indiscutable des facteurs psychologiques sur la progression du cancer. Au bout de quelques minutes, un chirurgien assez irascible du même hôpital avait explosé : « Vous ne croyez tout de même pas à toutes ces conneries[2] ! » Il est vrai qu'à l'époque on ne comprenait pas du tout comment des facteurs purement psychiques pouvaient avoir le moindre impact sur la biologie du corps, et par conséquent sur la maladie. Comment le fait de se sentir impuissant, le fait de ne jamais exprimer ses émotions, de ne presque *jamais* goûter à un calme intérieur profond pouvaient-ils accélérer la croissance d'une tumeur, ou réduire les bienfaits d'une chimiothérapie ?

C'est un psychiatre de l'université de Stanford qui – presque malgré lui – bouleversa les idées reçues sur le rapport entre stress et chances de survie dans les cancers les plus graves. Le docteur David Spiegel avait commencé par étudier la philosophie à l'université de Yale. Passionné par la pensée de Kierkegaard et de Sartre, il y avait trouvé une idée clé qui l'avait guidé tout au long de sa carrière : pour être pleinement humain, nous devons être dans une relation à autrui le plus authentique possible. Pour cela, il nous faut dépasser l'image que nous avons de nous-même et celle que nous nous faisons des autres. Nous devons savoir, au plus profond de nous, que nous sommes intrinsèquement libre de nous reconstruire, de nous transformer, et apprendre à accorder aux autres ce même pouvoir.

Après des études de médecine et de psychiatrie à Harvard, David Spiegel consacra ses recherches aux conditions qui permettaient de réaliser cette puissante authenticité de l'être et l'ouverture à autrui. Il croyait fermement, comme Sartre, que c'est en faisant face à l'angoisse de la mort que l'être humain devient pleinement lui-même. Tout jeune psychiatre, il décida de rejoindre le grand psychothérapeute Irvin Yalom, à l'université de Stanford, pour tester cette idée. Ensemble, ils animèrent chaque semaine des groupes de femmes gravement malades auxquelles on ne donnait que quelques années ou quelques mois à vivre. Si leurs hypothèses sont correctes, ces femmes étaient les mieux « placées » pour apprendre à devenir pleinement elles-mêmes.

Dans ces groupes, huit à dix femmes souffrant d'un cancer du sein métastatique parlaient chaque semaine de leur peur, de leur solitude, de leur colère, de leurs envies aussi, et de leur façon de faire face à la maladie. Elles apprenaient très vite une des leçons les plus essentielles de la vie : nous sommes tous blessés peu ou prou, et nous avons tous appris à en avoir honte. Dans ces groupes, tout le monde étant gravement atteint par la maladie, il n'y avait plus rien à cacher. Ces femmes pouvaient s'ouvrir en confiance à l'échange intime.

Pour certaines, c'était la première fois de leur vie qu'elles goûtaient à la douceur de cette confiance. Tout naturellement, quelque chose d'un peu miraculeux se produisait alors. Le plus souvent ces réunions n'étaient ni tragiques ni pathétiques. Au contraire, on y riait beaucoup. Comme si le simple fait d'être accepté avec ses blessures ouvrait aussi la voie aux émotions positives, à la joie, à l'envie d'être en vie, au plaisir d'être ensemble, ici et maintenant.

Il arrivait, bien sûr, que l'une d'elles soit emportée par la maladie. Les femmes parlaient alors de tout ce qu'elles avaient perdu avec le départ de cette amie, de son rire profond quand elle évoquait les bourdes de son mari, de ses yeux si attentifs quand elle écoutait une autre raconter les difficultés de sa dernière opération, ou de la grâce avec laquelle elle se tenait toujours, même quand elle souffrait. Elles s'autorisaient à sentir toute la tristesse de cette perte. Ces moments-là étaient très durs. Mais chacune sentait que l'absente continuerait de vivre dans leurs cœurs à toutes, à travers ces souvenirs. En filigrane, elles sentaient que lorsque leur tour viendrait, elles aussi seraient honorées par cette remémoration et qu'elles ne cesseraient d'habiter le cœur de leurs compagnes.

Une de ces patientes, Emily, décrivait ainsi l'expérience de la confrontation avec la mort : « Ce que j'ai découvert dans le groupe, c'est un peu la même peur que quand on se penche du haut d'un gratte-ciel ou du Grand Canyon. Au début, on n'ose même pas regarder en bas (j'ai facilement le vertige), mais, graduellement, on apprend à le faire et on voit que ce serait une catastrophe de tomber. On se sent tout de même plus fort parce qu'on a été capable de regarder. C'est ce que je ressens lorsque nous parlons de la mort dans le groupe – je suis capable de regarder maintenant. Je ne peux pas dire que je me sente sereine, mais je peux la regarder. »

Un an durant, les femmes se réunissaient régulièrement, puis chacune reprenait son chemin. David Spiegel compara d'abord l'état psychologique des participantes avec celui de patientes caractérisées par les mêmes diagnostics et recevant les mêmes traitements médicaux. Les femmes qui avaient appris grâce au groupe de soutien à faire face à leur peur, à exprimer leurs émotions intimes et à vivre les relations de façon plus authentique étaient moins sujettes à la dépression, à l'anxiété et même à la douleur physique[13, 14]. Une fois libérées de leur sentiment d'impuissance, tout leur état émotionnel s'améliorait. C'est exactement ce à quoi David Spiegel s'attendait. Mais il n'aurait jamais osé imaginer un effet possible sur l'évolution de la maladie, et encore moins sur les chances de survie. Spiegel était même persuadé du contraire : qu'il n'y avait *aucun lien* entre l'état mental et la progression du cancer. Il était très remonté contre ceux qui attribuaient le cancer à des conflits psychiques, parce qu'ils donnaient aux malades le sentiment pénible que c'était en partie *leur faute* ! Pour prouver une fois pour toutes qu'ils avaient tort, il cherchait à montrer que les femmes qui avaient participé au groupe de soutien et dont le mental s'était nettement amélioré n'avaient pas vécu plus longtemps que celles du groupe témoin. Mais en épluchant les dossiers, une surprise majeure l'attendait.

D'abord, quand il appela les familles, trois des participantes (sur 50) répondirent elles-mêmes au téléphone, dix ans après l'annonce de leur maladie ! Étant donné la gravité de leur état, c'était tout simplement incroyable. Pas une seule des femmes du groupe témoin (36) n'avait survécu si longtemps. Ensuite, en questionnant les familles sur la durée de la survie de ces personnes, il dut constater que les femmes du groupe de soutien avaient survécu *deux fois plus longtemps* que les autres. On pouvait même noter une différence entre celles qui étaient venues régulièrement et celles qui n'avaient participé que de façon épisodique. Plus elles avaient été assidues, plus longtemps elles avaient vécu*. Publiés à grand bruit dans le *Lancet*, ces résultats prirent à contre-pied tout l'*establishment* médical mondial[15]. Le docteur Troy Thompson, professeur de psychiatrie au Jefferson Medical College de Philadelphie, résume ainsi l'état d'esprit qui régnait à l'époque : « J'aurais parié le montant de mon emprunt immobilier qu'on n'obtiendrait jamais ce type de résultats[16]. » Grâce à cette étude, le lien entre l'état mental et l'évolution de la maladie passa soudain du statut de concept *new age* un peu farfelu à celui d'une hypothèse scientifique parfaitement respectable**.

---

* Il est important de souligner que, au début de l'étude, toutes les patientes avaient des diagnostics similaires, et que le choix de celles qui ont fait partie du groupe de thérapie ou du groupe témoin s'est fait au hasard. Ceci assure que la survie plus longue des membres du groupe de thérapie n'était pas due au fait qu'elles étaient en meilleure santé au départ, ou que leur disposition psychologique était différente.

** Depuis, plusieurs autres études ont évalué cette hypothèse. Quatre ont trouvé des résultats comparables à ceux de Stanford[17-20]. Six n'ont pas noté d'effet. Mais pour trois de celles-ci, il n'y avait pas d'amélioration psychologique des patients, on ne pouvait donc pas s'attendre à ce qu'il y ait un effet sur la survie. Au total, il y a donc cinq études qui ont observé une amélioration de la survie, et trois qui n'ont pas trouvé d'effet[21-26]. Dans une réitération récente de son étude – sur 125 patientes –, David Spiegel et son équipe de recherche ont observé un *triplement* du temps de survie des femmes participant au groupe, mais seulement chez celles qui avaient un cancer négatif pour les récepteurs aux œstrogènes. Celles qui recevaient du Tamoxifène ou un autre antagoniste des œstrogènes ne montraient pas d'augmentation de la survie (liée à la participation au groupe), comme si ces médicaments leur avaient déjà conféré la protection qu'on pouvait attendre du traitement psychologique (les antagonistes aux récepteurs à œstrogènes n'existaient pas au moment de l'étude publiée en 1989[27]). Il est important aussi de noter qu'aucune étude n'a rapporté la possibilité d'un effet *négatif* d'une intervention psychologique.

David Spiegel est aujourd'hui directeur associé du département de psychiatrie de l'université de Stanford et un des psychiatres universitaires les plus reconnus aux États-Unis. Quand on lui demandait il y a quinze ans d'expliquer en termes simples ce résultat si surprenant au premier abord, il répondait : « Les sentiments et les émotions que l'on n'exprime pas deviennent un obstacle intérieur. En nous évertuant à les maintenir en dehors de notre conscience, nous démultiplions souvent le stress qui leur a donné naissance et nous puisons dans certaines ressources psychiques qui sont encore très mal connues. Le fait de les accepter et de les exprimer permet de ne plus gaspiller ces ressources. Comment cela se traduit-il dans la façon dont le corps se bat contre la maladie ? C'est encore un mystère. Mais j'ai acquis la conviction que c'est bien ainsi que les choses se passent et nous commençons à comprendre les mécanismes. »

Le « cerveau circulant » de la psycho-neuro-immunologie

Aujourd'hui on comprend beaucoup mieux comment la biologie du stress peut peser sur l'évolution du cancer. Nous savons que le stress déclenche la libération d'hormones qui activent les fonctions d'« urgence » de l'organisme – comme les mécanismes de l'inflammation[28] – et facilite ainsi la progression des tumeurs[4]. Parallèlement, le stress met en veilleuse toutes les fonctions « qui peuvent attendre », comme la digestion, la réparation des tissus et, on le sait aujourd'hui, le système immunitaire.

Depuis une vingtaine d'années, un nouveau domaine scientifique est apparu qui étudie explicitement le lien entre les facteurs psychologiques et l'activité du système immunitaire. Il s'agit de la psycho-neuro-immunologie. Détaillons les trois dimensions qui composent cette nouvelle approche. Lorsque nous avons le sentiment que notre vie n'est plus gérable, ou qu'elle nous apporte plus de souffrance que de joie (c'est l'aspect « psycho »), notre cerveau libère des hormones du stress comme la noradrénaline et le cortisol. Celles-ci activent le système nerveux, accélèrent le rythme cardiaque, font monter la tension artérielle, tendent les muscles pour qu'ils soient prêts à l'effort ou à parer les coups (« aspect neuro »). Or, on sait aujourd'hui que leurs effets se font sentir bien au-delà. Ces mêmes substances chimiques qui activent les réflexes neurologiques et viscéraux du stress agissent *aussi* sur les cellules du système immunitaire. Les globules blancs ont en effet des récepteurs à leur surface qui détectent ce qui se passe dans le cerveau émotionnel et réagissent en fonction de ces fluctuations. Certaines de ces cellules se mettent à libérer des cytokines et des chémokines inflammatoires. De leur côté, les cellules NK sont bloquées par la noradrénaline et le cortisol. Elles restent passivement collées à la paroi des vaisseaux, au lieu d'aller attaquer les virus qui ont pénétré l'organisme ou les cellules cancéreuses qui prolifèrent à proximité. C'est le volet « immunologie » de cette nouvelle science.

Le professeur Candace Pert, qui dirigea la section de biochimie du cerveau au National Institute of Mental Health, fut une des premières à identifier le lien entre les substances chimiques du cerveau émotionnel (les « neuropeptides ») et l'activité du système immunitaire. Elle alla même beaucoup plus loin, en réussissant à montrer que les cellules du système immunitaire, à leur tour, envoient constamment des messages chimiques vers le cerveau émotionnel. Les neurosciences modernes définissent la pensée – ou l'« esprit » – comme le résultat des interactions entre les cellules qui échangent de l'information. Jusqu'aux travaux de Candace Pert, on avait toujours pensé qu'il s'agissait uniquement des neurones du cerveau et que l'esprit résidait dans la boîte crânienne. Ses découvertes nous obligent à admettre l'idée que l'esprit souffle, aussi, dans le système immunitaire ! Dans le livre qui raconte sa découverte, elle explique qu'elle a dû conclure, à rebours de tout ce qu'elle pensait jusqu'alors, que les interactions multiples entre les molécules des émotions et le système immunitaire constituent un « cerveau circulant[29-30] ». Mais comment ce *cerveau circulant* se manifeste-t-il dans le cancer ?

Le désir de vivre et les cellules immunitaires

Nous avons vu, dans le chapitre 4 consacré aux faiblesses du cancer, que les souris – descendantes de « Mighty Mouse » – capables de mobiliser totalement leurs cellules immunitaires sont « résistantes » au cancer y compris lorsqu'on leur injecte des doses massives de cellules parmi les plus agressives. Dans le même esprit, au National Cancer Institute, le laboratoire du professeur Ron Herberman (qui dirige maintenant l'Institut de cancérologie de l'université de Pittsburgh) a montré, chez des femmes ayant été opérées d'un cancer du sein, que plus les cellules NK sont actives dans les semaines qui suivent l'opération, meilleures sont les chances de survie à long terme[31-32].

Près de Washington, dans son laboratoire voisin de celui de Candace Pert, au National Cancer Institute, le même Ron Herberman avait aussi montré que parmi les femmes souffrant d'un cancer du sein, celles qui réussissaient à faire psychologiquement face à la maladie avaient des cellules NK beaucoup *plus* actives que celles qui sombraient dans la dépression et l'impuissance[33]. En 2005, le docteur Susan Lutgendorf, à l'université de l'Iowa, a confirmé ces résultats chez des femmes souffrant d'un cancer des ovaires. Celles qui se sentaient entourées et soutenues, qui gardaient le moral, avaient des cellules NK plus combatives que celles qui se sentaient seules ou abandonnées et émotionnellement perturbées[34].

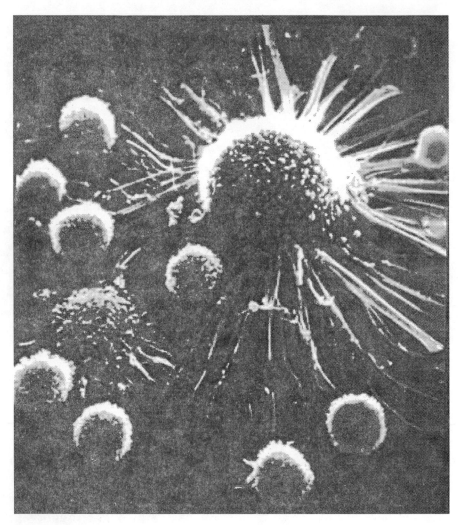

Figure 2 – Les cellules blanches du système immunitaire attaquent une cellule cancéreuse (au centre). Elles reçoivent des signaux du cerveau émotionnel et lui envoient des signaux en retour. Les cellules du système immunitaire font donc partie d'un « cerveau circulant ».

Tout se passe comme si les globules blancs du système immunitaire – comme les cellules NK et les lymphocytes T et B – étaient sensibles au sentiment d'impuissance et à la perte du désir de vivre qui en découle. Chez les rats de Martin Seligman soumis à des chocs électriques qu'ils ne peuvent esquiver, l'impuissance se manifeste par des symptômes très proches de ceux qu'on observe chez les humains traumatisés : ils semblent avoir perdu toute confiance en eux et restent inertes face à toutes les autres situations difficiles ; en situation de compétition, ils se montrent soumis et passifs, ne se défendant même plus lorsqu'ils sont agressés. C'est précisément dans ces circonstances que leur système immunitaire, lui aussi, baisse les bras. Tout se passe comme si l'état émotionnel qu'on peut observer de l'extérieur à travers le comportement de l'individu se reflétait à l'identique dans le comportement interne des cellules immunitaires ! Quand le rat – ou la personne – abandonne, avec le sentiment que la vie ne vaut plus la peine d'être vécue, le système immunitaire rend les armes lui aussi. Comme l'a si bien décrit Candace Pert, ce sont deux aspects du même « cerveau » (voir cahier illustré, figure 7).

À l'inverse, trouver en soi le désir de vivre signale un tournant décisif dans le cours de la maladie.

Helen avait 52 ans quand elle apprit qu'elle souffrait d'un lymphome très grave. Les six chimiothérapies de rigueur n'avaient pas donné d'effet satisfaisant. Et deux traitements supplémentaires n'avaient fait qu'augmenter la virulence des cellules cancéreuses. Le seul espoir qui restait était le recours à une intervention particulièrement dangereuse – l'autogreffe de moelle – qui fait appel à des substances chimiques si toxiques qu'elles entraînent la destruction totale du système immunitaire. Helen avait dû passer trois semaines en chambre d'isolation complète. Ses visiteurs n'y entraient qu'après une stricte procédure de stérilisation, corsetés dans une tenue qui leur donnait l'allure d'astronautes. Helen avait le sentiment pénible qu'elle ne vivait plus sur la même planète que ces étranges visiteurs, et qu'elle n'y reviendrait peut-être jamais.

Au bout des trois semaines, son état s'était tellement dégradé qu'elle n'avait pas pu sortir de l'isolement. En la voyant si maigre et fragile, ses visiteurs se demandaient s'ils ne la rencontraient pas pour la dernière fois. Et ils ne pouvaient ni l'embrasser, ni lui prendre la main, ni même lui sourire puisque leur visage était caché par un masque stérile... Mais, au moment où l'espoir ne tenait plus qu'à un fil, où son corps semblait sur le point de lâcher, Helen s'accrocha à la seule chose qui avait toujours été là, comme un chien fidèle et affectueux – la sensation de son souffle dans sa poitrine. La signature même de la vie qui perdurait, malgré les doutes, les peurs, la nausée, malgré la douleur aussi. Accrochée à sa respiration, un souffle après l'autre, elle se connectait au fond d'elle-même à cette envie de vivre qui venait de chaque cellule et qui la reliait à tout ce qui était vivant autour d'elle : l'arbre et ses feuilles qu'elle pouvait voir par la fenêtre, les rires et les pleurs des enfants qui passaient dans le couloir, les étoiles parfois à la nuit tombée. Elle en retirait un sentiment étrange de paix. Comme si rien ne pouvait vraiment l'affecter puisque, quoi qu'il dût arriver, la vie qui passait au travers d'elle continuerait. Aujourd'hui, douze ans plus tard, elle a repris son travail et vit normalement. Elle s'émerveille encore de la force que lui a donnée cette connexion profonde, quasi animale, à l'élan vital qui nous unit tous.

Les chamans et le désir de vivre

Dans toutes les cultures et à toutes les époques – jusqu'au début de l'ère moderne –, l'art qui consiste à guider les malades vers la santé a été pratiqué par des individus exceptionnels appelés « hommes-médecine » ou « chamans ». D'un continent à l'autre, comme l'observe Carl Gustav Jung, leurs pratiques sont extraordinairement similaires. Comme s'il s'agissait d'un des rares universaux de la culture humaine – au même titre que le tabou de l'inceste. Au cœur de cet enseignement immémorial, on retrouve un principe invariant : *le traitement du patient doit se focaliser moins sur ses symptômes physiques que sur son élan vital*[2]. Pour ce faire, chaque tradition chamanique utilise des méthodes particulières visant à libérer le malade des « démons » qui le menacent. La plupart reposent sur des rituels qui font appel à des forces mystiques transpersonnelles (des « esprits », des « ancêtres », des « animaux totems », etc.) afin de permettre à l'âme de celui qui souffre de retrouver son intégrité.

S'ils ne croient plus aux démons, les psychothérapeutes qui travaillent aujourd'hui avec des patients souffrant d'un cancer ont compris, eux aussi, l'importance de raviver le désir de vivre chez leur patient. La première étape consiste en général à retrouver et à guérir les traumatismes du passé dont les blessures mal cicatrisées continuent de drainer la force vitale. Au cours de la deuxième étape, il faut apprendre à chacun à cultiver cette douceur et cette flamme toujours allumée au fond de soi.

Il existe bien des façons de cultiver cette force et cette flamme. J'en ai expérimenté certaines qui m'ont inspiré beaucoup de respect et de gratitude. Je voudrais vous parler de celles qui me semblent être les plus importantes.

DEUXIÈME PARTIE

Guérir les blessures du passé

L'abandon de Marie

Quand Marie apprit que ses marqueurs de risque du cancer étaient en train d'augmenter, elle s'y attendait presque. Depuis plusieurs mois, elle était tellement désespérée qu'elle pensait parfois au suicide. Si son corps devait accomplir le geste à sa place, ce serait finalement plus simple... À 55 ans, elle venait de vivre la plus grande histoire d'amour de sa vie, avec un homme de vingt ans de moins qu'elle. Il lui avait répété inlassablement qu'elle était son grand amour, qu'il ne pouvait pas s'imaginer un seul instant avec une autre, qu'elle l'avait transformé, épanoui, fait naître à la vie... Et elle avait senti, dans leur façon d'être ensemble au quotidien, même à travers les séparations de ses voyages d'affaires, que tout dans cet amour inattendu était sincère. Pour la première fois de sa vie, elle s'était abandonnée complètement à cette expérience enveloppante et douce. À tel point que pendant ces six années, elle s'était coupée du reste du monde. Et puis, un jour, Jacques partit brutalement. En la remerciant de tout ce qu'elle lui avait fait comprendre sur lui-même, il lui annonça qu'il voulait avoir des enfants et qu'il avait trouvé une autre femme pour accomplir ce projet. Effondrée, Marie se sentit totalement impuissante. Peut-on retenir un homme qui ne vous aime plus ? Déjà, lorsqu'elle était enfant, son père avait quitté le foyer et ne s'était plus jamais préoccupé d'elle. Plus tard, son jeune mari avait trouvé une maîtresse, et le mariage s'était conclu par un divorce. Comme les rats soumis aux chocs électriques inévitables du professeur Seligman, Marie avait « appris » au cours de ces expériences qu'il était inutile de chercher à se protéger. Elle sentait maintenant, à nouveau, qu'elle ne pouvait rien faire, que la vie se vidait de toute sa substance. C'est ce qui provoquait ses idées de suicide – et peut-être l'augmentation de ses marqueurs.

À l'université de Helsinki, en Finlande, le docteur Kirsi Lillberg a montré dans une étude portant sur plus de 10 000 femmes que la perte d'une relation affective importante multipliait par deux le risque de cancer du sein. Les ruptures et les divorces douloureux étaient plus directement corrélés au cancer que la mort d'un conjoint[35]. J'ai tendance à penser que cela tient au fait qu'ils réveillent d'anciennes blessures infligées par le rejet ou les critiques subies dans l'enfance, au stade de la vie où, précisément, l'on est le plus démuni. Les ruptures, plus que les accidents ou les causes naturelles, nous renvoient à notre impuissance originelle et lui redonnent chair à l'âge adulte.

C'est l'impuissance qui transforme un événement pénible en véritable traumatisme. Les soldats qui ont vécu des situations de guerre le savent bien. Les souvenirs les plus terribles ne sont pas ceux où ils se battaient, car ils étaient alors pris par l'action. Ce sont ceux où ils n'ont rien pu faire pour sauver un camarade blessé ou quand ils se sont trouvés coincés, seuls, sous un bombardement interminable.

Lorsque le traumatisme est particulièrement sévère, et que, comme pour Marie, il n'y a personne pour nous aider à le traverser, certaines études suggèrent que le risque de développer un cancer du sein peut être multiplié par neuf[36] ! Il est donc essentiel de désamorcer ce mécanisme*.

---

* De façon générale, les états de deuil ou de stress posttraumatique sont clairement associés à une détérioration du système immunitaire et à une baisse de l'activité des globules blancs et des cellules NK[37-39]. Plus significativement encore, les traumatismes psychologiques sont associés à une aggravation des problèmes médicaux de tout genre[40,41], à une réduction très importante de la survie après une transplantation cardiaque[42], et spécifiquement à une plus grande fréquence des cancers[43]. Heureusement, les traumatismes peuvent souvent être très bien traités, et très rapidement, par des thérapies brèves comme la thérapie cognitive-comportementale ou la thérapie EMDR[44-47].

Le sentiment d'impuissance traumatise

On parle de traumatisme lorsqu'un choc (ou une série de chocs) laisse une marque douloureuse et profonde dans notre cerveau. Au cours de la vie normale, un échec à un examen, une dispute avec un proche peuvent nous perturber pendant quelques jours (nous y pensons souvent, dormons mal, avons de la peine à nous concentrer, etc.) mais le cerveau est capable de « cicatriser ». Exactement comme une plaie au bout du doigt arrête de saigner par elle-même puis se referme sans même laisser de trace, le cerveau possède lui aussi un mécanisme naturel de guérison des plaies émotionnelles. Après une ou deux semaines, nous n'y pensons généralement plus et nous ne gardons de l'événement que la leçon utile pour l'avenir (« je me préparerai mieux la prochaine fois » ou « je ne laisserai plus ma colère m'emporter quand je parle à ma fille »).

En revanche, certains événements sont tellement douloureux qu'ils déchirent en profondeur l'image que nous nous faisons de nous-même ou la confiance que nous avons dans le monde qui nous entoure. C'est le cas des agressions violentes, des viols, de certains accidents, et même de certaines ruptures amoureuses. C'est le cas aussi avec l'absence d'amour ou les humiliations répétées vécues dans l'enfance, à l'âge où nous sommes le plus vulnérable. De telles blessures ne se referment pas toujours d'elles-mêmes. Elles ont tendance, plutôt, à former un abcès : notre cerveau tente de les isoler du reste de notre vie psychique et fait en sorte que nous les contournions le plus possible. De fait, le plus souvent nous n'y pensons pas, et évitons d'en parler. Mais, comme lorsque le médecin appuie sur un abcès pour voir s'il est encore sensible, quand la vie nous rappelle brutalement à une douleur du passé, nous sentons tout à coup que l'abcès est bien là. Si nous laissons les souvenirs nous envahir, nous sentons rapidement les larmes nous monter aux yeux, la gorge se serrer, et parfois même tout le corps adopter à nouveau l'attitude que nous avions au moment du traumatisme (les épaules se tendre, le visage se crisper, parfois même en tremblant de la tête aux pieds).

Le souvenir traumatique réactivé prend le contrôle de nos pensées, de nos émotions, et des réactions de notre corps. Pour Marie, au moment où Jacques la quitte, les souvenirs traumatiques du départ de son père cinquante ans plus tôt, de celui de son mari vingt ans plus tôt redeviennent sa réalité nue du moment : elle *pense* (elle est même convaincue) qu'elle ne mérite pas d'être aimée, qu'elle est inutile, vouée à l'échec, elle *ressent* la même tristesse et pleure les mêmes larmes, son *corps* manifeste les mêmes crampes à l'estomac et va jusqu'à prendre les mêmes positions de petite fille recroquevillée dans un fauteuil, les bras serrés autour des genoux.

À l'intérieur, la blessure psychique se répercute aussi sur toute la physiologie. De la même manière qu'une lésion de la peau active les mécanismes de réparation, la déchirure de l'être profond enclenche les mécanismes de réponse au stress : cortisol, adrénaline, réponse inflammatoire, et mise en veilleuse du système immunitaire (dont l'activité, comme la digestion, fait partie des fonctions de « repos » une fois le danger passé). Comme l'ont démontré des contributions aux revues *Nature Reviews Cancer* ou *Lancet*, tous ces mécanismes peuvent favoriser la progression du cancer[4, 48].

Or, il faut savoir que les traumatismes non cicatrisés ne nous ramènent qu'à un *faux* sentiment d'impuissance. Cette impuissance a pu être vraie dans le passé, mais elle n'est plus adaptée au présent. Dans le cas de Marie, son médecin sut trouver une façon simple et directe de la remettre en phase avec sa force de vie. Comme elle était journaliste et avait déjà publié un roman, il l'encouragea à mettre par écrit l'histoire de sa passion et de cet échec si dévastateur. Malgré son abattement, le projet la séduisit. De toute façon, elle passait ses journées à y penser... Dès qu'elle réussit à se mettre à son clavier, Marie se sentit doucement revivre. Quand le livre parut, elle retourna voir son médecin. Non seulement elle n'avait plus d'idées suicidaires, mais ses marqueurs du cancer s'étaient complètement normalisés. Le fait de s'être donné un objectif qui mobilisait sa *puissance* l'avait fait sortir de l'impuissance. En même temps qu'elle retrouvait le désir de vivre, ses défenses naturelles reprenaient le dessus sur la maladie*. Sa vie entière en fut transformée puisqu'elle devint écrivain. L'écriture était la source d'énergie de Marie. Pour d'autres, il peut s'agir de la préparation d'un voyage longtemps désiré, ou la construction de la maison de ses rêves, ou encore un pèlerinage comme le chemin de Compostelle. Ou bien tout simplement de s'impliquer plus dans la vie des petits-enfants. Il suffit que ce soit des activités riches de sens pour l'individu et capables de le remettre en contact avec sa force vitale.

Le sourire de Michael

Pour moi, ce fut le regard d'un ami. Après ma rechute, et au terme d'une longue année de chimiothérapie, j'ai moi aussi commencé à perdre pied. J'avais dû cesser de travailler, n'ayant plus la force physique de diriger de front mon service de psychiatrie et le centre de médecine intégrée à l'université, ni même de continuer de recevoir des patients. Anna et moi n'étions plus d'accord sur rien dans la façon d'élever notre fils. Les tensions causées par cette dissension étaient telles qu'elle avait finalement accepté d'entamer une thérapie de couple. Peut-être à cause du stress de ma maladie qui rendait difficiles les compromis, nous n'avions pas réussi à sauver notre mariage et nous nous dirigions tout droit vers la séparation. Sans ma femme et mon fils que j'avais adorés, sans mon travail

---

* À la faculté de médecine d'Auckland, en Nouvelle-Zélande, le docteur Keith Petrie et ses collègues ont montré que le simple fait d'écrire quatre jours de suite sur les événements les plus difficiles de sa vie augmentait la capacité du système immunitaire à fabriquer des anticorps en réaction au vaccin de l'hépatite[49] !

qui me donnait envie de me lever tous les matins, avec ma santé en miettes, je sentais que la vie me filait entre les doigts. Je craignais que cela n'annule en partie les bienfaits attendus du traitement. C'est à cette époque que j'ai rencontré Michael Lerner.

Michael n'est pas médecin mais psychothérapeute et responsable de plusieurs ONG. Ancien professeur de sociologie à l'université de Yale, fondateur du centre Commonweal pour le cancer en Californie, et auteur d'un livre capital sur les différentes manières d'aborder la maladie, il est devenu l'un des plus grands penseurs américains qui se soient penchés sur le lien entre la médecine et l'individu dans le monde moderne[2]. Fort de son expérience avec des centaines de patients venus participer à des retraites, il m'a posé quelques questions clés. Au lieu de se focaliser sur ce qui n'allait pas, il m'a fait parler de ce qui me donnait le plus de satisfaction. Quelle était la « musique de vie » sur laquelle j'avais le plus envie de danser ? Et quelle était la « chanson », unique, personnelle, que je voulais être sûr d'avoir chanté une fois au moins dans ma vie ?

En entendant ces questions à la fois directes et pleines de tact, j'ai senti mon cœur battre un peu plus vite. J'ai parlé avec un brin d'hésitation du projet auquel je pensais – et aussi de la crainte qu'il s'agisse au fond d'un fantasme présomptueux. Je m'imaginais parfois écrivant moi aussi un livre sur ce que j'avais appris comme scientifique en utilisant les méthodes naturelles de traitement de la dépression et de l'anxiété. Mais je n'avais jamais écrit de livre et cette ambition me paraissait hors d'atteinte, surtout dans l'état de fatigue où je me trouvais au bout d'un an de traitement. En relevant les yeux, j'ai vu son regard souriant fixé sur moi. Il était content. Il avait trouvé ce qu'il cherchait. « David, a-t-il repris, je ne sais pas ce que tu dois faire d'autre dans ta vie, mais je sais que ce livre-là, tu dois l'écrire. » Peu de temps après, accompagné par les mots et le sourire de Michael, je me suis mis à l'écriture. Et comme Marie, j'ai moi aussi trouvé mon chemin en écrivant mon premier livre. Tel un chaman, Michael avait réussi à attiser à nouveau la petite flamme de vie qui, quelques mois plus tôt, s'était mise à vaciller au fond de moi...

L'EMDR soigne le sentiment d'impuissance

Mais de toutes les approches thérapeutiques pour libérer la force vitale, aucune ne m'a autant impressionné que la thérapie EMDR. Cette méthode qui fait référence aux mouvements oculaires (« eye movements ») qui accompagnent le plus souvent le traitement, a un nom tellement compliqué qu'on la désigne par son sigle. Mise au point par la psychologue californienne Francine Shapiro à la fin des années 1980, elle est devenue en moins de vingt ans le traitement le plus couramment utilisé pour guérir les traumatismes psychologiques.

Comme tous les psychiatres, je connaissais bien le problème des syndromes de stress posttraumatiques et je les redoutais, la plupart des traitements ayant peu d'effet sur les grandes blessures de la vie. Même les médicaments, qui doivent être prescrits sur le long terme pour qu'ils aient une quelconque utilité, ne réduisent généralement les symptômes que du tiers ou de la moitié[50-53]. J'étais donc extrêmement sceptique quand j'ai entendu parler d'une méthode de traitement qui consiste à faire bouger les yeux du patient de droite à gauche pendant qu'il repense à ce qui lui est arrivé de plus douloureux dans sa vie ! Mais toutes les études montrent qu'avec l'EMDR on peut vraiment parler de « guérison » puisque plus de 60 % des patients n'ont plus *aucun* symptôme lié à leurs souvenirs douloureux au bout de quelques séances, certaines études obtenant même 80 % de réponses positives (ce qui est comparable aux résultats des antibiotiques dans la pneumonie)[44, 46, 47, 54-58].

Peu de temps après avoir complété ma formation à l'EMDR, j'ai pu constater à quel point la libération rapide d'un traumatisme pouvait influer sur l'état du corps. Je me souviens particulièrement d'une malade de 65 ans, hospitalisée trois fois en trois semaines. Elle arrivait chaque fois en proie à une grave crise broncho-asthmatique. À la troisième admission, les médecins spécialistes de l'hôpital, soupçonnant l'existence de facteurs psychologiques, m'ont demandé de la voir pour donner, à mon tour, mon avis. J'ai simplement fait mon travail de psychiatre : je lui ai demandé ce qui s'était passé récemment dans sa vie. Elle m'a appris ce que personne à l'hôpital ne savait : que son mari était mort d'un infarctus sous ses yeux, une semaine avant que surviennent ses premiers étouffements. Il a suffi qu'elle mentionne l'événement pour fondre en larmes et respirer soudain avec difficulté. Je voyais déjà mes collègues furieux que je l'aie mise dans cet état. Comme elle devait quitter l'hôpital l'après-midi même, j'ai décidé de lui faire une séance d'EMDR sur-le-champ, sous le regard sceptique des internes. Je lui ai demandé, comme on le fait toujours en EMDR, de revenir sur l'image terrible, écrasante, de la mort de son mari. Je l'ai priée ensuite de suivre des yeux les mouvements de ma main de droite à gauche, tout en se concentrant sur ce qu'elle ressentait dans son corps. Cette séance fut particulièrement frappante. Elle revivait l'instant, dans sa maison, où le visage de son mari était devenu rouge, puis bleu, puis... mort ! Au bout de quelques secondes de mouvements oculaires, elle a poussé un cri, toute la tension de son corps se relâchant soudainement. Elle nous a regardés, un peu interloquée, puis elle a dit : « C'est fini, l'image est partie. » Elle semblait complètement soulagée et respirait normalement. Ses étouffements disparus, elle n'a plus eu besoin de revenir à l'hôpital. On ne peut certainement pas dire que le travail de deuil était entièrement accompli, mais elle en avait fait une bonne partie en « nettoyant » l'image la plus douloureuse. Et en sortant de l'impuissance, elle avait libéré la constriction constante de ses bronchioles pulmonaires...

Je me suis mis alors à pratiquer l'EMDR quasi systématiquement avec les patients souffrant d'un cancer. Je leur demandais de faire la liste des dix événements les plus douloureux de leur vie. Ces événements sont comme les vis qui maintiennent la grande plaque de métal qui écrase leur désir de vivre. Si on arrive à les « dévisser » une à une, on voit souvent le patient renaître à une tout autre possibilité d'habiter sa vie. Une fois déchargé du poids qu'il porte parfois depuis très longtemps, il peut tout envisager différemment. Il est bien évident que cela ne suffit pas à guérir du cancer, mais cela permet souvent aux défenses naturelles de reprendre leur élan.

Lilian domine sa peur

Lilian, par exemple, était comédienne et enseignait son art dans un programme universitaire réputé. Ayant joué sur de nombreuses scènes du monde, elle connaissait bien la peur et savait comment la maîtriser. Pourtant, si elle se trouvait à présent devant moi, dans mon cabinet, c'est parce que, cette fois, cette vieille ennemie la tenait. Quelques années plus tôt, elle avait été opérée d'un gravissime cancer des muscles et elle s'en était bien sortie. Mais elle venait d'apprendre que la tumeur était de retour et qu'elle n'avait sans doute plus que quelques mois à vivre. Elle avait tellement peur en parlant de sa maladie que sa respiration heurtée l'empêchait de terminer ses phrases. J'essayais de l'aider à retrouver son calme mais rien n'y faisait. Elle me répétait à travers ses sanglots : « De toute façon, vous ne pouvez pas comprendre. Personne ne peut comprendre. Je vais mourir et on ne peut rien faire ! » Je venais moi-même d'entamer une année de chimiothérapie, consécutive à ma rechute, et ses paroles entraient en résonance avec la peur que j'avais moi aussi éprouvée. Je m'étais imposé la règle de ne jamais parler de ma maladie à mes patients. Je voulais en effet éviter qu'ils se sentent obligés de prendre soin de moi au lieu de se laisser aider. Ce jour-là, j'ai fait la seule et unique entorse à la règle. Notre séance étant filmée en vidéo pour servir à l'enseignement de l'EMDR, j'ai retiré mon micro, je me suis levé pour pouvoir lui parler à l'oreille, et je lui ai soufflé : « Vous savez, Lilian, je n'en parle jamais, mais moi aussi j'ai un cancer et j'ai peur. Je peux simplement vous dire qu'il est possible malgré tout de retrouver le calme et la force à l'intérieur de soi. C'est essentiel pour se donner toutes les chances de s'en tirer au mieux. C'est à ça que je voudrais vous aider. » Ses sanglots ont cessé presque d'un coup. Elle a tourné vers moi des yeux apaisés. Elle n'était plus seule. Nous nous sommes tenus dans les bras l'un de l'autre quelques instants, et nous avons pu commencer notre travail*.

J'ai appris que, enfant, elle avait été violée à plusieurs reprises par son père. L'impuissance qu'elle ressentait maintenant face à la maladie faisait vraisemblablement écho à celle qu'elle avait connue petite, lorsque, déjà, il lui était impossible d'échapper à une situation terrible et sans issue. Elle se souvenait parfaitement du jour où, à l'âge de six ans, elle s'était entaillé l'intérieur de la cuisse sur un grillage du jardin. Sous les yeux de son père, sans anesthésie, le médecin lui avait posé quelques points de suture qui remontaient jusqu'au pubis. De retour à la maison, son père l'avait clouée à plat ventre sur le lit, l'immobilisant avec sa main sur sa nuque, et l'avait violée pour la première fois. Plus tard, Lilian avait fait plusieurs années de psychanalyse pendant lesquelles elle avait longuement parlé de ces scènes d'inceste. Elle pensait qu'il était inutile de revisiter ces vieux souvenirs qu'elle croyait résolus. Mais le rapport entre cette scène – qui mêlait la maladie, l'impuissance absolue, la peur – et l'angoisse qu'elle vivait maintenant face à son cancer me semblait trop évident pour ne pas l'explorer plus avant. Elle a fini par en convenir et, dès la première série de mouvements oculaires (pas plus d'une minute en général),

---

* J'ai déjà fait part du cas de Lilian dans mon précédent livre *Guérir le stress, l'anxiété et la dépression sans médicaments ni psychanalyse*, sans mentionner la scène qui me concerne. Les détails de notre première séance d'EMDR sont en revanche les mêmes que dans *Guérir...*, hormis le fait que Lilian a vécu sept ans après l'annonce de sa très grave rechute en 2000.

elle a revécu dans tout son corps la terreur de la petite fille de 6 ans. Une idée lui revenait aussi en tête, une idée qu'elle avait eue sur le moment : « Et si c'était ma faute ? N'est-ce pas ma chute dans le jardin et le fait que mon père a vu mon sexe chez le médecin qui l'ont poussé à me faire ça ? » Comme presque toutes les victimes d'abus sexuels, Lilian se sentait en partie responsable de ces actes atroces. Je lui ai demandé simplement de continuer de penser à ce qu'elle venait de dire tout en faisant une autre série de mouvements oculaires. Trente secondes plus tard, après avoir cessé les mouvements, elle m'a dit qu'elle voyait maintenant que ce n'était pas sa faute. Elle n'était qu'une toute petite enfant, et son père aurait dû la soigner et la protéger. Cela s'imposait maintenant à elle comme une évidence : elle n'avait absolument rien fait qui puisse justifier une telle agression. Elle était simplement tombée. Quoi de plus normal pour une petite fille active et curieuse ? La connexion entre le point de vue de l'adulte et la vieille distorsion infantile conservée dans la cicatrice du traumatisme était en train de s'établir sous mes yeux.

Lors de la série de mouvements oculaires suivante, c'est son émotion qui s'est transformée. La peur est devenue une colère justifiée : « Comment a-t-il pu me faire une chose pareille ? Comment ma mère a-t-elle pu le laisser faire pendant des années ? » Les sensations dans son corps, qui semblait avoir autant à dire que sa raison, changeaient elles aussi. Après avoir revécu la pression sur sa nuque et la peur dans son ventre, elle sentait à présent une forte tension dans sa poitrine et sa mâchoire, comme la colère peut en produire. Plusieurs écoles de psychothérapie considèrent que l'objectif du traitement des victimes de viol est précisément de les accompagner jusqu'au point précis où la peur et l'impuissance se transforment en une colère légitime. En EMDR, le traitement se poursuit sur le même mode aussi longtemps que le patient ressent des évolutions intérieures. Effectivement, quelques séries de mouvements oculaires plus tard, Lilian se voyait comme une petite fille seule, émotionnellement abandonnée et physiquement agressée. Elle ressentait alors une profonde tristesse et une grande compassion pour cette pauvre enfant. Comme dans les stades du deuil décrits par Elisabeth Kübler-Ross, la colère s'était muée en tristesse. Puis elle a pris conscience que l'adulte compétente qu'elle était devenue pouvait prendre soin de cette enfant. D'ailleurs, n'avait-elle pas férocement protégé ses propres enfants – « comme une mère lionne », disait-elle ? Enfin, elle en est venue à évoquer l'histoire de son père. Entré très tôt dans la Résistance en Hollande pendant la Seconde Guerre mondiale, il avait été arrêté et longuement torturé. Elle avait toujours entendu sa mère et ses grands-parents avouer qu'il n'avait plus jamais été le même. En évoquant ces souvenirs, elle sentait monter en elle une vague de pitié. Elle le voyait désormais comme un homme qui avait eu un grand besoin d'amour et de compassion que sa femme, dure et sèche, ne lui avait jamais donnés, pas plus que ses parents, coincés dans une tradition culturelle qui n'attachait pas d'importance aux émotions. Elle le voyait à présent comme un homme désorienté et perdu, qui avait vécu des choses tellement dures qu'« il y avait de quoi devenir fou ». Et elle l'a vu tel qu'il était maintenant : « Un vieil homme pitoyable, si faible qu'il a du mal à marcher. Sa vie est tellement difficile. Je suis triste pour lui. »

En soixante minutes, elle était passée de la terreur d'une petite fille violée à l'acceptation et même à la compassion pour son agresseur – le point de vue le plus adulte qui soit. Aucun des stades habituels du travail de deuil, tels que décrits par la psychanalyse, n'avait été omis. C'était comme si des mois, voire des années de psychothérapie avaient été condensés en une seule séance. La stimulation par les mouvements oculaires de son mécanisme naturel de cicatrisation semblait l'avoir aidée à tisser tous les liens nécessaires entre les événements du passé et sa perspective de femme adulte. Une fois ces liens établis, le souvenir traumatique s'était trouvé digéré

– « métabolisé », disent les biologistes – et avait perdu sa capacité à déclencher des émotions inadaptées. Lilian était même devenue capable d'évoquer le souvenir du premier viol et de le regarder en face sans le moindre trouble : « C'est comme si j'étais un simple observateur. Je regarde ça de loin. C'est seulement un souvenir, une image. » Privé de sa charge émotionnelle, le souvenir perd de sa virulence, son emprise s'estompe.

Ce premier résultat est en soi considérable. Mais la résolution des traumatismes que nous portons comme des blessures béantes ou à demi cicatrisées ne se résume pas à la neutralisation des souvenirs anciens. Elle ouvre la voie à une nouvelle façon de vivre. Pour Lilian, une fois cet affreux traumatisme d'enfance résolu, ainsi que quelques autres, elle s'était découvert une force intérieure dont elle n'avait jamais soupçonné l'existence. Elle avait pu désormais affronter sa maladie, ainsi que la perspective de la mort, avec une bien plus grande sérénité. Elle était devenue la partenaire à part entière de ses médecins, avait exploré de nombreuses formes complémentaires de traitement dont elle usait avec discernement et intelligence, et, plus important encore, avait continué à vivre pleinement malgré ou avec sa maladie. À travers ces expériences et le contact avec sa force vitale, elle avait acquis une sorte de rayonnement qui frappait tous ceux qui l'approchaient*.

Ni les chamans, ni l'EMDR ne peuvent guérir le cancer. Mais les chamans guérissent parfois le sentiment d'impuissance, et l'EMDR, presque toujours**.

---

* J'ai reçu la triste nouvelle de la mort de Lilian au moment où je terminais ce livre. Je lui avais parlé quelques mois plus tôt. Sept ans après l'annonce de sa rechute, elle continuait de profiter pleinement de la vie.

** L'efficacité de la thérapie EMDR est largement établie à travers 18 études contrôlées et déjà six métaanalyses au moment où j'écris ces lignes. En revanche, le mécanisme qui permet la guérison rapide des souvenirs traumatiques grâce à la stimulation de l'attention par les mouvements oculaires (ou autres techniques utilisées en EMDR) n'est pas encore totalement élucidé. De même que nous bougeons les yeux rapidement de droite à gauche pendant le sommeil des rêves (le « sommeil paradoxal »), il se pourrait que l'EMDR stimule la réorganisation des souvenirs en mémoire à travers les mêmes mécanismes que les rêves[59, 60, 61].

TROISIÈME PARTIE

Se reconnecter avec la force vitale

Guérir les vieilles blessures revient à libérer l'énergie consommée par la lutte contre l'emprise du passé. Mais quid des aléas de la vie quotidienne, des emplois du temps compliqués, des traitements parfois terrifiants ? Quand nous nous laissons aller à la peur ou à l'impuissance, face aux coups du présent comme au poids du passé, nos réactions s'accompagnent de changements dans notre physiologie qui nuisent aux défenses contre le cancer. L'important n'est pas d'éviter le stress à tout prix – c'est impossible – mais d'apprendre à relâcher les tensions régulièrement, et, l'expérience aidant, à les laisser glisser le plus possible sur nous – comme l'eau sur les plumes d'un canard.

Dans les moments les plus difficiles de ma vie, je me suis souvent rappelé une phrase du dalaï-lama qui m'a aidé à garder le cap sur l'essentiel. Un journaliste lui ayant demandé si l'invasion de son pays par la Chine, la destruction des temples, l'emprisonnement et la torture subis par tant de ses amis n'étaient pas des raisons suffisantes pour perturber sa sérénité, il avait répondu : « Les Chinois m'ont tout pris. Je ne vais pas en plus leur laisser prendre mon âme ! » Alors, comment faire pour « préserver son âme » quand la vie s'abat durement sur nous ? Pour cette question comme pour la maladie, nous pouvons nous référer à la leçon des grandes traditions chamaniques qui ont de tout temps fait appel à la capacité de l'esprit de se revivifier aux sources profondes du corps.

L'idéogramme pour le mot « pensée » en chinois ancien est composé des deux caractères « cerveau » et « cœur ». La philosophie chinoise antique voyait l'activité de l'esprit comme la confluence de la raison et des émotions. Examinons comment la science médicale moderne, qui nous renseigne sur les mécanismes en jeu, nous permet de les mettre en œuvre.

Tous les cerveaux du corps

Au-delà de sa valeur symbolique, nous savons aujourd'hui que la description chinoise de la pensée est une traduction fidèle de la physiologie elle-même. En effet, le cœur possède 40 000 neurones formant un petit cerveau semi-autonome, qui entretient des relations intenses avec l'ensemble du cerveau situé dans la boîte crânienne. Certains neuroscientifiques et cardiologues – comme le professeur J. Andrew Armour, de l'université de Montréal – parlent d'un « système cœur-cerveau » indissociable[62, 63].

« Pensée »

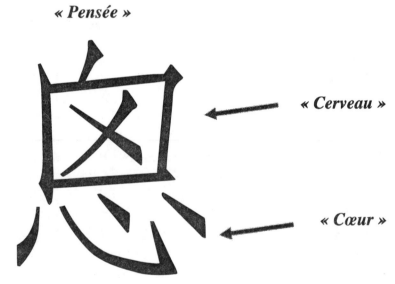

« Cerveau »

« Cœur »

Figure 3 – Le caractère chinois ancien pour le mot « pensée » combine les caractères « cerveau » et « cœur ».

L'intestin, lui aussi, possède plusieurs millions de neurones qui en font un « deuxième cerveau » d'après le professeur Michael Gershon, de l'université de Columbia[63]. Enfin, comme nous l'avons vu, Candace Pert, de l'Institut national de la santé américain, a montré que le système immunitaire échange constamment des molécules d'information avec le cerveau[29, 30]. Au total, comme Spinoza l'avait suggéré au XVIIe siècle, et comme le grand neurologue Antonio Damasio – aujourd'hui à l'université de Californie du Sud à Los Angeles – l'a étayé au tournant du XXIe, il n'y a pas d'événement conscient qui ne soit *à la fois* une manifestation du cerveau et de l'infinie vibration de tous les organes du corps[65, 66]. Une conversation permanente a cours entre tous ces organes – entre les uns et les autres, et avec le cerveau. Ils échangent de l'information à travers les fibres nerveuses de ce qu'on appelle le système nerveux autonome (qui régit, indépendamment de la volonté, les battements du cœur, la tension artérielle, la sudation, etc.), mais aussi à travers toutes les molécules des émotions décrites par Candace Pert qui forment via le flux sanguin un réseau de communication parallèle au système nerveux. Du coup, nos élans, nos désirs, nos décisions ne sont que la manifestation de l'activité bourdonnante de toutes ces molécules qui, chacune à sa manière, essaient de maintenir la vie autour d'elles, et ils agissent en retour sur ces pulsations. La « santé », elle, résultant à chaque instant de l'équilibre entre toutes ces relations. Une vibration harmonieuse. Une « âme » qui ne siège dans aucun organe en particulier, mais qui est une propriété émergente de l'ensemble des interactions. C'est le triangle – immatériel – qui saute aux yeux dans la figure dessinée par un professeur au MIT, David Marr. Le triangle est parfaitement présent dans la figure de gauche. Bien qu'il ne soit pas matériellement tracé, il « émerge » de la relation entre les parties. Si la *relation* est désorganisée, le triangle – l'« âme », l'« homéostasie », la « santé » ou tout autre nom qu'on voudra lui donner – disparaît... (figure 4).

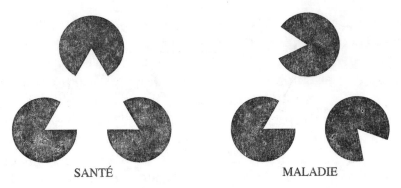

SANTÉ   MALADIE

Figure 4 – La santé n'appartient à aucun organe ou fonction en particulier mais aux relations entre eux. L'harmonie des *relations* donne naissance à des *propriétés émergentes* qui n'appartiennent à aucun organe ou fonction, comme le triangle blanc qui saute aux yeux dans la figure de gauche. Lorsque les relations sont désorganisées, les propriétés émergentes, comme la santé, disparaissent (figure de droite).

Revenir à soi dans le présent

On peut apprendre à travailler directement sur l'équilibre qui favorise l'émergence du triangle. Depuis 5 000 ans, toutes les grandes traditions médicales et spirituelles de l'Orient – comme le yoga, la méditation, le taï chi ou le qigong – enseignent qu'il est possible de reprendre les rênes de son être intérieur, et de toute sa physiologie, simplement en concentrant son esprit et en portant l'attention sur sa respiration. On sait aujourd'hui à travers de nombreuses études que cette maîtrise est une des meilleures façons de réduire l'impact du stress sur notre vie*. C'est aussi une des meilleures façons de rétablir l'harmonie dans notre physiologie et, par conséquent, de stimuler les défenses naturelles du corps. En quoi cela consiste-t-il ?

La première étape de tout processus de maîtrise de la physiologie consiste à apprendre à focaliser son attention et à la tourner vers l'intérieur. C'est peu de dire que nous manquons d'entraînement. Tout dans nos modes de vie habituels nous en détourne.

---

* J'en ai parlé beaucoup plus en détail dans un livre précédent[67].

Joel et l'« esprit de singe »

Lorsque j'ai rencontré Joel, j'ai surtout eu l'impression que je n'arrivais pas à le rencontrer. Il venait consulter à Pittsburgh pour un cancer métastatique de la prostate qui s'était propagé à sa colonne vertébrale. Grand, mince, un peu trop élégant pour une visite médicale, il avait un débit de parole tel que j'arrivais à peine à lui poser une question. Il avait du mal à rester sur un sujet et sautait de l'un à l'autre à un rythme étourdissant. Sa vie de producteur de cinéma à Los Angeles semblait frappée de la même discontinuité que notre entretien.

Au lieu de me parler de son cancer, des difficultés qu'il vivait, il m'expliquait comment il mettait à profit les techniques de communication afin de réduire son stress. Grâce à son téléphone portable Blackberry (un des premiers), il était « hyperconnecté » et pouvait « travailler de n'importe où ». Ce qui lui plaisait le plus, c'était de pouvoir recevoir ses appels et ses emails, et prétendre qu'il était au bureau alors qu'il était rentré chez lui. Il pouvait jouer aux échecs avec son fils tout en lisant ses messages. Et quand il avait mis son fils dans une position difficile qui nécessitait un moment de réflexion, il en profitait pour répondre. Je me demandais *où* il était « rentré » : en réalité, il n'était ni au bureau, ni chez lui. Ni avec ses interlocuteurs, ni avec son fils. Sans attention véritable ni à l'un ni aux autres, le vécu de cette activité vibrionnante devait ressembler à un *no man's land* sans substance. Nous passons tous beaucoup de temps dans ce *no man's land*. Les traditions orientales parlent de notre « esprit de singe » : il suffit d'y prêter attention un instant pour constater que nos pensées sautent dans toutes les directions, comme un singe qui s'agite dans une cage, brouillon et inefficace...

Quand j'ai parlé à un confrère qui connaissait Joel des difficultés que j'avais eues pendant l'examen, il a souri : « Je sais ! Pour qu'il se recentre, il faudrait qu'il commence par passer deux semaines tout seul assis sur un rocher dans le désert... C'est un minimum, sinon nous ne pourrons rien faire pour lui ! » Il ne plaisantait qu'à moitié. Comme Joel, nous sommes nombreux à être devenus des étrangers à notre monde intérieur, perdus dans tout ce qui nous semble plus urgent et plus important : nos emails, nos émissions de télévision, nos coups de fil. Comme Joel, nous avons besoin de commencer par nous retrouver*.

L'attention est de l'amour pur, et qui fait du bien. Les enfants, les chiens, les chats le savent souvent mieux que nous. Ils viennent nous voir sans raison véritable, pour nous montrer un dessin qu'ils ont fait, un os qu'ils ont trouvé ou une souris attrapée dans le jardin. Ou parfois juste pour une caresse sous le menton. Et nous, quand nous gratifions-nous d'une telle attention bienveillante ?

Au centre Commonweal, et maintenant dans la plupart des séminaires résidentiels pour patients souffrant du cancer, c'est la première chose qu'on apprend : pendant une semaine, pas de téléphone ni d'email ni de télévision ; au lieu de cela, quotidiennement, deux séances d'une heure de yoga ou de méditation. Jon Kabat-Zinn, qui fut biologiste au MIT, enseigne la méditation à des malades depuis trente ans. Son programme est maintenant présent dans plus de 250 cliniques et hôpitaux aux États-Unis et au Canada, dont la plupart des grands centres universitaires (Duke, Pittsburgh, Stanford, UC San Francisco, U. of Washington, Sloan Kettering, Wisconsin, Toronto, etc.), et aussi en Europe**.

---

* Dans son dernier livre, *Coming to Our Senses*, Jon Kabat-Zinn explique que *plus* on est « connecté » au monde extérieur (téléphone portable, email, internet) et *moins* on est connecté à son intériorité[68].

** Des hôpitaux européens en Allemagne, Hollande, Suède, Norvège, Royaume-Uni, Belgique et Suisse offrent ce programme. Aucun programme médical n'existe pour l'instant en France à ma connaissance. Le site internet animé par le professeur Pierre Philippot, de la faculté de psychologie de Louvain-la-Neuve, offre une liste des meilleurs centres francophones d'apprentissage de la méditation en Europe : www.ecsa.ucl.ac.be/mindfulness

Kabat-Zinn insiste toujours sur la chose la plus importante et la plus ignorée des personnes qui souffrent d'une maladie chronique : passer du temps, tous les jours, seul avec soi-même est un « acte radical d'amour ». Rien de moins. Comme dans la grande tradition des chamans qui prescrivent toujours un rituel de purification à pratiquer seul, c'est la condition essentielle pour commencer à harmoniser les forces de guérison internes au corps.

Dans le yoga, dans la méditation, dans le qigong, ou dans la méthode de cohérence cardiaque que j'utilise fréquemment pour moi-même et avec des patients, la porte d'entrée vers l'intériorité – et vers le contrôle des fonctions subtiles du corps est la respiration.

Le souffle : porte de la biologie

On commence par s'asseoir confortablement, le dos droit, pour laisser toute liberté de mouvement à la colonne d'air qui glisse des narines vers la gorge puis les bronches, puis jusqu'au fond des poumons avant de faire le chemin inverse. Le maître tibétain Sogyal Rinpoché parle d'une position « digne[69] ». Il suffit de deux grandes respirations lentes et profondes accompagnées de toute notre attention, pour sentir que quelque chose se détend en nous. Une sorte de confort, de légèreté, de douceur s'instaure dans la poitrine, dans les épaules. On apprend alors, au fil des séances, à laisser à la fois le souffle être guidé par l'attention et l'attention se reposer sur le souffle. L'esprit devient comme une feuille posée sur un plan d'eau, montant et descendant au fil des vagues qui passent, portée par elles. L'attention accompagne la *sensation* de chaque inspiration, et elle se laisse porter par la longue expiration de l'air qui quitte le corps avec douceur, lenteur, grâce, jusqu'au bout de sa course, jusqu'à ce qu'il n'y ait plus qu'un tout petit filet d'air, à peine perceptible. Puis une pause.

On apprend à se laisser couler dans cette pause, de plus en plus profondément. C'est souvent là qu'on se sent le plus proche de son corps intime. Avec un peu d'habitude, on y sent son cœur qui bat pour soutenir la vie, comme il le fait inlassablement depuis tant d'années. Et puis, au bout de cette pause, sans que nous ayons le moindre effort à faire – sauf d'y prêter notre attention –, une petite étincelle se rallume toute seule, et déclenche une nouvelle inspiration. C'est l'étincelle même de la vie, qui est toujours en nous et que nous découvrons parfois pour la première fois.

Inévitablement, notre esprit se laisse distraire de cette tâche au bout de quelques minutes et nous attire vers le monde extérieur : les préoccupations du passé ou les obligations de l'avenir. Tout l'art de cet « acte radical d'amour » consiste à faire ce que nous ferions pour un enfant qui a besoin de toute notre attention : reconnaître l'importance de ces autres pensées, leur promettre avec bienveillance notre attention le moment venu, et revenir à celui qui a besoin de nous dans l'instant présent – en cette occasion, nous-même.

Lorsqu'on enseigne cette pratique toute simple et dépouillée à un groupe de patients, il n'est pas rare de voir des larmes couler sur certains visages. Comme si ces personnes recevaient pour la première fois cette bienveillance et ce calme. Elles découvrent avec émotion tout ce dont elles ont été si longtemps privées et qui se bouscule en même temps dans leur conscience : la douceur immense de cette attention, la conscience d'en avoir tant manqué, et l'ivresse de pouvoir commencer à se la prodiguer !

Par la suite, on apprend qu'on peut accéder, à n'importe quel moment, à la douceur et au calme qui se découvrent au bout de l'expiration. Avec un peu de pratique, on va le chercher dès qu'on est dans une file de supermaché, dans un embouteillage, ou sous les invectives d'un collègue de bureau. Il suffit de porter son attention sur une longue expiration et sur la pause qui vient au bout pour se reconnecter à cette source de vie et de paix constamment disponible à l'intérieur de nous.

La respiration est la seule fonction viscérale qui soit à la fois totalement autonome vis-à-vis de l'esprit conscient (comme la digestion ou les battements du cœur, la respiration se poursuit même si on n'y pense pas) et facilement contrôlable par la volonté. Elle est précisément à l'interface entre la conscience et ces fonctions viscérales qui sont les artisans de toute notre santé. Le centre de la respiration, situé à la base du cerveau, est sensible à toutes les molécules – les neuropeptides dont parle Candace Pert – qui sont échangées en permanence entre le cerveau émotionnel et tous les organes du corps, système immunitaire inclus. En se branchant sur la respiration, on s'approche de la pulsation des fonctions corporelles vitales et on les connecte avec la pensée. Heureusement, il n'est pas indispensable d'y « croire » pour en tirer un bénéfice. Il existe aujourd'hui une manière parfaitement objective de mesurer le lien entre des exercices comme le yoga et la méditation, et ce qui se passe dans la physiologie.

Le rosaire et le mantra

Depuis quinze ans, le docteur Luciano Bernardi, de l'université de Pavie en Italie, s'intéressait aux rythmes autonomes du corps qui forment la base de la physiologie : le rythme de la respiration, les variations du rythme cardiaque – qui accélère ou ralentit d'un battement à l'autre et selon les moments de la journée –, les montées et descentes de la tension artérielle, et même les variations de flux et reflux du sang vers le cerveau. Il savait qu'un bon équilibre de ces différents biorythmes est le meilleur indicateur de bonne santé que l'on connaisse, capable de prédire la survie à quarante ans de distance selon certaines études [70, 71]. Plus leurs variations sont amples et régulières, plus les fonctions du corps produisent une pulsation qui semble être l'expression même de la vie. Le docteur Bernardi traquait les conditions qui pouvaient entraîner une désorganisation temporaire de ces rythmes, et étudiait la façon dont l'organisme rétablissait ensuite son équilibre. Pour cela, il faisait faire à ses sujets des exercices comme du calcul mental ou de la lecture à voix haute, tout en mesurant les microvariations des battements du cœur, de la tension artérielle, du flux sanguin vers le cerveau, et de la respiration. Il put ainsi noter que le moindre exercice mental se répercutait immédiatement sur les rythmes, qui réagissaient en s'adaptant à cet effort, fût-il minime. Mais la grande surprise vint de ce que l'on appelle la condition « de contrôle », ou « neutre ».

Afin de mesurer les modifications physiologiques déclenchées par les exercices mentaux, il faut les comparer à une condition dite neutre – c'est-à-dire où les sujets parlent, mais sans effort mental. Dans cette expérience, la condition neutre consistait à faire réciter aux sujets un texte connu par cœur dont l'articulation n'exigeait aucune attention. Comme ils étaient en Lombardie, il avait tout naturellement pensé à leur faire réciter... le rosaire.

Lorsque les cobayes du docteur Bernardi se mirent à réciter une litanie d'*Ave Maria* en latin, les appareils enregistrèrent un phénomène totalement inattendu : tous les rythmes biologiques mesurés entrèrent en résonance. Ils s'alignaient tous les uns sur les autres, s'amplifiaient mutuellement et finissaient par s'harmoniser ! Loin de croire à un miracle, le docteur Bernardi découvrit une explication aussi simple qu'essentielle : en Italie, l'assemblée récite le rosaire en alternance avec le prêtre. Chaque énonciation se fait en une seule expiration, l'inspiration suivante se faisant pendant le tour du prêtre*. Les

---

* L'*Ave Maria* en latin se récite ainsi : le prêtre dit « Ave Maria, gratia plena, Dominus tecum, benedicta tu in mulieribus, et benedictus fructus ventris tui, Jesus », puis l'assemblée répond « Sancta Maria, mater Dei, ora pro nobis peccatoribus, nunc et in hora mortis nostræ. Amen ».

sujets avaient tout naturellement adopté ce rythme qui leur était habituel. Ce faisant, ils s'étaient calés mécaniquement – et sans en avoir conscience – sur une fréquence de six respirations par minute. Or, il s'agit précisément du rythme naturel de fluctuation des autres fonctions qu'il se proposait de mesurer (cœur, tension artérielle, flux sanguin dans le cerveau), et du coup elles étaient toutes entrées en résonance. Elles se renforçaient même mutuellement comme lorsque, assis sur une balançoire, on projette ses jambes en avant en cadence afin d'augmenter l'amplitude des oscillations.

Piqué dans sa curiosité, Luciano Bernardi se dit que si l'*Ave Maria* avait cette capacité de moduler la physiologie en profondeur, d'autres pratiques religieuses devaient avoir un effet comparable. Surtout celles qui placent la conscience du corps au centre de la quête spirituelle, comme l'hindouisme et le bouddhisme. Bernardi prolongea donc l'expérience initiale en faisant apprendre à des personnes qui n'avaient jamais pratiqué de discipline orientale le mantra le plus connu de tout le bouddhisme : « Om-Mani-Padme-Hum ». Comme dans le yoga, les nouveaux sujets avaient appris à le réciter en faisant vibrer chaque syllabe et en laissant porter leur voix pour ressentir les vibrations, puis en accompagnant l'expiration jusqu'à ce qu'ils aient à nouveau envie d'inspirer pour la répétition suivante. Bernardi observa exactement les mêmes résultats qu'avec l'*Ave Maria* : la respiration se calait d'elle-même sur un rythme de six par minute, et l'harmonisation – la « cohérence » – des autres rythmes biologiques s'opérait de la même façon ! Intrigué, Bernardi se demanda si cette correspondance inattendue entre des pratiques religieuses aussi distantes n'était pas due à des racines historiques communes. De fait, il semblerait que la pratique du rosaire ait été introduite en Europe par les croisés, qui la tenaient des Arabes, eux-mêmes l'ayant obtenue des moines tibétains et des maîtres de yoga en Inde[72]... La découverte de l'harmonisation des rythmes biologiques pour le bien-être et la santé remonte donc aux temps les plus reculés.

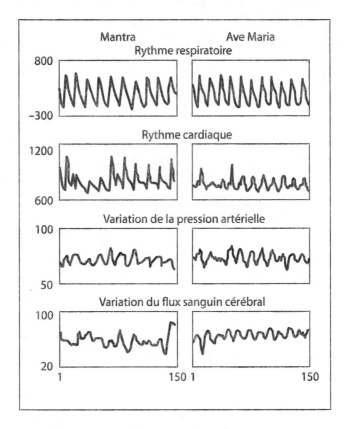

Figure 5 – Synchronisation des rythmes biologiques après quelques minutes lors de la récitation du mantra « Om-Mani-Padme-Hum » ou de l'*Ave Maria* en latin. De haut en bas : rythme respiratoire, rythme cardiaque, rythme de la tension artérielle, rythme du flux sanguin dans le cerveau. Étude du Dr Bernardi publiée dans le *British Medical Journal*[72].

En 2006, Julian Thayer et Esther Sternberg, chercheurs à l'université de l'Ohio et à l'Institut national de la santé américain, ont publié dans *Annals of the New York Academy of Sciences* une revue de toutes les études portant sur l'amplitude des rythmes biologiques. Ils concluent que tout ce qui les

amplifie est associé à de nombreux bienfaits pour la santé*[73].
En particulier :

— un meilleur fonctionnement du système immunitaire ;
— une réduction de l'inflammation ;
— un meilleur contrôle du taux de sucre dans le sang.

Or, ce sont trois des principaux facteurs qui agissent contre le développement du cancer !

Entre la naissance, où l'amplitude des rythmes est le plus forte, et l'approche de la mort, où elle est le plus basse, nous perdons environ 3 % de variabilité par an[74]. C'est le signe que notre physiologie perd progressivement de sa souplesse, qu'elle a de plus en plus de mal à trouver son équilibre face aux aléas de notre environnement physique et émotionnel. L'affaiblissement de cet équilibre dans les fonctions du corps est associé à l'ensemble des problèmes de santé liés au vieillissement : l'hypertension, l'insuffisance cardiaque, les complications du diabète, l'infarctus, la mort subite et, bien sûr, le cancer[70]. Mais il se trouve que cet équilibre – qu'on peut évaluer aisément en mesurant l'amplitude des variations des battements du cœur – est aussi une des fonctions biologiques qui répondent le mieux à l'entraînement mental portant sur la respiration et la concentration (figure 6). C'est exactement ce qu'a découvert le docteur Bernardi en montrant l'impact de pratiques aussi anciennes qu'un mantra bouddhique ou le rosaire marial.

Comme les sujets du docteur Bernardi, nous avons tous la possibilité d'influer sur un des paramètres les plus importants de l'équilibre du corps. Certains le feront par la récitation d'un

---

* Le paramètre le plus communément utilisé comme index des rythmes biologiques est la « variabilité du rythme cardiaque », qui est l'objet de cet article. C'est aussi celui qui est mesuré par les méthodes de « biofeedback » centrées sur la « cohérence cardiaque » (voir *Guérir...*). Attention, il est important de noter que l'état de « cohérence » est associé à une *plus grande variabilité* du rythme cardiaque. Ce qui est régulier dans la cohérence, ce n'est pas le rythme cardiaque lui-même, mais sa variation.

mantra ou d'une prière. Pour le plus grand nombre, il est possible de le faire simplement en orientant l'attention vers l'intérieur.

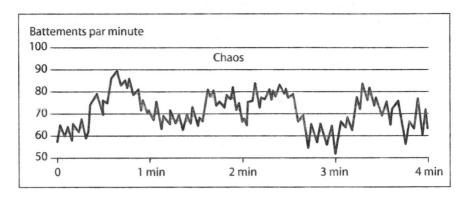

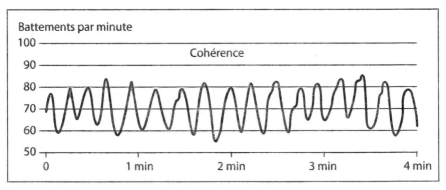

Figure 6 – Chaos et cohérence. Dans les états de stress, d'anxiété, de dépression ou de colère, la variation naturelle du rythme cardiaque devient irrégulière ou « chaotique » et moins profonde. Dans les états de bien-être, de compassion ou de gratitude, ou lorsque l'attention est centrée sur le souffle, cette variabilité est plus profonde et entre en « cohérence » : l'alternance d'accélérations et de décélérations du rythme cardiaque est régulière et s'aligne sur les autres rythmes biologiques. Le même état est induit par la récitation du mantra bouddhique Om-Mani-Padme-Hum, ou du rosaire en latin[72]. (Cette image est tirée du logiciel « Freeze-Framer » produit par le Heartmath Institute de Boulder Creek, Californie.)

La méditation au laboratoire

Dans le laboratoire du docteur Richard Davidson, à l'université du Wisconsin, le jeune normalien français Antoine Lutz étudie les changements qui affectent le cerveau des personnes qui se sont entraînées à la méditation pendant des années. Plusieurs moines tibétains ont participé à l'expérience – dont Matthieu Ricard, qui a contribué à la mettre sur pied. Pendant la méditation, leurs rythmes cérébraux enregistrent une forte augmentation de l'amplitude des oscillations habituelles. Sur les tracés, on voit aussi que les différentes régions du cerveau se mettent à osciller en harmonie quand les moines entrent dans cet état intérieur particulier – on dit qu'elles se « synchronisent ». C'est un phénomène comparable, à l'échelle du cerveau, à l'établissement de la cohérence dans la biologie du corps. Mieux encore, Lutz et Davidson ont découvert que cette synchronisation se prolonge pendant de longs moments entre les périodes de méditation[75].

Heureusement, il n'est pas nécessaire d'être, comme ces moines, un athlète de la méditation pour en tirer des bénéfices concrets pour la santé. Le même laboratoire a mis à l'épreuve des cadres stressés d'une grande entreprise de biotechnologie de la région. Deux groupes étaient étudiés. Les premiers ne changeaient rien à leurs habitudes, les autres apprenaient la méditation dite « de pleine conscience » telle qu'elle est enseignée dans le programme mis en place dans les hôpitaux par Jon Kabat-Zinn. Au bout d'à peine huit semaines, on pouvait voir chez ceux qui avaient intégré la méditation à leur vie courante un rééquilibrage important de l'activité électrique du cerveau. Les régions associées à la bonne humeur et à l'optimisme (régions frontales gauches) étaient nettement plus actives, comparé à leur état antérieur, ou à celui du groupe témoin. Mais cet effet ne s'arrêtait pas au cerveau ou à l'humeur : leur *système immunitaire* réagissait aussi plus fortement que celui du groupe témoin au vaccin de la grippe. Et cela après seulement deux mois de pratique[76] !

À Calgary, au Canada, l'équipe de recherche du professeur Linda Carlson au centre de cancérologie de l'université a étudié des patients soignés pour un cancer du sein ou un cancer de la prostate qui pratiquaient ce même programme de méditation. Au bout de quelque huit semaines, ils dormaient mieux, se sentaient nettement moins stressés, et avaient le sentiment que leur vie était plus riche. Chez eux aussi, la méditation bénéficiait au système immunitaire : les globules blancs, y compris les cellules NK, retrouvaient un profil normal, beaucoup plus propice à la lutte contre le cancer*.

Bob, par exemple, avait 60 ans et travaillait pour le ministère de l'Éducation en 1999 quand il apprit qu'il avait un cancer de la prostate. Après un traitement de radiation local, il se mit au programme de méditation de pleine conscience de l'hôpital de Calgary. Au début, il ne méditait que cinq à dix minutes par jour, puis, au bout de quelques semaines, à force d'expérimenter par lui-même différentes manières de méditer, il trouva comment faire durer l'exercice trente minutes sans difficulté. Et c'est devenu une habitude dont il parle volontiers :

« La méditation me donne une *maîtrise* sur mon propre esprit et sur mon corps que je n'avais jamais eue avant. Elle me calme suffisamment pour que je puisse prendre du recul et voir

---

* Ces résultats sont compatibles avec les autres études du laboratoire de Richard Davidson. Elles ont montré qu'une plus grande activité de l'hémisphère gauche, telle que celle observée après la pratique de la méditation, est aussi associée à une plus grande activité des cellules NK et à une réponse plus forte aux vaccins[77]. À l'Imperial College de Londres, le professeur John Gruzelier a montré des résultats similaires chez les patients souffrant du sida. Ceux qui ont une plus grande activité de l'hémisphère gauche (telle qu'obtenue par la méditation) ont meilleur moral, et résistent plus longtemps à la progression de la maladie[78]. À l'université de l'Ohio, le professeur Kiecolt-Glaser a aussi montré que des personnes âgées qui pratiquaient pendant un mois des exercices de relaxation voyaient l'activité de leurs cellules NK augmenter de façon significative[79].

ce qui se passe, pas seulement autour de moi mais aussi à l'intérieur de moi. Cela peut paraître fou, mais je dois avouer en toute honnêteté que je suis reconnaissant d'avoir eu un cancer parce que la méditation m'a mis sur un chemin de vie différent. Elle a transformé la façon dont je vis avec ma famille, avec les gens autour de moi. Elle m'a donné une direction que je n'avais pas avant. »

Bob se porte très bien huit ans plus tard. Au cours de l'étude, le professeur Carlson mesura ses paramètres immunitaires avant, pendant et douze mois après son initiation de huit semaines à la pratique de la méditation. Ils s'étaient considérablement améliorés (réduction des cytokines inflammatoires TNF alpha et interféron gamma, et augmentation de l'interleukine 10 qui lutte contre l'inflammation), en même temps que son niveau de cortisol avait baissé. Son corps et son esprit s'étaient calmés ensemble.

Pour Joel, l'entreprise fut tout sauf facile.

Joel se pose pour la première fois

Lorsque nous avons mesuré l'état de la physiologie de Joel, elle semblait aussi dispersée que son esprit. Il y avait 100 % de « chaos » et aucune « cohérence » dans les variations de son rythme cardiaque. Il avait d'ailleurs beaucoup de mal à se tourner vers l'intérieur. Il n'aurait sans doute jamais eu la patience de se poser pendant vingt minutes et de se concentrer sur sa respiration, n'eût été l'« excuse » de vouloir mesurer l'état de sa physiologie sur un écran d'ordinateur grâce à un logiciel de biofeedback. Tout en écoutant mes instructions, il se tortillait toutes les deux ou trois minutes sur sa chaise. Je voyais bien à son front plissé qu'il s'efforçait de suivre mes conseils, mais, comme toujours dans ce type d'exercice intérieur, plus il mettait de détermination à « y arriver », plus l'objectif devenait insaisissable. Il fallait avant tout apprendre à écouter, à être attentif, à se faire patient, bienveillant. Jon Kabat-Zinn compare cette attente à celle que doit pratiquer un photographe d'animaux sauvages. Il doit se poster discrètement, sans bouger, en silence, jusqu'à ce que l'animal qu'il espère apercevoir se sente suffisamment en confiance pour accepter de se montrer. Si on l'aborde avec énervement, avec impatience, il y a très peu de chances qu'il laisse entrevoir la beauté de sa présence au sein de la nature.

Tous – presque tous –, nous avons appris à maltraiter notre être intérieur. Comme Joel, au fil des années, nous nous sommes surtout entraîné à *ne pas* écouter nos aspirations enfouies. Concentré sur nos objectifs concrets – parer au plus pressé, trouver un partenaire de vie, s'occuper des enfants, répondre aux attentes des parents, des amis, des patrons, des collègues, etc. –, nous avons préféré étouffer ces élans profonds mais ténus qui murmuraient au fond de nous. Si nous les avions écoutés, nous aurions sans doute entendu ceci : « Je ne vais pas bien. Je suis privé de choses qui comptent pour moi. J'ai besoin de plus de beauté, de générosité, de joie, de tendresse, d'intégrité. Il n'y en a pas assez... J'en souffre vraiment... » C'est plus facile de faire la sourde oreille, au profit d'un autre coup de fil, d'un autre e-mail, d'un autre film, d'une autre bouteille de vin ou de bière, d'une cigarette, ou bien d'un joint ou d'une drogue plus dure. N'importe quoi pourvu que l'attention ne se pose pas sur cet animal intérieur insatisfait. Et lorsqu'il se manifeste par une sensation déplaisante, comme à cet instant où Joel ne ressent que de l'inconfort quand il se retourne vers lui-même, nous avons tendance, comme lui, à nous énerver : « Qu'est-ce que je fais dans cette galère ! Il y a sûrement un milliard de choses plus intéressantes à faire ! » Évidemment, cet énervement ne fait qu'alimenter la sensation d'inconfort interne, nous donnant encore plus envie de fuir vers n'importe quelle distraction extérieure.

Joel est sorti frustré de sa première tentative mais son intelligence avait enregistré le message qui s'affichait sur l'écran : sa physiologie ne tournait pas rond. Il avait aussi noté que sa tendance naturelle à la dispersion mentale et son malaise dès qu'il se tournait vers l'intérieur de son corps ne faisaient qu'aggraver la situation. Même s'il n'y croyait pas trop, Joel était intrigué par tout ce qu'il avait entendu sur la méditation. Sans enthousiasme, mais avec cette curiosité pour la nouveauté qui le caractérisait et cette détermination de ne rien rejeter sans l'avoir d'abord expérimenté (deux qualités qui avaient fait de lui un producteur accompli), il avait accepté ma proposition : non pas se retirer dans le désert, mais se poser dix minutes deux fois par jour pour écouter sa respiration et apprendre à réapprivoiser sa physiologie. Je lui ai donné les instructions mentionnées dans le livre de Ian Gawler – celles qui ont aidé son auteur à soigner son cancer. Le seul effort requis dans cet exercice, c'est celui de trouver le temps de le pratiquer. D'accepter que, pendant dix minutes, il prenne le pas sur toute autre préoccupation. Pour le reste, il n'est pas tant question d'effort que d'acceptation et de bienveillance. « Laissez vos yeux se fermer doucement, portez votre attention vers l'intérieur, et souvenez-vous que c'est un moment consacré aux forces de guérison[8]. » Deux fois dix minutes, c'était peu, mais pour Joel, c'était déjà un immense pas en avant.

En sortant du centre, il est allé acheter une bougie pour l'installer devant lui pendant ces deux parenthèses qu'il devait considérer comme « sacrées ». La petite flamme lui rappellerait que c'était un moment hors du temps et des préoccupations ordinaires de sa vie. Que pendant ces dix minutes, il pouvait s'autoriser à se couper du monde, et à ne penser ni au passé – dont pas une seule seconde ne reviendrait jamais – ni au futur, qui, par essence, est inconnaissable. La petite flamme symboliserait aussi ce qu'il allait essayer d'accueillir à l'intérieur de lui-même : la fragile lueur de vie qui vacille sous le souffle de tous les événements extérieurs, mais qui, tenace, ne s'éteint pas.

Les premières séances ont été moins difficiles que prévu. Les dix minutes passaient assez vite finalement. Et il a découvert un phénomène amusant : lorsqu'une pensée pressante venait le distraire (« il faut absolument que je rappelle Jack pour ma nouvelle idée de film »), il suffisait de la laisser glisser avec l'expiration en se disant « pas maintenant, je peux y repenser dans dix minutes », et elle lâchait prise. Souvent, une autre pensée du même type la remplaçait (« je n'ai pas eu de nouvelles des enfants aujourd'hui ») mais elle glissait tout aussi facilement à son tour pour disparaître au bout de la pause qui suivait l'expiration. Ces pensées étaient comme des bulles de savon qui montaient à la surface de l'esprit pour éclater doucement et disparaître. Jamais il ne s'était rendu compte que ses pensées – qui lui semblaient le plus souvent importantes, impérieuses, urgentes – pouvaient avoir cette légèreté au point de s'évanouir s'il ne leur prêtait pas attention...

En moins de deux semaines, il est passé spontanément à deux fois quinze minutes. Plus il avançait, plus il pouvait à la fois sentir une tension inconfortable en lui-même, et, en même temps, se dire que, puisqu'il pouvait l'observer, elle ne constituait pas la totalité de son être. Il pouvait ressentir qu'il était anxieux, tout en constatant : « Mais je ne *suis* pas mon anxiété. » Et, étrangement, il remarquait que cette perspective apportait avec elle un peu plus de calme.

Avant qu'il ne retourne à Los Angeles, nous avons testé à nouveau sa cohérence cardiaque. Il s'était contenté de s'entraîner tout seul dans sa chambre d'hôtel, sans l'aide du logiciel de biofeedback. Pourtant, au bout d'une dizaine de jours, il était devenu capable de réduire le chaos de sa variabilité cardiaque à 30 %, ce qui laissait maintenant place à 70 % de cohérence.

Nous avons gardé le contact après son départ. Au fur et à mesure de la pratique, il remarquait que son esprit n'était plus le même pendant le reste de la journée. Il se sentait plus facilement présent, ému, amusé par ce qui était autour de lui. Plus en vie au fond. Il ne répondait plus au téléphone et aux e-mails pendant qu'il jouait aux échecs avec son fils. Il avait aussi décidé de ne plus laisser son Blackberry l'avertir de l'arrivée de chaque message, mais d'aller les vérifier périodiquement dans sa messagerie électronique. Six mois plus tard, il avait tellement pris goût à cette nouvelle dimension intérieure de sa vie qu'il se levait plus tôt pour pratiquer maintenant trente minutes tous les matins. C'était devenu une des périodes les plus importantes de sa journée. Une plage qu'il se donnait à lui-même pour sentir qui il était vraiment. Sentir. Sans réfléchir. Sans laisser les pensées devenir ni des préoccupations ni des rêveries. Simplement sentir.

Deux ans plus tard, il m'a envoyé un e-mail pour me dire à quel point cette découverte avait été décisive pour lui. Son cancer n'avait plus progressé, mais il avait subi un des plus grands revers de sa vie – un film sur lequel il avait beaucoup investi avait fait un flop terrible. Il s'est accroché à sa méditation du matin comme à une bouée de sauvetage. Il y accueillait ses craintes, sa colère, ses espoirs. Il y retrouvait aussi le contact avec son élan de vie qui continuait à battre malgré tout avec son cœur, et qu'aucun déboire professionnel ne saurait éteindre. « Je ne sais pas comment j'aurais fait sans ces moments de paix intérieure où je retrouvais le contact avec la force qui se trouve au fond de moi. Je ne sais pas, d'ailleurs, comment j'ai pu faire auparavant. Merci pour ces moments difficiles à Pittsburgh ! »

Finalement, Joel n'a pas eu besoin de s'asseoir longtemps dans le désert...

Toutes les méditations se rejoignent

Il n'y a pas seulement une manière de méditer. La plus ancienne discipline de l'intériorité est la tradition du yoga. En sanskrit, le terme *yoga* désigne un ensemble de pratiques visant à la fusion du corps et de l'esprit au profit de l'unité et de la paix intérieures. Un chemin vers notre propre « être supérieur » toujours présent à l'intérieur de nous. Mais cette tradition pose comme principe qu'il n'y a pas seulement un chemin. Au contraire, chaque culture, chaque personne doit trouver la voie qui lui convient le mieux. Le point central, commun à ces nombreuses pratiques, consiste à retirer temporairement son attention du monde extérieur et des pensées qui s'y rapportent, puis de la focaliser sur le sujet de méditation choisi. Ce dernier, en revanche, varie au gré des écoles. Il peut s'agir du corps et de ses sensations, comme dans le Hatha yoga qui travaille sur les postures et la respiration. Les traditions du taï chi, ou du qigong, le yoga nidra, la sophrologie ou la méthode de cohérence cardiaque sont des versions différentes de cette forme générale de « méditation » centrée sur le corps. L'hypnose, qui concentre l'attention de façon particulièrement puissante, permet également de mobiliser les forces profondes du corps. On peut aussi se concentrer sur la flamme d'une bougie, une image sacrée, un mot (« Paix » et « Amour » sont souvent utilisés à cet effet), une prière (l'*Ave Maria*, les mantras bouddhiques, le « dhikr » soufi, le « shalom » hébreu, etc.) ou encore un paysage (l'image d'un lac, d'une montagne, d'un arbre). Dans la pratique enseignée par Jon Kabat-Zinn – la « méditation de pleine conscience » –, l'objet principal est l'attention ramenée simplement et répétitivement sur ce qui se présente à la conscience dans l'instant présent, sans s'y appesantir, et en se contentant d'observer ce qui émerge ensuite spontanément. Si une pensée apparaît, on pose sur elle l'étiquette « pensée », puis on regarde ce qui vient après. S'il s'agit d'une émotion, on la nomme à son tour « émotion », et on en détache son attention. Il en va de même pour une « sensation », un sentiment d'inconfort, une envie d'arrêter, etc.*.

La tradition du yoga reconnaît également comme des formes élevées de pratique l'étude des textes sacrés, ainsi que le travail humanitaire quand il est pratiqué avec la conscience de chaque instant. La clé, dans tous les cas, est le contrôle de l'attention. À travers l'usage rigoureux de celle-ci, chaque voie offre, à sa manière, une possibilité d'entrer dans le même état de cohérence intérieure qui favorise l'intégration de tous les rythmes biologiques et des fonctions d'harmonisation de l'organisme.

Le plus important n'est pas telle technique particulière, ni telle façon de l'appliquer. Il n'y a pas de phrase secrète et magique qui puisse guérir le cancer pourvu qu'elle soit récitée comme il faut et autant de fois qu'il faut. Il n'existe pas de position de yoga tantrique capable d'aligner exactement toute l'énergie du corps pour peu qu'on sache la maîtriser. Ce qui semble essentiel – et utile – à la mobilisation des forces de l'organisme, c'est de renouer chaque jour le contact, dans la sincérité, la bienveillance et le plus grand calme, avec ce qu'il y a de profond et de meilleur en soi. Avec la force de vie qui vibre partout dans notre corps. Et de la saluer avec respect.

---

* La phrase que Kabat-Zinn enseigne pour se rappeler ce qu'on doit faire de son attention pour s'approcher de la pleine conscience est simple et parlante : « Braquer l'attention, et la maintenir. Braquer, et maintenir. Braquer... et maintenir. »

10

Désamorcer la peur

On ne peut prononcer le mot « cancer » sans qu'il évoque la peur de la mort. Or, la peur paralyse. C'est sa nature. Lorsqu'une antilope détecte la présence d'un lion, son système nerveux déclenche un signal de sidération et elle se fige sur place. C'est le programme mis en place par l'évolution pour conserver une petite chance de survie dans des circonstances extrêmes : en restant parfaitement immobile, on diminue le risque d'être détecté. Peut-être le lion passera-t-il à côté de l'antilope sans l'apercevoir...

Lorsque nous apprenons que notre vie est gravement en danger, nous faisons souvent l'expérience de cette étrange paralysie. Mais la maladie ne passera pas à côté. La peur bloque notre force vitale au moment où nous en avons le plus besoin.

Apprendre à lutter contre le cancer, c'est apprendre à nourrir la vie en nous. Mais ce n'est pas obligatoirement une lutte contre la mort. Réussir cet apprentissage, c'est arriver à toucher l'essence de la vie, à trouver une complétude et une paix qui la rendent plus belle. Il arrive que la mort fasse partie de cette réussite. Il y a des gens qui vivent leur vie sans en apprécier la véritable valeur. D'autres vivent leur mort avec une telle plénitude, une telle dignité, qu'elle semble être l'accomplissement d'une œuvre extraordinaire et donne un sens à tout ce qu'ils ont vécu. En se préparant à la mort, on libère parfois l'énergie nécessaire à la vie. Il faut commencer par désamorcer la peur.

Le train vers Omaha

Dans les semaines qui ont suivi l'annonce de mon cancer, j'étais ballotté d'un rendez-vous à l'autre. À la fin d'un après-midi pluvieux, j'attendais mon tour dans une salle d'attente au quinzième étage d'un immeuble, devant une baie vitrée. Je regardais les petits personnages en bas dans la rue s'agiter comme des fourmis. Je ne faisais plus partie de leur monde. Ils étaient dans la vie, ils avaient des courses à faire, des projets d'avenir. Moi, mon avenir, c'était la mort. J'étais sorti de la fourmilière et j'avais peur. Je me suis alors souvenu d'un poème cité par le psychiatre Scott Peck[1].

Le poète parle d'un train lancé à toute vitesse à travers les grandes prairies de l'Ouest américain qui semblent infinies. Il connaît la véritable destination finale de ces wagons d'acier : la ferraille ; et celle des hommes et des femmes qui rient dans les compartiments : la poussière. Il demande à son voisin où il va. L'homme répond : « A Omaha. »

Au fond, même si les autres fourmis ne le savaient pas, nous allions tous au même endroit. Pas à Omaha, mais vers la poussière. Le dernier arrêt allait être le même pour tous. La seule différence, c'était que les autres n'y pensaient pas, alors que pour moi c'était devenu une évidence.

Comme la naissance, la mort fait partie de la vie. De la mienne aussi. Finalement, je n'étais pas une exception. Alors, pourquoi avais-je peur ? Au cours des mois et des années qui ont suivi, mes patients m'ont appris à connaître et à appri-voiser cette peur. À travers leur histoire, j'ai compris que la peur de la mort n'était pas *une*, mais *multiple*. Et que, une fois prises séparément, ces peurs étaient beaucoup moins écrasantes.

276

La peur de souffrir – La peur du vide

Quand j'ai rencontré Denis, il se préparait à mourir à 32 ans. Nous avions presque le même âge et il était médecin comme moi. Un lymphome le dévorait depuis quelques mois et les traitements n'avaient plus d'effet. Sans savoir ce que je vivais de mon côté, il a dû sentir que j'étais touché par ses angoisses et il a demandé à me voir régulièrement. Il disait qu'il voulait comprendre, rester pleinement conscient, même dans la peur, même face au vide. J'écoutais surtout, car en vérité il semblait comprendre beaucoup plus que moi.

« Ce qui m'a d'abord aidé, c'est de me rendre compte un matin que je n'étais pas le seul à devoir mourir. Même si moi, je vais mourir jeune, j'ai vu tout à coup que nous étions tous dans le même bateau. Tous ces types dans la rue, le présentateur de la télé, le président, et toi, même toi..., dit-il en évitant un peu mon regard, tu vas mourir aussi. Ça paraît idiot, mais de penser à ça me rassure. Par ce destin commun, je reste entièrement humain, et lié à vous tous, et à tous nos ancêtres et à tous nos descendants. Je n'ai pas perdu ma carte de membre. »

Dans ses rêves, Denis était souvent pourchassé par des vampires. Un symbole transparent de la mort qui le traquait. Il se réveillait toujours avant qu'ils n'arrivent jusqu'à lui. Mais un jour, son rêve s'est terminé différemment. Les vampires l'avaient rattrapé et avaient plongé dans sa chair leurs ongles et leurs dents. Denis hurla dans son sommeil et se réveilla en sueur. Jamais encore il n'avait pensé à ce qu'il venait de comprendre : « Non seulement j'ai peur de mourir, mais maintenant je me rends compte que je suis terrifié que ça fasse mal ! »

Jeunes médecins, nous prenions ensemble conscience que nous ne savions pas grand-chose sur la façon dont on meurt.

277

Nous ne savions même pas si on souffrait... Personne n'avait jugé utile de nous l'enseigner à la faculté. Nous avons alors lu ensemble des livres qui décrivent sans fard comment le corps et l'esprit font la transition vers la mort*[2, 3].

Avec soulagement, nous avons appris que la mort n'est pas douloureuse en elle-même. Dans les derniers jours, on cesse d'avoir envie de s'alimenter et de boire. Le corps se déshydrate alors progressivement. Plus de sécrétions, donc plus d'urine, plus de selles, moins de phlegme dans les poumons. Donc moins de douleur dans le ventre, moins de nausée. On ne vomit plus, on ne tousse plus. Tout le corps se calme. La bouche est souvent sèche, mais il est facile de la soulager en suçant de petits glaçons ou un tissu mouillé. Une fatigue s'installe, et l'esprit se détache, le plus souvent avec un sentiment de bien-être, parfois même une euphorie. On a de moins en moins envie de parler à ses proches. Simplement de leur tenir la main et de regarder ensemble la lumière du soleil par la fenêtre, ou d'écouter le chant d'un oiseau, ou une musique particulièrement belle. Dans les dernières heures, on entend parfois une respiration différente qu'on appelle le « râle ». Et puis, il y a généralement quelques dernières respirations incomplètes (les « derniers soupirs ») et des contractions involontaires du corps et du visage qui semblent se rebeller contre la disparition de la force vitale. Elles ne sont pas l'expression d'une souffrance, mais simplement la manifestation du manque d'oxygène dans les tissus. Puis les muscles se relâchent, et tout est terminé.

Mais Denis avait peur que ses tumeurs diffuses ne le laissent pas accéder à une telle paix. Déjà une fois, ses nerfs avaient été comprimés, et la douleur avait été terrible. Il n'a été rassuré que lorsque nous avons établi avec son cancérologue un plan précis : si cela devenait nécessaire, il voulait qu'on lui donne

---

* En français, le livre de Marie de Hennezel *La Mort intime* est une ressource remarquable pour comprendre et désamorcer la peur de la mort[4].

des doses suffisantes de médicaments analgésiques pour bloquer toute douleur. Il comprenait que des doses élevées pouvaient induire un sentiment de paix tel qu'il pourrait cesser de respirer. Mais le risque d'écourter un peu sa vie lui importait moins que l'assurance de ne pas souffrir.

Puis Denis a fait un tout autre rêve dont il m'a parlé avec animation. « C'était la fin du monde. J'étais enfermé dans un stade couvert. Il y avait les amis de mes vingt ans et, autour, une foule immense. Nous savions tous qu'il ne restait que quelques heures, peut-être une nuit. Les gens déambulaient et hurlaient des choses incohérentes. Certains faisaient l'amour avec n'importe qui. D'autres se suicidaient ou s'entretuaient. L'angoisse était insoutenable. Je me suis réveillé en ayant l'impression que ma tête allait éclater. Je pouvais à peine respirer. Jamais je n'ai eu aussi peur. Et pourtant ce rêve a tout changé. Parce que cette scène était bien pire que l'idée de ma propre mort. Oui, je vais mourir, mais... ce n'est pas la fin du monde ! »

Denis était profondément athée, et ce soulagement le plongeait dans la perplexité. Il avait toujours imaginé qu'avec l'extinction de sa conscience le monde allait disparaître avec lui. « Quelle importance peut-il y avoir à ce que le monde me survive ? Pourquoi ce réconfort inattendu ? »

Nous avions relu ensemble Viktor Frankl, un psychiatre viennois élève de Freud et d'Adler. Il fut déporté à Auschwitz et Dachau. Après sa libération, il développa une nouvelle forme de psychothérapie, la « logothérapie » (« logos » signifiant « sens »), qui soulage l'angoisse en aidant chacun à trouver plus de sens à sa vie, même au bord de la mort[5]. Je me souvenais d'un très beau passage de son livre, où il parle d'une femme en train de mourir dans un baraquement, et qui regardait à travers une toute petite fenêtre une branche se balancer dans le ciel. Elle disait à ses compagnes : « Tu vois cette feuille ? Rien n'est grave, puisque la vie continue. » Juste

279

une feuille, pas même une existence humaine. Le sentiment de connexion à la vie dont parle Frankl peut s'étendre très loin, au-delà de l'humanité, à la nature tout entière. Nombreuses sont les personnes confrontées à l'imminence de leur propre mort, qui, comme Denis, découvrent dans la dimension universelle de l'existence de quoi les rassurer profondément. Même si elles n'avaient jamais envisagé le monde sous cet angle.

Denis découvrait ce qu'il appellerait plus tard son « âme ». Comment chacun de ses choix, chacune de ses actions au cours de sa vie s'était imprimé pour toujours dans le destin du monde par ses répercussions infinies. Comme le papillon proverbial de la théorie du chaos, dont un battement d'ailes en Chine influence les ouragans d'Amérique. Denis prenait conscience de l'importance de chaque pensée, de chacune de ses paroles. Et encore plus des gestes d'amour vers les autres ou même vers la terre. Il les voyait maintenant tous comme la semence d'une récolte éternelle. Il avait le sentiment, pour la première fois, de vivre chaque instant. De bénir le soleil qui lui caressait la peau, comme l'eau qui rafraîchissait sa gorge. Ce soleil qui déjà avait donné la vie aux dinosaures. Cette eau qu'ils avaient bue aussi. Qui avait fait partie de leurs cellules avant de redevenir nuages puis océans. « D'où vient cette gratitude chez moi qui vais mourir ? » Et puis le vent aussi, le vent sur son visage. « Bientôt je serai le vent, et l'eau et le soleil. Et surtout l'étincelle dans les yeux d'un homme dont j'ai soigné la mère ou guéri l'enfant. Tu vois, c'est ça, mon âme. Ce que j'ai fait de moi, qui vit déjà partout et y vivra toujours. »

Quand il a commencé à devenir vraiment faible, il s'est alité, accompagné par le service de soins palliatifs à domicile. Sa sœur et quelques amis lui rendaient visite. Ensemble, ils veillaient sur son confort. Ils lissaient les draps, le maintenaient toujours propre, mettaient des fleurs dans sa chambre, de la musique qu'il aimait. Je montais dans cette pièce comme on se prépare à entrer dans un lieu sacré. Son sourire donnait le sentiment de recevoir une sorte de bénédiction.

Dans les derniers jours, il voulait parler de ce qui arrive après la mort. Ni lui ni moi n'avions de croyance religieuse particulière. Mais nous avions tous les deux été interpellés par les expériences décrites par certains de nos patients « cliniquement morts » puis revenus à la vie. Personne ne sait véritablement comment interpréter ces expériences dites « NDE » (pour « *near death experience* » ou « expérience de quasi-mort »). Nous avons appris qu'on en retrouve les principaux éléments dans des peintures antiques comme dans des fresques médiévales. Qu'il existe une concordance étonnante entre les descriptions quelles que soient les différences culturelles, indépendamment de la religion ou de l'histoire. Que les études cliniques, ainsi qu'une célèbre contribution dans le *Lancet*, suggèrent qu'elles sont très fréquentes (près d'une personne sur cinq dont le cœur s'est arrêté de battre de façon prolongée avant qu'elle ne soit médicalement « ressuscitée [6, 7] »). Dans *Le Livre tibétain de la vie et de la mort* du lama Sogyal Rinpoché, nous avons trouvé un « manuel d'instructions » pour la personne qui s'apprête à mourir. Il annonce une lumière blanche et accueillante, et suggère de se contenter de se tourner vers elle. Que tout le reste se fait tout seul [8]. Denis trouvait ces récits apaisants. Gardant ses distances par rapport à un hypothétique « au-delà », il n'est jamais devenu croyant. Mais il ne voyait plus la mort seulement comme la certitude du grand vide des nihilistes. Elle était devenue pour lui un « mystère ». Quelque chose de beaucoup plus ouvert, comme un retour vers l'énigme de ce qui avait été avant qu'il ne soit un embryon dans le ventre de sa mère*.

Dans les derniers jours, il ne parlait presque plus. Il est mort tard un soir. Un de ses amis lui massait les pieds. Le matin,

---

* En français, le livre de Patrice Van Eersel *La Source noire* est une référence essentielle sur le sujet [9].

sur mon bureau, j'ai découvert une note de mon assistante : « Denis M. : CDR. » Un euphémisme courant à l'hôpital pour « cessé de respirer ». Et moi, je me suis demandé s'il n'avait pas tout juste commencé.

La peur d'être seul

À côté de la peur de souffrir et de la peur du vide, on retrouve souvent l'angoisse d'être seul face à ce que Tolstoï appelle l'« acte monumental et solennel de sa propre mort ». Nous avons peur que personne ne puisse plus nous apporter de réconfort tant le sujet est terrifiant. Cette solitude fait souvent encore plus souffrir que la douleur physique.

On m'a demandé un jour de venir parler à la femme d'un patient parce qu'elle était « agitée » et perturbait les activités du service. Elle harcelait les infirmières et les internes de questions et d'indications sur ce qu'il fallait faire et ne pas faire pour son mari et élevait la voix dans les couloirs d'une façon qui inquiétait les autres patients. Deborah et son mari avaient 42 ans tous les deux. Après des études brillantes dans une des meilleures écoles de commerce du pays, ils étaient devenus des *traders* de haute volée. Mais depuis un an, Paul souffrait d'une hépatite très grave qui était en train de l'emporter. Très « battants », ils avaient exploré tous les traitements existants et s'étaient pliés à des protocoles très durs. Rien n'avait marché, et les médecins avaient annoncé à Deborah qu'ils n'avaient plus d'espoir. Elle ne voulait à aucun prix que Paul soit mis au courant. Pâle et brusque dans ses gestes, elle m'expliquait qu'il était encore possible que le dernier traitement entrepris fasse son effet, qu'il devait garder une attitude positive. Il ne devait en aucun cas imaginer qu'il allait peut-être mourir.

Quand je suis entré dans la chambre, Paul faisait pitié à voir. La jaunisse aggravait encore l'impression de fragilité donnée par son visage creusé. Pendant que nous faisions connaissance, ses mains froissaient et défroissaient nerveusement les draps. Tout en respectant les injonctions de Deborah, je lui ai demandé ce qu'il pensait de son état, comment cela pouvait évoluer à son sens. Il pensait qu'il pouvait s'en sortir, qu'il fallait rester optimiste. L'espoir, jusqu'au bout, est important pour chacun de nous. Mais avait-il parfois peur que cela puisse tourner moins bien que ce qu'il espérait ? Il est resté longtemps silencieux, puis il m'a dit qu'il y pensait souvent mais n'en parlait jamais parce que sa femme ne pourrait pas le supporter.

J'ai ressenti une profonde tristesse pour ces deux amants. Ils étaient si protecteurs l'un de l'autre qu'ils finissaient pas s'empêcher de parler ensemble de ce qui leur faisait le plus peur. Quelle terrible solitude chacun d'eux vivait ! Nous avons parlé de leur première rencontre, de leurs meilleurs souvenirs communs, du projet qu'ils avaient d'avoir un enfant après avoir longtemps hésité. À la fin de la conversation, j'ai demandé à Paul ce qu'il penserait si les rôles étaient inversés. Que dirait-il si Deborah était à sa place, si elle se disait qu'elle allait peut-être mourir et choisissait de ne pas lui en parler ? Si elle glissait doucement un matin vers la mort sans qu'il ait eu l'occasion de lui dire tout ce qu'il avait partagé avec elle... Il m'a promis d'y réfléchir.

Quand je suis revenu quelques jours plus tard, Deborah ne semblait pas tout à fait la même. Elle m'a accueilli dans le couloir avec un regard plus doux, elle avait repris des couleurs, elle avait l'air d'avoir dormi. Elle m'a dit que Paul lui avait parlé. Qu'il lui avait confié sa crainte que peut-être il n'y ait plus rien à faire. Qu'il se sentait terriblement coupable de la laisser tomber en étant si malade. Qu'il s'en voulait de ne pas lui donner l'avenir qu'ils s'étaient promis. Elle avait répondu que de toute sa vie rien n'avait été aussi fort que sa relation avec lui. Les jours suivants, ils ont évoqué leurs meilleurs souvenirs, il lui a dit tout ce qui avait tant compté pour lui.

Souvent des détails qu'elle-même n'avait pas remarqués sur le moment. Elle lui a dit à quel point elle avait peur, et à quel point il lui manquerait s'il devait partir. Et puis elle a rassemblé tout son courage, et elle lui a dit : « Je veux que tu saches qui si jamais tu te sentais prêt, tu peux partir. » C'était terriblement triste, ils pleuraient. Mais ils étaient à nouveau *ensemble*. Paul est mort quelques jours plus tard en lui tenant la main. Il n'est pas mort dans la solitude, mais il s'en est fallu de peu.

Le docteur David Spiegel, qui – nous l'avons vu plus haut – mène depuis trente ans des groupes de parole pour des personnes qui souffrent d'une maladie très grave, croit beaucoup à l'importance de l'humour et de l'optimisme pour stimuler les défenses naturelles du corps. Mais il rappelle souvent à ses patients de ne jamais se laisser enfermer dans ce qu'il appelle la « prison de la pensée positive ». Tout porte à penser que la solitude que l'on s'impose en ne parlant à personne de la peur de mourir contribue à aggraver la maladie.

De fait, la relation entre le sentiment de solitude et le risque de mourir est aussi forte que celle entre le cholestérol ou le tabac et la mortalité[10-14]. Tout ce qui nous empêche d'être en lien authentique avec les autres est en soi un processus de mort.

Le mantra que David Spiegel aime rappeler à ses patients m'a toujours semblé plus sage et utile que la naïve « pensée positive ». C'est celui de l'esprit réaliste : le plus important, c'est de toujours espérer le meilleur mais d'être préparé pour le pire.

La peur d'être un fardeau

Nous sommes plus habitués à nous occuper des autres qu'à recevoir leurs attentions. Et nous attachons beaucoup d'importance à notre autonomie. L'idée d'une lente déchéance vers la mort nous terrifie aussi parce qu'elle nous condamne à être terriblement dépendant des autres au moment même où nous n'avons plus rien à leur offrir.

Pourtant, au cours des derniers jours de notre existence, nous aurons à accomplir une des plus grandes tâches de transmission de toute notre vie. Pour chacun de nous, l'idée que nous nous faisons de notre propre mort vient le plus souvent des exemples que nous avons vécus à travers le décès de nos grands-parents, de nos parents, de nos frères ou sœurs, ou d'un ami proche. Ces scènes seront nos guides quand notre propre tour viendra. S'ils ont su nous montrer comment se préparer, comment dire au revoir, comment cultiver un certain calme, nous nous sentirons prêt et soutenu pour cette ultime étape de notre vie. À notre tour, loin d'être « inutile », lorsque nous nous approchons de la mort, nous devenons automatiquement un pionnier et un maître pour tous ceux qui nous sont proches.

À la faculté de médecine de Harvard, cet enseignement s'étend au-delà de la famille. On demande désormais à des patients qui sont au seuil de la mort s'ils veulent bien s'entretenir avec des étudiants de première année pour leur parler de ce qu'on vit dans ces derniers moments. Une retraitée de l'enseignement secondaire qui se mourait d'une leucémie fulgurante avait accepté d'en rencontrer plusieurs. Au moment où son mari s'apprêtait à entrer dans sa chambre, elle tourna vers lui des yeux encore humides de sa conversation avec ses jeunes visiteurs : « Excuse-moi, chéri, j'ai encore un dernier cours à donner[15]... »

J'ai eu moi aussi la chance d'avoir un grand maître : ma grand-mère. Réservée, parlant peu d'elle-même, elle a été une présence constante dans tous les passages de l'enfance qui m'ont paru difficiles. Alors que je n'étais encore qu'un jeune adulte, je lui ai rendu visite sur ce que nous savions tous les deux être son lit de mort. Inspiré par sa beauté et son calme dans sa belle chemise de nuit blanche, je lui tenais les mains en lui disant combien elle avait compté pour l'enfant qui avait maintenant grandi. Je pleurais bien sûr, ne sachant que faire de mes larmes. Elle a pris une de ces larmes sur son doigt et me l'a montrée en souriant doucement : « Tu sais, pour moi, tes mots et tes larmes, ce sont des perles d'or et je les emporterai avec moi... » De mon côté, j'ai emporté l'image de ses derniers jours. Alors même qu'elle était dans la dépendance la plus totale et que son corps l'abandonnait, elle a fait à tous ses enfants et ses petits-enfants le cadeau de l'amour qui reste quand on n'a plus rien d'autre à donner.

La peur d'abandonner ses enfants

De toutes les peurs, j'ai souvent eu le sentiment que la plus terrible était celle d'une mère (ou d'un père) qui ne pourra pas être là pour aider ses enfants à grandir. Leslie avait 45 ans et deux jeunes adolescents de 12 et 13 ans. Son cancer des ovaires était déjà métastatique et, après une deuxième chimiothérapie qui n'avait pas marché, on lui avait donné moins de six mois à vivre. Sa plus grande angoisse était d'abandonner ses enfants. Nous avons essayé de faire face à cette peur au cours d'une séance de thérapie pendant laquelle elle visualisait ce qu'elle imaginait de pire qui puisse arriver après sa mort. Elle s'est vue d'abord comme un esprit fantôme qui pouvait tout voir de la vie de ses enfants mais qui ne pouvait pas leur parler ni les toucher. Ils étaient tristes et perdus, et l'impuissance qu'elle ressentait à ne pas pouvoir les aider était déchirante. La poitrine de Leslie était tellement oppressée en voyant ces images qu'elle avait du mal à respirer. Je lui ai proposé d'arrêter la séance, mais elle a voulu continuer. Elle a alors vu sa fille se préparer pour un de ses concerts de violoncelle auxquels elle avait l'habitude de l'accompagner. La petite Sophie se sentait totalement désemparée de devoir s'y rendre seule. Arrivée sur le podium, elle avait les épaules affaissées et des yeux vides. En imaginant cela, le visage de Leslie était encore plus crispé et je commençais à me demander si cette séance ne risquait pas de lui faire plus de mal que de bien. Mais, au moment précis où je m'apprêtais à interrompre notre séance, elle a vu un sourire renaître sur les lèvres de sa fille. Il lui semblait entendre ses pensées : « Maman n'est plus là, mais le souvenir de toutes les fois où elle m'a accompagnée ici est encore si fort... J'entends ses mots et ses encouragements dans ma tête. Je sens sa force dans ma colonne vertébrale. Je sens son amour dans mon cœur. C'est comme si elle était maintenant partout avec moi... » Et elle l'a vue se mettre à jouer comme jamais, avec profondeur, avec maturité. Les larmes qui coulaient sur les joues de Leslie étaient maintenant des larmes de confiance. Une partie d'elle lui avait donné l'autorisation de partir en paix en lui rappelant, au plus profond d'elle-même, ce qu'elle avait déjà transmis. J'ai reçu une lettre de Leslie cinq ans plus tard. Elle était toujours vivante. Toujours sous traitement. Elle se souvenait de cette séance comme d'un des moments les plus difficiles qu'elle ait vécus. Mais d'avoir pu lâcher sa peur et gagner cette confiance lui avait permis de retrouver sa force pour continuer à se battre contre la maladie.

La peur des histoires inachevées

La mort est l'ultime départ. Et pour partir en paix, il faut avoir fait ses adieux. Or, il est très difficile de mettre le mot fin sous les ambitions inassouvies, les rêves de voyage, ou encore les relations qui ont compté mais qui se sont brisées trop tôt. Souvent, la meilleure façon de dire au revoir est de faire une dernière tentative. D'écrire les poèmes qu'on a toujours voulu écrire, de faire le voyage dont on a caressé l'idée toute sa vie – quand c'est encore possible. Comme ce sont les derniers, même si tout n'est pas réussi, on leur pardonne leurs imperfections. Mais le plus difficile est de prendre congé d'une relation douloureuse qui a marqué notre vie.

À 36 ans, Jennifer était en train de mourir d'un cancer du sein particulièrement virulent qui ne réagissait plus aux traitements. Son père était parti de la maison lorsqu'elle avait 6 ans et son frère 11. Il vivait au Mexique et n'avait jamais cherché à les revoir. Elle avait longtemps hésité avant de lui écrire. Comment se conduirait-il ? Après trente années d'absence, aurait-il trop honte, ou serait-il trop indifférent, répondrait-il seulement à sa lettre ? Si elle ne recevait pas de réponse, en serait-elle dévastée ? Mais le moment solennel de la mort ouvre souvent une porte dans le cœur des êtres les plus endurcis. Le père de Jennifer est venu. Il avait peur, il avait honte, mais il est venu. Dans l'unique conversation de toute leur vie adulte, elle a pu lui dire combien elle aurait aimé l'avoir connu, combien elle aurait aimé qu'il l'ait protégée enfant, qu'il lui ait enseigné ce qu'il avait compris de la vie. Elle lui a montré des photos d'elle encore radieuse avant la maladie, et de son fils. Devant ce corps et ce visage si émacié, il n'a pas eu le cœur à se défendre ou à se justifier, il a écouté. Il a fini par pouvoir dire qu'il regrettait lui aussi. Qu'il avait fait ce qu'il avait pu dans les circonstances de l'époque, avec les angoisses qu'il avait eues à cet âge-là. Qu'il n'agirait sans doute plus de la même façon aujourd'hui mais que c'était trop tard. Il lui a demandé de lui pardonner. Elle est morte peu de temps après. Un peu plus en paix.

Vivre

On entend souvent dire d'une personne foudroyée par un infarctus inattendu qu'elle a eu une « belle mort ». Pourtant, c'est une fin qui nous prive de toute possibilité de préparation, d'échange, de transmission, ainsi que de l'occasion d'apporter une conclusion aux relations incomplètes. Ce n'est pas celle que je me souhaite.

Aujourd'hui, le mot « cancer » n'est plus synonyme de mort. Mais il évoque son ombre. Pour beaucoup de patients, comme cela l'a été pour moi, cette ombre est l'occasion de réfléchir à sa vie, à ce qu'on veut en faire. C'est l'occasion de commencer à vivre de telle façon que le jour où nous mourrons, nous puissions regarder en arrière avec dignité, avec intégrité. Que ce jour-là nous puissions dire adieu avec un sentiment de paix. J'ai retrouvé cette attitude réaliste chez presque toutes les personnes qui ont survécu à leur cancer bien au-delà des statistiques qu'on leur avait données. « Oui, il est possible que je meure plus tôt que prévu. Mais il est possible que je vive longtemps aussi. En tout cas, je vais maintenant vivre ma vie le mieux possible. C'est la meilleure façon de préparer ce qui arrivera, quoi qu'il doive arriver. »

Comment ouvrir la discussion
sur la possibilité de la mort avec ses proches

Ne jamais imposer une discussion sur la possibilité de la mort à une personne qui n'est pas prête à en parler. Il faut savoir entendre qu'elle n'est pas encore mûre et y revenir délicatement plus tard.

Avec quelqu'un à qui on a caché la gravité de sa maladie, on peut explorer ce dont il peut avoir envie de parler en demandant simplement : « Qu'est-ce que tu comprends de tout ce que te disent tes médecins ? Est-ce qu'il t'arrive de t'inquiéter qu'ils soient passés à côté de quelque chose ? » S'il dit « non » la première fois, cela lui donne la possibilité de revenir sur le sujet avec vous plus tard.

Avec quelqu'un qui connaît son diagnostic mais ne parle pas de ce qui pourrait arriver, on peut commencer par une question ouverte et douce comme : « Je me demande si parfois il t'arrive de penser à ce qui se passerait si les traitements actuels ne marchaient pas ? » Si la personne vous répond : « Pourquoi me demandes-tu ça ? », on peut lui répondre : « Parce que moi parfois j'y pense et je me disais que ça doit bien t'arriver aussi. » Cela suffit généralement à ouvrir une discussion qui devient de plus en plus franche, et durant laquelle il faut surtout *écouter* plutôt que parler.

11

Le corps anticancer

Toucher comme une mère toucherait son enfant

Quand Linda est arrivée au centre Commonweal, en Californie, pour une retraite de sept jours, elle était à bout. Après plusieurs opérations, une chimiothérapie, une radiothérapie, elle avait le sentiment que rien ne lui avait été épargné. Elle réduisait ses traitements à ce qu'ils avaient de plus brutal – « ils m'ont tailladée, empoisonnée puis brûlée ... » – et aux marques qui s'étaient imprimées dans sa chair. Elle ne se regardait plus jamais dans un miroir. Des cicatrices à la place des seins, les membres décharnés, le teint gris, cette vision effrayante la plongeait dans l'abattement. Elle avait eu du mal à se déshabiller pour un massage. Comment ne pas être écœuré par son aspect ? Qui pourrait avoir envie de la toucher ? Mais la lumière était tamisée, les huiles essentielles dégageaient un parfum de pureté, et Michelle avait un sourire doux et une expression attentive en l'écoutant parler de son embarras. Linda avait fini par accepter de s'allonger – recouverte d'un drap léger et en ne montrant « que le dos » – sur la table de massage. Les mains de Michelle s'étaient d'abord posées sur sa tête pour lui masser délicatement les tempes et le cuir chevelu. Linda s'était détendue. Elle avait peu à peu retrouvé suffisamment de confiance pour se retourner et exposer son torse. Michelle avait alors posé une main, douce, forte, rassurante, au-dessus de son cœur, sur la cicatrice qui remplaçait son sein gauche. Et elle l'avait laissée là quelques minutes sans bouger, centrée, présente. Linda sentait cette main si apaisante, et quelque chose en elle en était remué. Imperceptiblement, puis avec de plus en plus de puissance, un immense sanglot monta de ses entrailles. Comme si la main de Michelle, toujours immobile, avait fait lâcher la digue qui retenait les pleurs accumulés mais jamais exprimés. Linda avait alors saisi la main de Michelle, comme une enfant qui ne veut plus que sa mère la quitte. Submergée par la solitude de ces longs mois de traitement, elle sentait à nouveau la peur qu'elle avait dû contenir si longtemps, mêlée à une immense tendresse pour ce corps si meurtri qui avait bravement tenu le coup. Michelle n'avait pas bougé, n'avait pas parlé. Et, aussi mystérieusement qu'ils étaient venus, les sanglots disparurent. À leur place, Linda sentait maintenant un grand calme, et une chaleur dans la poitrine qu'elle accueillait comme le soleil après l'orage. Michelle ne dit presque rien ; seulement : « Votre visage a repris des couleurs, vous avez les joues roses maintenant. » Puis, avant de se séparer, pendant une minute elles s'étaient tenues embrassées.

Michael Lerner et le docteur Rachel Naomi Remen, qui codirigent le centre Commonweal, attachent beaucoup d'importance aux massages qu'ils ont largement intégrés à leur programme. « Le toucher, explique le docteur Remen, est une façon très ancienne de soigner. Toucher comme une mère toucherait son enfant. À travers son toucher, une mère dit à son enfant : "Vis." Quelque chose dans le toucher renforce notre désir de vivre. Or, "soigner", c'est invoquer ce désir de vivre chez l'autre. Il s'agit non pas tant de faire quelque chose pour eux, mais de leur faire sentir que leur douleur, leur souffrance et leur peur comptent. Qu'elles comptent vraiment. »

Dans les unités de réanimation pour bébés prématurés, on s'est aperçu dans les années 1980 de l'importance du toucher pour faire pousser la vie[1]. Malgré des conditions physiques idéales – température, rayons ultraviolets, humidité et débit d'oxygène parfaits, alimentation mesurée au milligramme, environnement stérile –, il arrivait souvent que ces petits êtres si fragiles ne grandissent pas. On a fini par en découvrir la cause, due en grande partie à la consigne donnée aux infirmières et aux parents de ne pas les toucher ! C'est une infirmière de nuit qui a tout fait changer. Incapable de résister à leurs cris de solitude, elle avait découvert qu'ils se calmaient quand elle leur caressait le dos. Et, sans qu'on en comprenne tout d'abord la cause, ils se mettaient aussi à grandir ! À l'université de Duke, le professeur Saul Schanberg et son équipe ont démontré l'origine biologique de ce phénomène par une série d'expériences réalisées sur des bébés rats isolés de leur mère à la naissance. Ils ont prouvé que, en l'absence de contact physique, les cellules de l'organisme refusent littéralement de se développer. Dans chaque cellule, la partie du génome responsable de la production des enzymes nécessaires à la croissance cesse de s'exprimer, plongeant l'ensemble du corps dans une sorte d'hibernation. En revanche, si on imite les coups de langue que prodigue toute maman rat en réponse aux appels de ses petits – il suffit de caresser le dos du raton à l'aide d'un pinceau humide –, immédiatement la production des enzymes repart, et avec elle la croissance[2]. On peut en conclure qu'en toute vraisemblance le contact physique attentionné – comme celui des massages pratiqués avec une intention bienveillante profonde – stimule également les forces de vie chez l'humain adulte, au cœur même de ses cellules.

Comme pour Linda, le toucher permet aussi de se réconcilier avec son corps meurtri et de retrouver une certaine bienveillance à son égard. Le corps répond à sa manière à ce message physique implicite qui lui fait sentir qu'il « compte », qu'il est accepté, qu'il a encore sa place parmi les humains. À la faculté de médecine de l'université de Miami, la chercheuse Tiffany

Fields dirige un institut de recherche sur le massage. En collaboration avec le laboratoire du docteur Saul Schanberg, son équipe a montré que trois séances par semaine de trente minutes de massage chez des femmes souffrant d'un cancer du sein freinaient la production des hormones du stress et augmentaient le taux des cellules NK[3, 4]. Ces femmes étaient aussi plus sereines, et avaient moins de douleur physique dès la première séance – un effet bien connu des massages[5].

Le corps en mouvement

Il existe bien des façons de dire nous-même à notre corps qu'il compte, qu'il est aimé et respecté. De lui faire ressentir son propre désir de vivre. La meilleure, c'est de le laisser pratiquer ce pour quoi il a été conçu : le mouvement et l'activité physique. De nombreuses études ont démontré que les mécanismes de régulation et de défense du corps qui luttent contre le cancer peuvent être stimulés directement par l'activité physique.

Jacqueline avait 54 ans quand elle apprit qu'elle avait un cancer rare de la trompe de Fallope. Plusieurs membres de sa famille proche ayant succombé au cancer, elle avait toujours pensé que son tour viendrait un jour. Son médecin l'avait informée avec franchise : ses chances étaient minces, mais ils essaieraient ensemble tout ce qui était possible. Après l'opération, elle avait entamé six mois de chimiothérapie afin de limiter au maximum le risque de métastases. Mais son cancérologue, pas tout à fait comme les autres, ne s'en était pas tenu là.

Directeur médical de l'institut de radiothérapie au sein du centre hospitalier universitaire Avicenne de Paris-XIII, le docteur Thierry Bouillet, qui est aussi ceinture noire, a longtemps été le médecin de l'équipe de France de karaté. Expert en médecine du sport, il a naturellement été intrigué par les nombreuses études récentes montrant que les patients les plus actifs physiquement font moins de cancer et, surtout, nettement moins de récidives que les autres*[6-20].

Il avait lui-même soigné des patients pour qui l'activité physique semblait avoir joué un rôle majeur dans leur guérison. Il se souvenait particulièrement d'un pilote de ligne de 39 ans, ancien marathonien, qui souffrait d'un cancer du poumon métastatique. Malgré un pronostic de survie ne dépassant pas deux ans, il avait voulu maintenir son corps en état jusqu'au bout. Après l'ablation du poumon droit suivie d'une chimiothérapie très dure, il avait recommencé à courir aussitôt qu'il avait pu. D'abord 200 mètres tant bien que mal. Puis il avait réussi à augmenter la capacité respiratoire du poumon restant, au point qu'il avait pu courir à nouveau des semi-marathons ! Mais le plus impressionnant, c'était qu'il était encore en vie, sept ans plus tard...

Le docteur Bouillet connaissait aussi les mécanismes multiples par lesquels l'activité physique transforme toute la physiologie : d'abord, elle réduit la quantité de tissu adipeux, principal site de stockage des toxines cancérigènes – comme chez les ours polaires (voir chapitre 6). À l'université de Pittsburgh, le docteur Devra Lee Davis, qui dirige le centre de recherche « cancer et environnement », parle de notre excès de graisse comme de la « décharge de produits toxiques » du corps humain. Pour elle, toute forme d'activité physique à même de réduire la graisse – et avec elle son dépôt de contaminants – est la première méthode de « détoxification » du corps. De plus, l'exercice physique modifie en profondeur l'équilibre hormonal. Il réduit les excès d'œstrogènes et de testostérone qui stimulent la croissance des cancers (en particulier

---

* En France, le laboratoire INSERM « Nutrition, hormones et cancer » du docteur Françoise Clavel-Chapelon a montré en 2006 que le risque de cancer du sein était considérablement réduit chez les Françaises les plus actives physiquement (comparé à la moyenne), y compris en présence d'autres facteurs qui augmentaient ce risque[6].

des cancers du sein, de la prostate, de l'ovaire, de l'utérus ou du testicule[21]). Il réduit aussi le taux de sucre dans le sang, et par conséquent la sécrétion d'insuline et d'IGF (voir chapitre 6) qui contribuent si dramatiquement à l'inflammation des tissus – et à travers elle à la dissémination des tumeurs[15, 22, 23]. Il agit même directement sur les cytokines responsables de l'inflammation en faisant baisser leur niveau dans le sang[24]. Enfin, l'activité physique – au même titre que la méditation – joue directement sur le système immunitaire. Elle semble le protéger contre le stress des mauvaises nouvelles...

À l'université de Miami, le chercheur Arthur LaPerrière s'est penché sur l'effet protecteur de l'exercice contre le stress. Il a choisi un des moments les plus terribles que l'on puisse traverser : celui où l'on apprend que l'on est séropositif pour le virus du sida. À l'époque où il faisait cette étude – bien avant la découverte de la trithérapie –, ce diagnostic équivalait à une condamnation à mort. À chacun de s'en débrouiller psychologiquement... LaPerrière a constaté qu'il suffisait aux patients de faire un exercice physique régulier depuis cinq semaines pour sembler être « protégés » contre la peur et le désespoir. En outre, leur système immunitaire, lequel s'effondre souvent dans les situations de stress, résistait mieux, lui aussi, à cette terrible nouvelle. Le taux des cellules NK tombait rapidement chez la plupart des patients séropositifs, mais pas chez ceux qui faisaient de l'exercice depuis un mois (il s'agissait de 45 minutes de vélo en salle de sport, trois fois par semaine[25]). Et les cellules CD4 (les plus affectées par le VIH) étaient en *augmentation* alors qu'elles chutaient dans le groupe témoin[26].

Le docteur Bouillet savait que ce qu'il allait dire ferait sursauter sa patiente, et qu'une partie de ses confrères n'y « croyaient » pas tout à fait. Mais les données scientifiques lui semblaient imposantes : « Jacqueline, ce sera peut-être un peu dur, mais en même temps que vous commencerez la chimiothérapie, il faudra aussi que vous fassiez du sport ! » Il lui recommanda un club de karaté spécialisé dans l'accompagnement des patients atteints d'un cancer*. L'idée parut étrange à Jacqueline. Elle avait fait de la gymnastique dans le passé, mais ne s'était jamais imaginée pratiquer un sport de « combat »... Et puis elle n'avait pas particulièrement envie de se retrouver avec un groupe de patients tous atteints d'un cancer. C'était la dernière chose qu'elle aurait voulu faire de ses loisirs.

L'énergie du combat

Arrivée au dojo, à la porte de Paris, Jacqueline fut d'abord frappée par la jeunesse des gens en kimono qui l'accueillaient en souriant. Plusieurs avaient tout juste 40 ans. À part l'une d'entre elles, dont la tête rasée trahissait son parcours de chimiothérapie, rien dans leur aspect, ni dans leur attitude ne rappelait la maladie. Elle se rendit compte tout à coup que rien dans son aspect à *elle* ne le rappelait non plus. C'était déjà rassurant. Avant de commencer les exercices physiques, selon le rituel japonais, tous les élèves s'alignèrent, à genoux face à l'enseignant, puis, comme lui, ils saluèrent en inclinant le buste ce qu'ils s'apprêtaient à faire ensemble : s'engager dans un acte de respect pour leur propre corps, au contact de leur force de vie. En percevant la sereine détermination de chacun de ces êtres qui avaient tous souffert comme elle, tous choisi de se battre comme elle, qui étaient tous animés d'espoir comme elle, Jacqueline sentit sa gorge se serrer. Elle sut, à cet instant, qu'elle avait eu raison de venir dans ce lieu.

Une fois debout, le jeune maître – un ancien champion d'Europe en individuel et du monde par équipe – lui fit remarquer qu'elle se tenait courbée, le regard au sol. En se

---

* Il s'agit de l'association CAMI – Cancer, arts martiaux et information – qui est présente en Île-de-France, à Neuilly-sur-Seine et à Stains, animée par l'ancien champion d'Europe de karaté, Jean-Marc Descotes.

regardant dans le miroir, Jacqueline voyait qu'effectivement depuis ses deux opérations elle avait pris l'apparence d'une « petite vieille ». Intérieurement aussi, elle se sentait vieillie. Il se plaça à côté d'elle, lui montra les gestes de frappe. D'abord au ralenti, puis avec le mouvement type : sec, fort, puissant, et le cri – le « kiaï » profond, qui surgit de tout le corps. Jacqueline sourit... Ce n'était pas pour elle, ça... Elle ne s'était jamais battue de sa vie, pas même pour dire « non » à sa famille ou à ses amis qui en avaient bien abusé ! Elle n'était certainement pas une karatéka... Mais depuis le début de son traitement, la voix du docteur Bouillet l'accompagnait. Il avait dit : « Vous allez voir, c'est formidable. » Comme tout ce qu'il lui avait annoncé s'était réalisé, elle décida de mettre son corps en action, et lança la frappe imaginaire avec un petit cri timide. On l'entendit à peine, mais c'était déjà un grand pas pour elle. À la fin de la première séance, elle était en sueur. Elle avait poussé et tiré sur son corps comme elle ne savait pas qu'elle pouvait le faire. Elle avait frappé l'air de ses mains et de ses pieds. Elle avait crié. Elle avait senti sa... force. Jacqueline était tout étonnée de ce qui s'était passé, de cette énergie qu'elle avait découverte tout au fond de son corps et dont elle n'avait jamais soupçonné l'existence. Elle en était toute ragaillardie.

Jusqu'à la fin des six cycles de chimiothérapie qu'elle devait subir, elle vint religieusement, deux fois par semaine. Pourtant, l'épuisement était tel parfois qu'elle avait des idées de mort. Quand elle allait en métro au club de sport, elle avait souvent mal au cœur et de la peine à se tenir droite. Elle se demandait comment elle allait y arriver. Mais elle ne lâcha pas. Aujourd'hui, elle se rend compte que les amis qu'elle s'est faits au club lui redonnaient du courage. De voir ces êtres, dont elle connaissait la maladie, se mobiliser avec une telle vigueur lui rappelait, quand le doute l'assaillait, qu'elle aussi était encore en vie. Et de faire bouger son corps, d'envoyer ce cri venu du fond d'elle-même, contre sa maladie, contre tout ce qu'elle subissait, lui redonnait de la force physique. Se battre encore, et encore, contre les ennemis, tous les ennemis invisibles qui avaient voulu lui voler sa vie... Finalement, elle était moins fatiguée après chaque séance qu'avant !

De nombreux patients se souviennent que, à certaines périodes de leur chimiothérapie, la fatigue était telle qu'ils en étaient réduits à se traîner du lit au canapé pendant les deux semaines qui suivaient l'injection du liquide qui guérit et empoisonne à la fois. La fatigue du cancer, ajoutée à celle des traitements, est un des aspects les plus décourageants de la maladie. Elle affecte jusqu'à 90 % des patients et peut parfois se prolonger pendant des années après la fin du traitement. Le repos n'y fait rien, ni le sommeil. C'est tout le corps qui semble gainé de plomb. Il y a encore quarante ans, on disait aux malades cardiaques après un infarctus que leur fatigue venait de la faiblesse de leur cœur. On leur expliquait qu'ils étaient désormais des « infirmes cardiaques » et on leur prescrivait le repos complet. Mais cela n'arrangeait rien à leur épuisement, et encore moins à leur moral ! Aujourd'hui, on leur apprend à se remettre à l'exercice le plus vite possible. La cancérologie en est encore au tout début de cette révolution et très peu de patients reçoivent ces conseils. Pourtant, comme le décrit un article du docteur Amit Sood, chirurgien cancérologue de la clinique Mayo aux États-Unis, on sait aujourd'hui que l'exercice physique est une des méthodes les *plus avérées* pour soulager la fatigue liée à la maladie ou à son traitement[27].

Attention : certains exercices peuvent être dangereux

Certains cancers peuvent affecter des parties du corps qui rendent certains exercices dangereux (les mouvements de bras après une opération des aisselles, le jogging chez des personnes présentant des métastases osseuses, etc.). Il est impératif de consulter son cancérologue avant de choisir une forme d'activité physique adaptée à sa condition.

Jacqueline, elle, n'a jamais arrêté le karaté. Quatre ans et demi après son diagnostic initial, son cancérologue lui a annoncé qu'elle était tirée d'affaire. Survivre aussi longtemps à ce type de cancer est rarissime et signifie que le mal est vaincu. Mais elle a pris goût à ce nouveau rapport avec son corps et avec sa vie. Retrouver son corps, à chaque séance, sentir qu'elle peut agir dessus, aller chercher son énergie au fond de son ventre... Pour elle, c'est une manière de garder la maladie à distance. Deux fois par semaine, en kimono, elle prend la posture de combat. Elle se tient droite, le regard inflexible. Et elle s'entend dire fermement « à nous deux » au fantôme de son cancer – si d'aventure il nourrissait des velléités de retour.

Jacqueline fait bien de persévérer. On a désormais toutes les raisons de penser que la pratique régulière d'une activité physique réduit considérablement le risque de rechute. Pour ce qui concerne le cancer du sein, dans un éditorial du plus grand journal international de cancérologie, le *Journal of Clinical Oncology*, la chercheuse Wendy Demark-Wahnerfried, de l'université de Duke, met en avant une réduction du risque de l'ordre de 50 à 60 %. Un effet tellement impressionnant qu'elle n'hésite pas à le comparer à celui de la chimiothérapie par l'Herceptin (pour le cancer du sein HER-2-positif), un médicament révolutionnaire qualifié en 2005 d'« avancée majeure » et de « grand tournant dans l'éradication de la souffrance et de la mort par cancer* ». Contrairement aux traitements hormonaux classiques, l'effet protecteur de l'activité physique n'est pas limité aux cancers du sein porteurs de récepteurs aux œstrogènes. Deux études, une de la clinique Mayo, l'autre de l'université de Caroline du Nord, montrent des effets comparables sur les cancers négatifs pour ces récepteurs [14, 18]. De plus, mieux encore que l'Herceptin, les bénéfices de l'exercice

---

* Par le docteur Andrew C. von Eschenbach, directeur du National Cancer Institute américain [28].

physique ne se cantonnent pas aux récidives du cancer du sein. Un niveau de protection comparable a été démontré contre la récidive ou l'aggravation du cancer de la prostate (jusqu'à 70 % de réduction du risque de mort chez les hommes de plus de 65 ans !), ainsi que du cancer du côlon et du rectum*. Il existe aussi un effet protecteur documenté contre le cancer de l'ovaire, de l'utérus, du testicule et du poumon[7-20].

Un booster de l'humeur

Le cancer est souvent associé à des idées noires, pessimistes, dévalorisantes pour soi et pour les autres, que l'on tourne inlassablement dans sa tête : « Je n'y arriverai jamais... De toute façon, ça ne sert à rien d'essayer... Ça ne marchera pas... Je n'ai jamais de chance... C'est de ma faute... Je laisse tout le monde tomber en étant malade... D'autres s'en sortent peut-être, mais moi, je n'ai pas assez d'énergie, de force, de courage, de volonté, etc. »

Ces idées prennent un tour tellement automatique que l'on ne s'aperçoit même plus à quel point elles représentent l'expression de la maladie, plutôt qu'une vérité objective. Depuis les années 1960 et les travaux du remarquable psychanalyste de Philadelphie Aaron Beck – inventeur de la thérapie cognitive –, on sait que le simple fait de se répéter ces phrases entretient la dépression. À l'inverse, Beck a montré que le fait de les arrêter volontairement aide à remettre les patients sur la voie d'un meilleur équilibre psychologique[29]. Un des bénéfices de l'effort physique prolongé est qu'il permet précisément d'enrayer, au moins provisoirement, ce flot incessant de ruminations. Il est rare que les idées noires surviennent

---

* En revanche, le niveau d'activité requis pour produire un effet sur le cancer du côlon ou de la prostate est plus élevé. Les études parlent de trois à cinq heures par semaine d'« activité soutenue » (jogging, tennis en simple, vélo, natation, etc.).

spontanément durant l'exercice et, si c'est le cas, il suffit de reporter son attention sur la respiration, ou sur la sensation des pas sur le sol, ou la conscience de sa colonne vertébrale qui se tient droite, et elles se dissipent dans le flux de l'action corporelle.

Les joggeurs, par exemple, expliquent que, au bout de 20 ou 30 minutes d'effort soutenu, ils entrent dans un état où, spontanément, surgissent des pensées positives, voire créatives. Moins conscients d'eux-mêmes, ils se laissent guider par le rythme de l'effort qui les soutient et les entraîne à la fois. C'est ce qu'on appelle couramment le « high », l'extase du joggeur, atteinte au bout de quelques semaines de persévérance. Même s'il est subtil, cet état peut devenir addictif. Certains ne peuvent plus se passer de leurs 20 minutes de course, même un seul jour. Selon de nombreuses études, il contribue certainement à cet effet considérable de l'exercice physique baptisé « élévateur de l'humeur ». Un effet si marqué que l'exercice physique est désormais recommandé par le ministère de la Santé au Royaume-Uni au même titre que les antidépresseurs chimiques[30].

Les clés du succès

Quelques secrets très simples facilitent la transition vers ce nouveau rapport à son corps.

Commencez doucement. La principale erreur que font les débutants, lorsqu'ils reviennent, tout fiers, du magasin de sport avec leurs tennis neuves, est de vouloir courir trop vite et trop longtemps. Il n'y a pas de vitesse ni de distance « magique » valables pour tous. Comme l'a brillamment démontré Mihaly Csikszentmihalyi, le chercheur des « états de flux », ce qui permet d'entrer dans l'état mental et physique optimal de « flux », c'est le fait de persévérer dans un effort qui nous maintient à la limite de nos capacités[31]. À la *limite*, pas au-delà.

Pour quelqu'un qui commence à courir, ce sera forcément une distance courte et à petites enjambées. Plus tard, il faudra courir plus vite et plus longtemps pour atteindre et maintenir le « flux », mais plus tard seulement. Pour le jogging, on recommande habituellement de ne pas dépasser le rythme où on peut encore parler (mais plus chanter). Un bon indice est de vous assurer que vous vous sentez *moins* fatigué après l'exercice qu'avant, et non l'inverse.

Faites-le régulièrement, faites-le partout. Tout d'abord, il faut savoir qu'il n'est pas nécessaire d'en faire beaucoup. L'important, c'est que l'exercice soit *régulier*. Les études sur le cancer du sein montrent que 30 minutes de marche six fois par semaine *à vitesse normale* ont déjà un effet puissant sur la prévention des rechutes. Il n'est pas non plus nécessaire de les faire en tenue de jogging ! Marcher dans le métro, pour aller au bureau ou faire ses courses compte aussi. Il vaut bien mieux intégrer *un peu* d'activité physique régulière que de s'essouffler d'emblée dans une salle de sport – et de ne plus jamais y retourner ! Certains patients que j'ai connus ont troqué leur voiture pour le vélo. C'est ce que j'ai fait moi aussi. Dans Paris, mes déplacements me prennent le même temps qu'en métro, mais je suis dehors, et je sens mon corps vivre. À la fin de la journée, au lieu d'avoir passé 50 minutes dans une rame de métro, j'ai fait 50 minutes d'activité physique. Et je me suis donné l'impression d'être en vacances !

Essayez des activités douces. Les exercices comme le yoga ou le taï chi, qui stimulent le corps en douceur, peuvent être pratiqués par presque tous les patients souffrant d'un cancer, quel que soit leur état. Il n'existe pas d'étude indiquant qu'ils soient aussi efficaces que des activités plus vigoureuses, mais ils permettent de rester en contact avec le corps et ses énergies. Ils aident aussi formidablement à approfondir et harmoniser la respiration (et donc la cohérence cardiaque), et plusieurs études constatent qu'ils améliorent le moral[32-37].

Faites-le en groupe. Le soutien et les encouragements des autres, ou tout simplement l'émulation au sein d'un groupe qui s'adonne à la même activité, font une grosse différence dans notre capacité à tenir un programme. Ne serait-ce que parce que nous serons plus motivés les jours où il pleut, où on est en retard, où il y a un bon film à la télé, etc. Ceux qui font de l'exercice en groupe observent mieux l'impératif de régularité si crucial pour la réussite.

Amusez-vous. Il faut choisir une forme d'exercice qui vous amuse. Plus l'exercice est ludique, plus il est facile de s'y tenir. Aux États-Unis, par exemple, il existe dans de nombreuses entreprises des équipes informelles de basket qui se réunissent trois fois par semaine pendant une heure à la fin de la journée. Ce peut être aussi du volley-ball ou du foot, à condition que les rencontres soient régulières (et que l'on ne se retrouve pas systématiquement à faire le gardien de but). Si vous aimez la natation et détestez courir, ne vous forcez pas à faire du jogging. Vous ne vous y tiendrez pas.

Entrez dans le film. Un conseil qui s'est avéré très utile pour plusieurs de mes patients, et dont j'ai également fait mon profit, a été de rendre ludique la pratique du vélo stationnaire ou du tapis de jogging à la maison, grâce au lecteur de DVD. Il suffit de faire l'exercice en face d'un film d'action et de ne s'autoriser à le regarder qu'aussi longtemps que l'on continue. Cette méthode a plusieurs avantages : d'abord, les films d'action – comme la musique dansante – ont tendance à nous activer physiologiquement, et nous donnent donc envie de bouger. Deuxièmement, un bon film a un effet hypnotique qui nous fait oublier le temps qui passe, et les vingt minutes réglementaires s'écoulent bien avant qu'on ait pensé à regarder sa montre. Enfin, comme il est interdit de continuer à visionner le film si on s'arrête, le suspens donne envie de recommencer le lendemain, ne serait-ce que pour connaître la suite... (Comme les machines font du bruit et que l'exercice gêne plutôt la concentration, il est préférable d'éviter les films intimistes... Par ailleurs, le rire n'étant pas compatible avec l'effort physique, il vaut mieux éviter également les comédies...)

Calculez la dose. Les études montrent que l'activité physique aide le corps à lutter contre le cancer, mais la dose n'est pas la même pour tous les cancers étudiés. Les doses se calculent dans une unité qui s'appelle le MET. Pour le cancer du sein, il semble que l'effet soit sensible dès 3 heures de marche à un rythme normal par semaine (9 MET par semaine). Pour le cancer du côlon et du rectum, il faut le double (18 MET par semaine). C'est-à-dire soit marcher deux fois plus longtemps, soit marcher deux fois plus vite ou trouver des activités où l'on se dépense plus pour remplacer la marche (le vélo à une vitesse qui exige l'effort, par exemple, fait dépenser presque deux fois plus de MET que la marche – voir tableau). Dix-huit MET par semaine, c'est aussi la dose obtenue par les deux séances hebdomadaires de karaté pratiquées par les patients du docteur Bouillet. Enfin, pour obtenir un effet sur le cancer de la prostate, il faut passer à 30 MET par semaine, c'est-à-dire l'équivalent de 3 heures de jogging réparties sur la semaine (qui peuvent se faire en 6 fois 30 minutes).

Accompagner les forces de vie

Ma chimiothérapie s'est étalée sur treize mois. Toutes les quatre semaines, je devais ingérer une dose de médicament pendant cinq jours. C'était sans doute un produit moins violent que d'autres chimios. Peut-être aussi grâce à toutes les précautions et les interventions parallèles à mon traitement, j'ai pu continuer à travailler presque jusqu'au bout. Avec générosité, mes collègues s'étaient arrangés pour que je n'aie pas à venir avant midi. Je restais à l'hôpital le plus souvent jusqu'à 20 heures, mais mes journées étaient tout de même beaucoup plus légères. La nuit, je dormais dans une pièce séparée de la maison, avec notre chien Mishka. Un berger allemand beige aux yeux noisette. Quand je me réveillais avec la nausée, et parfois la peur au ventre, il venait mettre sa tête sur mes genoux et je le caressais doucement jusqu'à ce que j'aille mieux. Je finissais toujours par aller mieux. Le matin, il méditait avec moi (les chiens ne sont-ils pas toujours en train de méditer, connectés sans effort à l'ici et maintenant ?) puis il s'étirait, les yeux mi-clos, comme si le yoga était un don inné pour lui, et il me regardait en inclinant la tête sur le côté, vers la rue. Cela voulait dire qu'il était temps d'aller courir ensemble.

Nous avons couru tous les matins de cette année là, je crois. Toujours vingt minutes. Dans la neige, emmitouflé dans plusieurs couches de laine polaire, sous la pluie avec un ciré, sous le soleil du printemps en T-shirt, dans l'air humide des journées d'été de l'Est américain avec un bandeau sur le front pour éviter la sueur dans les yeux. Quand je ne le faisais pas pour moi, je le faisais pour lui... Nous avions le même rythme, mais c'était lui qui me tirait. Je sentais la violence du médicament dans mon corps, qui accélérait mon rythme cardiaque, qui coupait mon énergie. Mais chaque pas en avant, chaque lampée d'air me donnait le sentiment de prendre le dessus. De faire circuler son pouvoir guérisseur partout dans mes cellules. D'éliminer sa toxicité. De tenir. Comme si nous travaillions ensemble, le médicament, mon corps et moi.

J'ai eu beaucoup de chance d'avoir un chien. Tout le monde ne trouve pas aussi facilement le chemin vers l'exercice qui lui est adapté. Même pour les plus convaincus, rien n'est plus difficile que d'intégrer l'exercice régulier dans son quotidien. Plus encore lorsqu'on est épuisé par la maladie ou par les traitements. Mais il faut savoir que c'est une des choses les plus importantes que l'on puisse faire pour s'aider soi-même. Il s'agit ni plus ni moins de choisir entre se laisser aller à la maladie ou accompagner les forces de vie.

La dépense d'énergie associée à différentes activités en MET par heure [38]

Assis, télévision	1	Activités quotidiennes
Assis, couture	1,5	
Marcher jusqu'au bus	2,5	
Charger/décharger la voiture	3	
Sortir les poubelles	3	
Promener le chien	3	
Ménage, effort modéré	3,5	
Passer l'aspirateur	3,5	
Ratisser la pelouse	4	
Jardiner (sans soulever de poids)	4,4	
Passer la tondeuse (motorisée)	4,5	
Jouer du piano	2,3	Faible
Canoë (lentement)	2,5	(moins de 3 MET
Golf (avec voiture électrique)	2,5	par heure)
Marche (lente, 3 km/h)	2,5	
Danse (lente)	2,9	
Marche (plus soutenue, 5 km/h)	3,3	Modérée
Vélo (lentement)	3,5	(de 3 à 7 MET
Musculation (sans poids)	4	par heure)
Golf (sans voiture électrique)	4,4	
Natation (lentement)	4,5	
Marche rapide (6,5 km/h)	4,5	
Couper du bois	4,9	
Tennis (en double)	5	Vigoureuse
Danse rapide (valse soutenue, salsa, etc.)	5,5	(de 5 à 12 MET
Vélo (effort modéré)	5,7	par heure)
Aérobic	6	
Roller	6,5	
Ski (alpin, de fond)	6,8	
Gravir une colline (sans charge)	6,9	
Natation soutenue	7	
Marche rapide (8 km/h)	8	
Séance de karaté de l'association CAMI	8	
Jogging (10 km/h)	10,2	
Sauter à la corde	12	
Entraînement soutenu à un art martial	12	
Squash	12,1	

Les études montrent que l'activité physique aide le corps à lutter contre le cancer, mais la dose (calculée dans une unité baptisée MET) n'est pas la même pour tous les cancers étudiés. Pour le cancer du sein, il semble que l'effet soit sensible dès trente minutes de marche à un rythme normal 6 fois par semaine (9 MET par semaine). Pour le cancer du côlon et du rectum, il faut le double (18 MET par semaine). Pour obtenir un effet sur le cancer de la prostate, il faut passer à 30 MET par semaine (trente minutes de jogging ou une heure de vélo, 6 fois par semaine).

12

Apprendre à changer

Comme nous l'avons vu, s'il existe une multiplicité de facteurs déclencheurs, le cancer ne peut le plus souvent se développer qu'en présence d'un terrain favorable. Il n'existe donc aucune façon de s'en protéger préventivement, ni de ralentir sa croissance (quand il est déjà enraciné), sans modifier ce terrain en profondeur. Le principe qui doit nous guider n'est pas, au fond, un principe de guerre ni même de lutte. Il s'agit avant tout de mettre plus de conscience dans notre vie pour changer notre attitude. Mais jusqu'à quel point peut-on véritablement *changer* ? Un des plus grands chirurgiens cancérologues au monde, le docteur William Fair, a expérimenté – à son corps défendant – cette révolution intérieure.

La transformation du docteur Fair

Spécialiste du cancer de la prostate et des reins, le docteur Fair était le chef du prestigieux service d'urologie à l'hôpital Memorial Sloan-Kettering de New York – un des principaux centres de cancérologie américains – lorsqu'on lui annonça qu'il avait un cancer du côlon très avancé. Après deux opérations et un an de chimiothérapie intraveineuse (qui ne l'empêcha pas d'opérer plusieurs fois par jour...), sa tumeur réapparut, plus agressive encore. Au point que ses médecins, choisis parmi ses collègues de l'hôpital, lui annoncèrent avec tristesse que son cancer était désormais « incurable ». Selon eux, il n'avait plus que quelques mois à vivre. Le docteur Fair était trop dévasté pour réagir. C'est sa femme, une ancienne infirmière militaire, qui prit les choses en main : elle lui dit que le moment était venu de s'occuper de ton terrain ! Sous son impulsion, ce forcené du travail qui était sur le pont sept jours sur sept et souvent trente-six heures d'affilée se mit à la méditation et au yoga. Au lieu d'avaler ses repas sur le pouce au *fast food* des cafétérias d'hôpital, il s'initia aux bienfaits du régime végétarien. Et lui qui, en bon mandarin, ne s'était jamais intéressé aux apports des médecines traditionnelles demanda finalement à rencontrer des praticiens de médecine chinoise qui venaient d'entamer un programme de recherches au National Institute of Health à Washington. Cette mutation fut tout sauf aisée. Avec son esprit acide et son arrogance typique des chirurgiens, Bill Fair avait longtemps nourri un profond dédain pour toutes ces approches « parallèles » qu'il qualifiait de « foutaises californiennes à l'eau de rose ».

S'armant de patience et de beaucoup de bienveillance, sa femme finit par le convaincre qu'il n'avait rien à perdre à expérimenter d'autres façons de goûter la vie. Qu'il pouvait les aborder avec son esprit de chercheur : prendre ce qui marcherait pour lui et laisser le reste. Il pouvait à la fois garder son esprit critique et écouter son instinct d'explorateur. Bill Fair se prêta progressivement au jeu. Très progressivement. Par exemple, à la fin d'un stage de relaxation auquel il était allé participer – en Californie ! –, il n'hésita pas rentrer à New York le soir même, par un éprouvant vol de nuit, parce qu'il voulait reprendre le travail très tôt le lendemain matin... Mais petit à petit, à travers le yoga, la méditation, l'attention portée à sa nourriture, Bill Fair se transforma. De chirurgien toni-truant, de chercheur autoritaire et sûr de lui, auteur de plus de

300 articles publiés dans les revues internationales de cancé-rologie, il devint un homme plus doux, plus posé, plus accueillant. Il apprit à choisir avec soin les personnes avec lesquelles il passerait un moment, et à leur donner ensuite toute son attention. Impressionné par ce qu'il apprenait sur lui-même à la lumière de ce nouveau rapport avec son corps, son esprit, et les personnes qui l'entouraient, Bill Fair devint en quelques années la personne qu'au fond il aurait toujours préféré être... Quand on lui demanda, trois ans plus tard, ce qu'il pensait des bienfaits de cette approche par le terrain, il répondit avec bienveillance : « J'ai déjà dépassé de plusieurs années les pronostics de mes confrères. En tant que scienti-fique, je sais que cela ne prouve rien, qu'il s'agit peut-être d'un coup de chance. Mais il y a une chose dont je suis certain : si tout ce que j'ai fait pour m'aider moi-même ne me fait pas vivre plus longtemps, cela m'aura certainement fait vivre plus profondément. »

Toute sa vie, il avait été sous pression pour briller parmi les plus brillants, et tenir sa place, durement gagnée, au sommet des plus grandes institutions de médecine et de recherche. Il avait aimé son métier, mais, au fond, il n'avait pas aimé cette manière brutale et intense de le pratiquer – si fréquente chez les chirurgiens de son niveau. Il s'était construit une sorte de carapace pour fonctionner dans un monde où les jugements catégoriques sont assénés comme des coups, qu'on apprend à donner autant qu'à recevoir.

Sa maladie lui avait permis de découvrir des approches qu'il avait longtemps méprisées et qui lui apportaient une douceur et un bien-être qui lui importaient beaucoup maintenant. Il avait le sentiment de se délester de pans entiers de son ancienne personnalité. Il apprenait, comme beaucoup d'autres patients, à prêter plus d'attention à ce qui comptait vraiment pour lui, indépendamment du jugement d'autrui. Il n'était plus contraint à jouer le rôle de « premier de la classe » qui lui était si familier depuis l'enfance. Bill Fair ne renia jamais sa passion de médecin et ses exigences de scientifique. Il continua toujours de souligner l'importance des traitements conventionnels du cancer, et insista pour que les approches complémentaires soient soumises à une évaluation stricte. Mais, au fil des mois, il se fit plus authentique, plus pleinement humain. Plus patient, plus doux, plus ouvert au mystère et à la richesse de la vie.

Bill Fair devint peu à peu le défenseur de ces approches nouvelles qu'il voulait voir intégrées aux programmes d'enseignement et de soin. Il convia ainsi à dîner plusieurs doyens de facultés de médecine de New York et les principaux cancérologues, afin de leur faire rencontrer un des militants américains les plus respectés, Ralph W. Moss, journaliste scientifique et ardent promoteur des méthodes complémentaires en cancérologie. Au cours du dîner, Fair se pencha vers l'oreille de Moss : « J'imagine qu'il y a dix ans vous n'auriez jamais pensé qu'un jour vous vous retrouveriez à dîner avec ces gens-là... » Et le militant de lui répondre : « Il y a dix ans, je n'aurais jamais pensé que je me retrouverais à dîner avec *vous*, Bill[1]. » Bill Fair avait, effectivement, beaucoup changé*.

Le chemin parcouru par le docteur Fair, chacun peut décider de s'y engager. Corseté comme il l'était dans une culture qui dénigrait systématiquement cette quête personnelle, cette évolution était plus difficile pour lui que pour quiconque. Si Bill Fair a pu transformer si radicalement son attitude face à la vie, nous devons tous pouvoir suivre son exemple.

---

* Les idées et l'évolution de Bill Fair ont été commentées dans plusieurs articles aux États-Unis. Un des plus célèbres est celui que son confrère de Harvard et écrivain, le docteur Jerome Groopman, a publié dans le *New Yorker*[2]. Pour ma part, j'ai rencontré Bill Fair à Washington en octobre 2001. C'était trois mois avant qu'il ne succombe, finalement, à son cancer. Il avait survécu quatre ans aux pronostics de ses médecins.

Changer de personnalité ?

À l'université de Toronto, le psychologue Alastair Cunningham suit depuis trente ans des groupes de patients souffrant de cancer. Il leur enseigne la relaxation, la visualisation, la méditation et le yoga. Il les aide à trouver la force de devenir eux-mêmes, de se rapprocher autant que possible de leurs valeurs les plus profondes. Il travaille souvent avec des patients dits « incurables » auxquels on ne donne que quelques mois à vivre. En les suivant de façon systématique, il a pu identifier les attitudes qui caractérisent ceux dont on peut prédire qu'ils auront une chance de dépasser largement (jusqu'à plus de sept ans !) ces pronostics terribles[3, 4]. Ses études suggèrent que ces patients-là font partie de ceux qui, dans le plus grand calme, se sont posé les questions fondamentales : « Qui suis-je vraiment ? » et « Vers quoi ai-je envie d'aller ? » Puis qui en ont tiré les conséquences. Un de ces patients l'exprime ainsi :

> « [Le cancer] a réorienté mon chemin de vie et les objectifs que je poursuivais... J'étais totalement concentré sur la construction d'un Moi plus « grand »... Je suivais en quelque sorte ce que notre culture considère comme la voie royale. Mais quand j'ai été confronté au fait que je ne vivrais peut-être pas très longtemps, j'ai compris que tout cela allait mourir... et j'ai commencé à me demander qui j'étais vraiment, si tout cela allait disparaître... Il m'a semblé que le centre de gravité de ma vie s'est alors déplacé. [Et maintenant] je pense que je suis capable de ressentir la vie plus profondément... d'accepter la vie comme elle vient à moi, d'en faire partie et tout simplement d'en profiter... »

Plus les patients d'Alastair Cunningham se rapprochaient de leurs vraies valeurs, plus ils se libéraient de ce qu'ils ne faisaient que par convenance, par obligation, ou par peur de décevoir et de manquer d'affection.

Un autre patient :

> « J'étais quelqu'un qui cherchait surtout à suivre les règles et à faire plaisir à tout le monde... Je pense que je me sens plus à l'aise maintenant avec ma place dans le monde qu'avant mon diagnostic. Sans aucun doute. »

La plupart ont alors découvert un véritable plaisir à faire des choix qu'ils ne s'autorisaient pas auparavant, et même à dire « non »... Une troisième patiente qui a connu une survie exceptionnelle :

> « Alors qu'avant j'aurais été à l'agonie de dire "non", maintenant je peux dire "non, pas aujourd'hui, ça ne me convient pas"... Je ne me suis pas sentie coupable quand j'ai décidé de ne pas retourner travailler l'année prochaine... Ce n'est pas ce que je veux faire... Je suis très contente de ce que je fais maintenant, et c'est bien plus facile de prendre une décision dans l'impulsion du moment, d'aller voir un film parce qu'on a envie d'aller voir un film, ou de s'asseoir et d'essayer de dessiner même si on sait qu'on n'est pas bon en dessin mais parce que c'est si paisible et agréable. C'est tout. »

Ce que ces patients ont réussi à faire dans leur vie, commente le docteur Cunningham, c'est se défaire de la « personnalité de type C » qui cherche toujours à éviter de faire des vagues (voir chapitre 9). Plutôt que de traverser leur vie de façon passive et soumise, ils ont progressivement appris à s'approprier leur liberté, leur authenticité, et leur autonomie. Cunningham appelle cela se « dé-type-C-iser »...

Cette évolution se manifeste d'ailleurs aussi dans la façon dont ces patients abordent leurs traitements, y compris leur façon de stimuler leurs défenses naturelles. Quand j'ai demandé au docteur David Spiegel ce qui était différent chez les trois femmes des groupes de parole qui avaient survécu plus de dix ans à leur cancer métastatique, il les a décrites ainsi : elles ne se faisaient pas remarquer, restant le plus souvent calmes et silencieuses ; mais elles avaient des idées très précises sur ce qu'elles feraient ou non pour s'aider elles-mêmes. Elles acceptaient certains traitements et en refusaient d'autres. Elles semblaient animées d'une espèce de force tranquille.

Cette attitude de conscience et de liberté dans les choix s'applique aussi aux méthodes naturelles. Qu'il s'agisse d'alimentation, de yoga ou d'aide psychologique. Toutes ne sont pas également indiquées à tout le monde, ni à tous les moments de la vie. Un jour, le plus bénéfique sera la méditation, un autre, tenir un journal, un troisième, faire de l'exercice. On retrouve chez ces survivants hors normes une capacité à se regarder sans voile, à se dire : « C'est de ça que j'ai besoin maintenant », et à avancer dans leur vie avec fermeté et souplesse. Cela veut dire qu'ils ont aussi appris à abandonner certaines choses qui faisaient partie de leur vie mais qui n'ont plus leur place parce qu'elles nuisent à leur authenticité ou, tout simplement, à leur santé.

Souvent, cette évolution ne se limite pas au fait d'apprendre à dire « non » et à affirmer ses choix. Chez les patients qui réussissent à survivre de façon considérable, la force qu'ils ont acquise s'accompagne d'une autre attitude, nouvelle elle aussi, celle de la gratitude. Ils sont devenus capables de percevoir une dimension de la vie qui leur échappait jusque-là. Comme si une sorte de rayon X leur permettait de distinguer l'essentiel au-delà du brouillard du quotidien. L'un d'eux raconte par exemple qu'un soir, au cours du dîner familial, sa femme et ses enfants se mirent à se disputer. C'était une scène coutumière qui avait le don de l'exaspérer. Mais ce soir-là, au lieu de ressentir de la colère, il vit tout l'amour qui circulait autour de cette table. Si les sentiments s'enflammaient de cette manière, au fond c'était parce que l'opinion de chacun comptait terriblement pour les autres. L'amour qui animait ces êtres qui lui étaient chers, derrière les façades et les poses qu'ils se donnaient, lui sembla soudain tellement palpable que les larmes lui montèrent aux yeux et qu'il se sentit envahi de reconnaissance.

Au total, le changement d'attitude qui semble protéger le mieux contre le cancer correspond au processus de maturation valorisé par toutes les grandes traditions psychologiques et spirituelles. Pour décrire le fondement même de l'élan vital, Aristote parle d'*entéléchie* (le besoin d'autocomplétion qui mène de la graine à l'arbre entièrement réalisé) ; Jung, d'un « processus d'individuation » qui transforme la personne en un être humain différent de tous les autres, capable d'exprimer pleinement son potentiel unique ; Abraham Maslow, le père du mouvement de développement personnel, de l'« actualisation du moi »[5, 6, 7]. Les traditions spirituelles, elles, encouragent à l'« éveil » en développant en soi ce qu'il y a d'unique et de précieux, bref, de sacré[8]. Dans tous les cas, il s'agit d'être au plus près de ses valeurs les plus authentiques, et de les mettre en œuvre dans ses comportements et dans ses relations aux autres. De cette démarche découle un sentiment de gratitude pour la vie telle qu'elle est – une sorte de grâce qui vient également baigner notre biologie.

Conclusion

Arrivés au terme de ce périple dans les arcanes de la maladie et ceux de nos défenses naturelles, que faut-il en retenir pour prévenir ou lutter contre le cancer ? Pour aider ceux qui en sont peut-être menacés ? Pour secourir notre planète blessée, de moins en moins capable désormais d'offrir un environnement favorable à la santé ? Les idées clés que je vous ai présentées dans ce livre, et qui m'inspirent tous les jours pour ma propre sauvegarde, peuvent être résumées en trois points :

— la nécessité de soigner le terrain ;
— la conscience au service des défenses naturelles ;
— la synergie qui résulte de l'action combinée de ces défenses.

Passons-les en revue tour à tour.

L'importance du « terrain »

Mes confrères tibétains le reconnaissent volontiers : la médecine occidentale qui traite une maladie donnée par une intervention ou un médicament précis est superbement efficace dans les états de crise. Tous les jours, elle sauve des vies grâce à une opération pour une appendicite, à de la pénicilline pour une pneumonie, à de l'épinéphrine pour une réaction allergique aiguë...

Mais elle révèle rapidement ses limites dès qu'il s'agit de maladies chroniques. L'exemple de l'infarctus est sans doute le plus frappant. Une patiente arrive aux urgences au bord de la mort – pâle, suffoquant, la poitrine écrasée par la douleur. L'équipe médicale, guidée par des années de recherche de pointe sur des dizaines de milliers de patients, sait exactement quoi faire : en quelques minutes, l'oxygène coule à flot dans les canules nasales, la trinitrine dilate les veines, un bêta-bloquant ralentit la fréquence cardiaque, une dose d'aspirine empêche la formation de caillots additionnels, et la morphine soulage la douleur. En moins de dix minutes, la vie de cette femme a été sauvée. Elle respire normalement, elle parle à sa famille, et on la voit même sourire. C'est là le miracle de la médecine dans ce qu'elle a de plus spectaculaire, et de plus admirable aussi.

Et pourtant, au-delà de cette réussite éblouissante, la maladie elle-même – l'obstruction progressive par des plaques de cholestérol des artères coronaires en proie à une inflammation chronique – n'a pas été touchée par l'intervention des médecins urgentistes. Même la pose d'un « stent », cette prouesse technique qui consiste à placer un petit tube à l'intérieur de l'artère coronaire bouchée pour rétablir le flux sanguin, ne protège pas suffisamment des rechutes. Pour les éviter durablement, il faut changer le terrain : corriger son alimentation, modifier son attitude mentale, et renforcer son organisme par l'exercice*.

Les découvertes récentes sur les mécanismes de développement du cancer nous mènent à une conclusion similaire. Le

---

* Une grande étude récemment publiée dans le journal de l'Association américaine de cardiologie montre même que l'exercice physique est *plus* efficace qu'une intervention de haute technologie comme l'angioplastie avec un « stent[1] ».

cancer est la maladie chronique par excellence. Il est peu probable que nous puissions le juguler en focalisant tous nos efforts sur les techniques de traitement des tumeurs. Il faut, là aussi, soigner en profondeur le « terrain ». Les approches qui renforcent les mécanismes de défense du corps sont tout à la fois des méthodes effectives de *prévention* et des contributions essentielles au *traitement*. Parce qu'elles tablent sur les processus naturels, elles dissolvent la frontière entre prévention et traitement. D'une part, elles empêchent les microtumeurs dont nous sommes tous porteurs de se développer (prévention), et de l'autre elles démultiplient les bénéfices obtenus par la chirurgie, la chimiothérapie et la radiothérapie (traitement).

Chacun connaît des personnes qui ont eu un cancer – parfois très grave – mais dont la tumeur a régressé grâce au traitement et qui vivent normalement depuis. On détecte parfois la présence sur leurs scanners d'une tumeur dont la taille a diminué. D'une manière ou d'une autre, les défenses naturelles de ces personnes tiennent maintenant la maladie en respect et l'empêchent d'interférer avec leur santé. Comme l'écrit dans la revue *Nature* Judah Folkman, le grand découvreur de l'angiogenèse, ces personnes portent « un cancer sans être malade[2] ».

René Dubos, un chercheur français qui a fait toute sa carrière à l'université Rockefeller de New York, est considéré comme l'un des plus grands penseurs de la biologie du XXe siècle. Après avoir découvert le premier antibiotique utilisé médicalement*, il devint un ardent défenseur de l'écologie à cause de l'interdépendance qu'il avait observée entre les organismes vivants et leur environnement. La phrase mise en exergue en tête de ce livre et qui a ouvert le chemin que nous venons de faire ensemble fut écrite à la fin de sa carrière :

« J'ai toujours pensé que le seul problème de la médecine

---

* Il s'agissait de la gramicidine, utilisée plusieurs années avant l'introduction de la pénicilline comme médicament.

scientifique c'est qu'elle n'est pas suffisamment scientifique. La médecine moderne ne deviendra vraiment scientifique que lorsque les médecins et leurs patients auront appris à tirer parti des forces du corps et de l'esprit qui agissent via le pouvoir de guérison de la nature. »

De ce point de vue, nous sommes paradoxalement victimes des formidables succès de la médecine occidentale : la chirurgie, les antibiotiques, la radiothérapie sont des avancées extraordinaires, mais qui nous ont fait oublier le pouvoir de guérison propre au corps. Or, il est possible – j'espère vous en avoir convaincu – de bénéficier à la fois des avancées de la médecine et des défenses naturelles du corps.

Les effets de la conscience

Chacun de nous peut mettre à profit cette révolution dans la connaissance du cancer pour se protéger comme pour se soigner. Mais cela passe d'abord par une révolution de notre *conscience*. Avant tout, nous devons être conscients de la valeur et de la beauté de la vie en nous, et lui prêter attention et soin comme nous prendrions soin d'un enfant dont nous aurions la charge. Cette conscience nous permet d'éviter ce qui abîme notre physiologie et la pousse vers le cancer. Elle nous permet également de nous approprier tout ce qui nourrit et anime notre élan vital.

Il n'est pas nécessaire d'avoir un cancer pour commencer à prendre sa vie vraiment au sérieux, ni pour en percevoir la beauté. Au contraire : plus nous sommes proche de nos propres valeurs et sensibles à la beauté vibrante de l'existence, plus nous nous donnons de chances d'être protégé de la maladie, et aussi de jouir pleinement de notre passage sur terre.

En choisissant un mode de vie plus conscient, nous ne nous faisons pas seulement du bien à nous-même. Lorsque nous exigeons, par exemple, des aliments issus d'animaux élevés de façon équilibrée, nous déclenchons de proche en proche de nombreux effets en bout de chaîne. Notre prise de conscience aura ainsi un impact sur l'équilibre des cours d'eau, que nous contribuerons à polluer moins (par les pesticides des champs de maïs et les déjections d'animaux d'élevage élevés en batterie). Elle agira sur l'équilibre et le renouvellement des sols laissés en jachère pour se régénérer. Elle agira même sur l'équilibre des animaux qui nous apportent leur lait, leurs œufs et leur chair, puisqu'ils sont moins malades lorsqu'ils sont nourris de manière naturelle. De façon plus globale, notre conscience aura des répercussions jusque sur l'équilibre de la planète : comme nous l'avons vu au chapitre 6, consommer moins de produits animaux et exiger une alimentation plus saine pour le bétail contribue à réduire considérablement l'effet de serre responsable du réchauffement climatique. La conscience, comme le soulignait le Bouddha (que j'ai fini par lire !), a vraiment des effets universels.

L'éclipse de cette conscience pèse sur nous tous, et plus encore sur les plus démunis. C'est une des plus terribles inégalités sociales qui pourrait être réduite en restaurant l'équilibre global de notre environnement. Car les personnes les plus défavorisées dans nos sociétés occidentales sont aussi celles qui ont les taux de cancer les plus élevés[3]. Livrées aux forces économiques, elles doivent se contenter des produits les moins chers qui sont aussi les plus déséquilibrés (les plus sucrés, les plus chargés en acides gras oméga-6) ou les plus contaminés par les pesticides. Professionnellement, elles sont les plus exposées aux produits connus pour contribuer au cancer (revêtements, peintures, produits de nettoyage, dégraissants, etc.). Quant à leurs habitations, qui se concentrent dans les périmètres les plus pollués, elles sont exposées à des déchets industriels qui attaquent les défenses du corps (proximité des incinérateurs, décharges de produits toxiques, fumées d'usine, etc.[4]). Ce sont les victimes les plus criantes de ce monde que

321

Geneviève Barbier et Armand Ferrichi appellent « la société cancérigène[5] ». Plus que quiconque, elles ont besoin de s'approprier les moyens naturels de résister à ces agressions.

La synergie des forces naturelles

Il n'est heureusement pas nécessaire de suivre à la lettre *toutes* les méthodes actives contre les mécanismes biologiques du cancer pour commencer à se protéger. Le corps est un immense système en équilibre où chaque fonction est en interaction avec toutes les autres. La modification d'un seul de ces éléments affecte immanquablement l'ensemble. Chacun peut donc choisir par où il souhaite commencer : alimentation, activité physique, travail psychologique, ou toute autre approche qui apporte plus de sens et de conscience dans sa vie. Chaque situation, chaque personne est unique, chaque chemin le sera aussi. Ce qui compte par-dessus tout, c'est de nourrir le désir de vivre. Certains le feront en participant à une chorale, en se plongeant dans la vision de films comiques, d'autres en écrivant des poèmes, en tenant un journal intime, ou encore en s'impliquant plus dans la vie de leurs petits-enfants.

On découvre alors qu'apporter un surcroît de conscience dans un domaine entraîne presque automatiquement des progrès dans les autres. À l'université de Cornell, le chercheur Colin Campbell a observé par exemple que les rats qui sont nourris avec des protéines végétales plutôt que des protéines animales se mettent spontanément à faire plus d'exercice physique ! Comme si l'équilibre de leur alimentation rendait plus facile leur activité physique[6]... De la même façon, le fait de pratiquer la méditation ou le yoga branche la conscience sur le corps. On perd progressivement le goût pour les aliments déséquilibrés – dont on commence à « sentir » le poids sur l'estomac et l'impact sur le corps en général. On perd le goût pour le tabac – dont on perçoit plus l'action sur la respiration et sur l'accélération du cœur, ainsi que l'odeur dans les cheveux et sur les doigts. On perd aussi l'attrait pour l'alcool, dont on détecte mieux l'influence sur la clarté de l'esprit et la fluidité des gestes. La santé est un tout, comme le triangle blanc qui émerge de l'alignement des parties (voir chapitre 9). Chaque pas dans la direction d'un plus grand équilibre rend les suivants plus faciles*.

De faux espoirs ?

Au terme de ce livre, j'avoue qu'il me reste une inquiétude. Je m'inquiète en effet de la réaction de mes confrères, scientifiques et médecins. Une des plus grandes préoccupations des médecins – et particulièrement des cancérologues – est de « ne pas donner de faux espoirs. » Nous avons tous appris que rien n'est plus douloureux pour un patient que le sentiment d'avoir été trahi par des promesses inconsidérées. Il existe également le danger chez certains patients de croire naïvement que, grâce à des approches naturelles, on peut continuer de fumer, négliger les mammographies de dépistage, ou refuser des traitements difficiles comme la chimiothérapie. Au nom de ces préoccupations, dont je ne conteste pas la légitimité, mes confrères sont parfois tentés de refuser en bloc toute approche extérieure aux pratiques conventionnelles existantes. Mais cela

---

* Trois études différentes, à l'université de Californie à San Francisco (chapitre 2[7]), à l'université de Stanford (chapitre 9[8]), et à l'université de Toronto (chapitre 12) aboutissent à des conclusions convergentes : il existe une relation « dose-effet » entre l'assiduité à des pratiques qui changent le mode de vie et le degré de protection contre le cancer chez des patients déjà atteints. *Plus* ces patients s'impliquent dans leur programme de « modification du terrain », *plus* les bénéfices sont grands. Il faut donc choisir par où commencer son propre chemin – qui sera différent pour chaque personne – mais il faut ensuite s'y tenir avec détermination et même une certaine dose d'enthousiasme.

revient à nous enfermer dans les bornes d'une conception médicale qui retire à chacun de nous le pouvoir de se prendre en charge lui-même. Comme si nous ne pouvions rien faire pour apprendre à nous protéger activement contre le cancer – avant *et* après la maladie. Encourager cette passivité, c'est créer une culture de *dés*espoir. Qui plus est, un *faux* désespoir, puisque toutes les indications scientifiques montrent que nous pouvons avoir un impact considérable sur la capacité de notre corps à désamorcer la biologie du cancer. J'ai pour ma part refusé de me résigner à la passivité de ce faux désespoir. Mis au pied du mur par la maladie, j'ai résolument choisi l'action et l'espoir, en mettant en pratique toutes les approches décrites ici. Et j'ai choisi dans ce livre de les faire partager à tous ceux qui voudraient explorer ce chemin. Je veux croire que la plus grande partie de mes confrères peuvent comprendre et s'approprier cette démarche.

Baigner dans la lumière

La dernière fois que j'ai vu mon neuro-oncologue pour la visite habituelle de contrôle, il m'a fait une réflexion curieuse : « Je ne sais pas si je devrais vous le dire..., a-t-il commencé, l'air un peu gêné, mais ça me fait toujours vraiment plaisir quand vous venez me voir. Vous êtes un de mes rares patients qui aillent bien ! » J'ai frissonné intérieurement. Malgré sa gentillesse, il m'avait rappelé l'ombre qui pesait sur ma tête – une ombre qu'il m'arrive maintenant souvent d'oublier... En évoquant mon cas dans ce livre, je m'expose à recevoir plus fréquemment que je ne le voudrais ce genre de rappel.

Je n'ignore pas que mon histoire risque de susciter deux types de réaction – courantes chez ceux qui ont du mal à admettre ce qui sort des sentiers battus. Une partie d'entre eux diront sans doute : « S'il va bien aujourd'hui, c'est parce que son cancer n'était pas si grave. » Comme j'aimerais, malgré ma rechute et la deuxième opération qui l'a suivie, que ce soit vrai !... Mon neuro-oncologue m'a dit aussi : « C'est curieux, votre tumeur est d'une nature agressive sur les analyses biologiques, mais elle se comporte de façon très civilisée avec vous ! » Peut-être est-ce juste une question de chance. Ou peut-être est-ce dû à ce que je fais tous les jours pour vivre différemment. Tout ce que j'ai exposé ici. Quoi qu'il en soit, mon cas n'est pas une expérience scientifique. Il ne peut pas permettre de trancher ce débat. Seules les études qui continuent de se faire pourront transformer nos méthodes collectives de prévention et de soin du cancer.

Mais il existe une autre réaction « typique » au récit de mon cas qui risque de se faire jour – une réaction qui attente plus à la vie. Certains diront peut-être : « Avant de suivre ses conseils, attendez de voir s'il sera encore vivant l'année prochaine... » Ce serait une façon de préférer que personne n'échappe à la norme, pour ne pas avoir à remettre en question ses schémas de pensée. À ceux-là, je répondrais pour ma part que je ne sais pas si je serai encore là dans un an, ou dans deux ou dans soixante. Ils ont raison, je ne suis pas invulnérable. Mais je suis certain que je ne regretterai jamais d'avoir vécu comme je vis aujourd'hui, parce que la santé et le surcroît de conscience que cette mutation intime a fait entrer dans ma vie lui donnent une bien plus grande valeur à mes yeux. Je n'ai qu'un souhait pour chacun de vous en terminant ce livre. Que vous soyez malade ou bien portant, j'espère que vous aussi vous choisirez de vous ouvrir pleinement à cette conscience – elle est votre droit de naissance – et que votre vie baignera, longtemps, dans sa lumière.

Retrouvez David Servan-Schreiber sur
www.anticancer.fr <http://www.anticancer.fr/>

Ce site propose des conseils, des outils et une lettre d'information pour mettre en pratique les approches recommandées dans ce livre. Vous pourrez aussi découvrir les témoignages d'autres personnes qui cheminent avec ces méthodes, et échanger avec elles.

À L'ATTENTION DES MÉDECINS

En vous inscrivant sur **www.anticancer.fr/medecins** vous recevrez les actualités médicales concernant les approches d'*Anticancer*. Vous trouverez également des réponses aux questions les plus fréquentes et un forum de discussion, réservés aux médecins.

Remerciements

Écrire ce livre n'était pas mon idée. Celle-ci a germé pour la première fois un soir de mai, au fond d'un petit restaurant italien où je dînais avec mon frère Franklin. Nous parlions de nos projets d'avenir et il trouvait que les miens manquaient d'enthousiasme. « Quand te décideras-tu à parler enfin de ce qui t'est arrivé et de ce que tu as découvert en cherchant comment te protéger ? » m'a-t-il dit. Puis il a ajouté, avec tout le pouvoir de conviction de son regard à la fois tendre et pénétrant : « Tu n'as pas le droit de garder ça pour toi. » Je ne pensais pas que j'avais la matière suffisante pour faire un livre ; en tout cas pas un livre véritablement utile à d'autres. Il s'est mis alors à me questionner sur ce qui m'avait le plus marqué. Quelques heures plus tard, nous avions ri, pleuré et vu se dessiner des recommandations dont nous savions tous les deux qu'elles étaient devenues essentielles à nos vies, même pour lui qui n'avait jamais été malade. Dans les jours et les nuits qui ont suivi, je n'arrivais plus à oublier ce projet. Comme il l'avait fait avec tant d'autres qui ont eu la chance de le connaître, Franklin avait allumé une flamme qui brûle encore aujourd'hui.

Très vite, j'ai demandé l'avis de trois femmes dont je ne prononce presque jamais le nom sans ajouter immédiatement : « Elle est formidable », comme si j'avais proféré le nom d'une divinité. Je les connaissais bien mais je n'avais jamais évoqué avec elles l'histoire de ma maladie. J'ai parlé à Nicole Lattès, qui avait été l'éditrice de mon livre précédent et dont l'intelligence pleine de chaleur donne un sentiment de rayonnement. Elle a su accueillir avec délicatesse, bienveillance et sagesse le mélange d'embarras, de pudeur, d'émotion et de désir d'avancer ensemble que je lui présentais dans le désordre et la confusion. Puis elle a su canaliser tout cela en un projet de livre. Nicole est formidable.

J'ai parlé à Susanna Lea, mon agent, dont la connaissance quasi innée de ce qui est juste et « cohérent » me donne le sentiment profond d'être à la fois protégé et stimulé. C'est avec elle que nous avons très vite tracé les grandes lignes de ce qu'il faudrait dire dans ce livre, et imaginé le cadre qui me permettrait de me consacrer presque entièrement à l'écriture pendant un an. Susanna, je ne dirai jamais assez comme tu es formidable.

Enfin, je suis allé rencontrer Ursula Gauthier, la journaliste française que j'admire le plus, à la terrasse ensoleillée d'un café du 9e arrondissement où nous sommes restés trois heures. Je lui ai demandé si elle accepterait de m'interviewer pendant toute une semaine pour recueillir le plus de souvenirs possible sur ma traversée du cancer et d'être l'éditrice du manuscrit au fil de l'écriture. Le sujet était trop sensible pour moi pour imaginer d'écrire sans le soutien de son intelligence et la sûreté de son jugement. Elle m'a d'abord répondu qu'elle était trop occupée pour s'engager sur un nouveau projet. Puis, le lendemain, elle m'a rappelé pour me dire qu'elle avait réfléchi et qu'elle mettrait tout le reste en attente pour avoir le plaisir de travailler ensemble sur ce sujet. Et ça a été, pour moi, un plaisir immense. Ursula, ce livre n'aurait jamais pu se faire sans toi. Je te l'ai déjà beaucoup dit, laisse-moi l'écrire maintenant : tu es formidable !

J'ai aussi reçu les encouragements fraternels de mon ancien éditeur – qui avait quitté Robert Laffont –, Abel Gerschenfeld.

Son émotion si sincère, et inhabituelle pour lui, quand je lui ai parlé du projet pour la première fois a fini de me convaincre que l'idée de ce livre pouvait être valable. Ces chapitres, je les ai souvent écrits en pensant à toi, Abel, et à tes conseils qui résonnent encore dans ma tête.

Parmi les maîtres à penser qui m'ont prodigué la lumière de leur esprit autant que celle de leur amitié, je veux remercier l'exceptionnelle combinaison de sensibilité, d'intelligence et de vision humaniste de Francine Shapiro, la créatrice de la thérapie EMDR ; la vision quasi extralucide de la société et de l'individu de Michael Lerner (certainement un grand frère dans une vie antérieure) ; et l'immense contribution à la médecine et au bien-être de chacun de Jon Kabat-Zinn, qui a introduit la méditation de pleine conscience dans de nombreux hôpitaux du monde.

À Logan, Utah, sur les flancs des monts du Wyoming, vit une femme qui consacre son énergie à soigner le cancer par des approches nutritionnelles complémentaires. Avec son doctorat ès sciences en naturopathie, Jeanne Wallace n'est pas médecin, mais sa connaissance encyclopédique des mécanismes biochimiques qui alimentent ou au contraire permettent de limiter la progression du cancer m'a profondément impressionné quand, en 2001, je l'ai vue présenter ses résultats à une conférence organisée par l'Institut national de la santé américain. Certains patients suivis par Jeanne – parallèlement à leur traitement médical conventionnel – ont très largement dépassé les chances de survie qu'on leur accordait. J'ai bénéficié de ses conseils depuis cette époque, et je leur dois sans doute une grande partie de la santé qui m'a permis d'écrire ce livre, autant que de nombreuses idées qui y figurent.

À Pittsburgh, les personnes qui m'ont le plus inspiré et soutenu depuis que je me suis consacré à l'exploration de la médecine intégrative (qui intègre la médecine conventionnelle et les approches naturelles) sont Emily Dorrance, morte à vingt-quatre ans, avec le visage serein des saintes, d'un cancer foudroyant ; ainsi que ses parents Susanne et Roy Dorrance qui, dans la douleur de leur perte, m'ont ouvert leur cœur et m'ont fait partager la force de leur spiritualité dans le respect absolu de mes convictions laïques parfois obtuses. J'ai toujours gardé une photo du sourire d'Emily dont le souvenir apaisant m'a souvent accompagné quand, après elle, mon tour est venu de souffrir.

À Pittsburgh, ma gratitude va aussi à Michele Klein-Fedyshin, la bibliothécaire de mon hôpital de Shadyside, avec qui j'ai échangé plusieurs fois par semaine, tant à propos des 375 références scientifiques de ce livre que sur la vie et l'expérience de patients souffrant de cancer qui viennent chercher auprès d'elle des compléments d'information pour les choix difficiles auxquels ils doivent faire face.

En France, je veux remercier Tohra Chalandon pour la stimulation constante, intellectuelle et amicale qu'elle m'a prodiguée. Les heures passées par Tohra à chercher sur l'Internet des données complexes et parfois enfouies à dessein ont permis de documenter certains passages essentiels. Et les longues échappées en mer à la nage ensemble durant l'été furent de simples et purs moments de bonheur.

Merci aussi à Bernard Giraudeau pour avoir su parler avec tant de justesse et à tant de personnes du problème du cancer, et pour avoir encouragé chacun, par ses mots et son exemple, à se prendre en mains.

Marie-France Gizard a su me haranguer avec amitié pour que j'aille au bout de mes idées sur le lien corps-esprit en relation avec le cancer. Elle a aussi su me convaincre d'aller beaucoup plus loin que je ne l'avais initialement souhaité dans la description de mon propre cheminement psychologique. Je ne sais pas si cela sera aussi utile aux lecteurs qu'elle l'affirmait, mais l'effort m'a certainement été utile à moi.

Je veux citer aussi les médecins et chercheurs de premier plan qui ont trouvé le temps, malgré leur agenda surchargé, de me recevoir pour répondre à mes questions ou me donner leurs commentaires sur les premières versions du manuscrit. Parmi eux, je dois souligner la gentillesse d'Annie Sasco, David Spiegel, Devra Lee Davis, Richard Béliveau, Denis Gingras, Bharat Aggarwal, Zheng Cui, Luciano Bernardi, Linda Carlson, Susan Lutgendorf, Alastair Cunningham, Pierre Weill, Jean-Claude Lefeuvre, Claude Aubert, et les cancérologues français avec qui j'ai eu de fructueuses discussions : Jean-Marie Andrieu, Bernard Asselain, Thierry Bouillet, Yvan Coscas, Jean-Marc Cosset et Moïse Namer. Qu'ils soient ici remerciés pour tout ce que ce livre peut contenir de bon et de juste. Quant aux idées avec lesquelles ils ne seraient pas forcément d'accord, elles restent, bien sûr, de ma responsabilité et ne les engagent pas.

Mes propres cancérologues et chirurgiens m'ont sauvé la vie, et je salue ici leur passion pour un métier souvent difficile humainement et la souplesse avec laquelle ils ont accueilli mes idées sur mon propre traitement, bien qu'elles n'aient pas toujours coïncidé avec les leurs. Certains m'ont même encouragé à m'engager sur ce chemin qui sortait des sentiers battus. Ça a été très important pour moi de sentir leur soutien. Merci à Richard Fraser, L. Dade Lunsford, David Schiff, Cliff Schold, Franck Lieberman et Hideho Okada.

L'histoire que je vous ai racontée est la mienne, mais c'est aussi celle de la mère de mon fils. Nous nous sommes beaucoup aimés, avant de souffrir tous les deux, beaucoup aussi, de l'incompréhension qui s'est installée entre nous. Quoi qu'il ait pu se passer depuis, je lui reste reconnaissant de m'avoir gardé ancré dans la vie à un moment où j'avais peur de l'avenir, et infiniment reconnaissant d'avoir donné la vie, et tant d'amour, à notre fils Sacha.

Enfin, je voudrais mentionner l'affection de ceux qui m'entourent aujourd'hui et qui m'ont accompagné tout au long de ce projet, parfois au prix d'absences prolongées qu'ils ont supportées avec grâce : ma mère Sabine, avec sa constance, sa générosité et ses éclats de brillance, mes deux autres frères Édouard (qui m'a le premier raconté Stalingrad) et Émile (qui a choisi la photo), mon fils Sacha, la douce et patiente Gwenaëlle Briseul qui m'a donné tant d'énergie et de rires, mon oncle Jean-Louis et ma tante Perla – piliers de sagesse et de sérénité –, ma cousine Florence – pour le charme et le pep qu'elle répand autour d'elle –, ma cousine Catherine – pour sa force, son courage, son humour, et son discernement –, ma cousine Pascaline – pour m'avoir donné envie d'être médecin quand nous avions cinq ans –, mon cousin Simon – pour les éclats de rire à Oxford comme à Montréal, et son intégrité –, mon cousin Yvan – pour sa vigilante exactitude –, ma tante Bernadette – l'inconditionnelle protectrice –, la remarquable Liliane qui régit notre vie familiale avec légèreté et assurance depuis quarante-cinq ans, mon assistante Delphine Pécoul qui a su me préserver de presque toutes les obligations annexes pendant que j'écrivais et sans qui rien de ce que j'entreprends ne se ferait aussi efficacement, mon amie Daniele Stern qui est mon ange gardien à Pittsburgh et presque une deuxième mère, et puis, bien sûr, Madeleine Chapsal, chez qui j'ai écrit presque tout ce livre de l'été à l'hiver puis à l'été, dans le simple plaisir de vivre côte à côte dans sa maison de l'île de Ré, et dont les encouragements éclairés, le soutien et la chaleur donnent envie d'écrire et de se dépasser.

Certains amis ont bien voulu lire ces chapitres dès les versions les plus inachevées et me faire part de leurs commentaires. J'en ai beaucoup profité : Guy Sautai, Pauline Guillerd, Claudia et Anna Sénik, Randa Chahal, Pascal Berti, Christian Regouby, Francis Lambert, Christophe Béguin, soyez remerciés, ainsi que Denis Lazat, mon ami depuis la sixième, « frère honoraire », le premier végétarien que j'ai connu et dont je me suis tant moqué !

Anne Schofield-Guy m'a fait bénéficier de son immense connaissance de la langue anglaise et de son sens aigu de ce qui sonne... et *est*... juste, pour la traduction en anglais.

REMERCIEMENTS

Mon père est mort pendant que je me consacrais à ce travail. Il ne l'aura jamais lu. Pourtant, c'est à ses encouragements, prodigués depuis l'enfance, à toujours regarder au-delà des apparences, et à toujours se tourner vers ce qui restitue à chacun son pouvoir sur lui-même, que je dois d'avoir exploré ces chemins peu parcourus. Il m'arrive encore parfois, pendant la méditation du matin, de sentir sa présence en moi, surtout dans les moments difficiles. Je suis certain qu'il sera là quand j'aurai besoin de force pour mieux faire avancer ces idées.

Veulettes-sur-Mer, juillet 2007

Notes

Introduction

1. Harach HR, Franssila KO, Wasenius VM. Occult papillary carcinoma of the thyroid. A "normal" finding in Finland. A systematic autopsy study. *Cancer* 1985 ; 56(3) : 531-8.

2. Black WC, Welch HG. Advances in diagnostic imaging and overestimations of disease prevalence and the benefits of therapy. *New England Journal of Medicine* 1993 ; 328(17) : 1237-43.

3. Stewart BW, Kleihues P, eds. *World Cancer Report.* Lyon, France : WHO-IARC Press ; 2003.

4. Yatani R, Shiraishi T, Nakakuki K, et al. Trends in frequency of latent prostate carcinoma in Japan from 1965-1979 to 1982-1986. *Journal of the National Cancer Institute* 1988 ; 80(9) : 683-7.

5. Stemmermann GN, Nomura AM, Chyou PH, Yatani R. A prospective comparison of prostate cancer at autopsy and as a clinical event : the Hawaii Japanese experience. *Cancer Epidemiology, Biomarkers & Prevention* 1992 ; 1(3) : 189-93.

6. Sorensen TIA, Nielsen GG, Andersen PK, Teasdale TW. Genetic and environmental influences on premature death in adult adoptees. *New England Journal of Medicine* 1988 ; 318 : 727-32.

7. Lichtenstein P, Holm NV, Verkasalo PK, et al. Environmental and heritable factors in the causation of cancer analyses of cohorts of twins from Sweden, Denmark, and Finland. *New England Journal of Medicine* 2000 ; 343(2) : 78-85.

2. Échapper aux statistiques

1. Spiegel D. A 43-year-old woman coping with cancer. *JAMA* 1999 ; 282(4) : 371-8.

2. Van Baalen DC, de Vries MJ, Gondrie MT. Psychosocial correlates of « spontaneous » regression in cancer. *In* : *Monograph*, Department of General

Pathology, Medical Faculty, Erasmus University, Rotterdam, The Netherlands ; 1987.

3. Michael Lerner, communication personnelle, novembre 2001. Il ne s'agit pas d'une étude scientifique mais du suivi des participants du programme par l'équipe médicale de Commonweal.

4. Ornish D, Weidner G, Fair WR, et al. Intensive lifestyle changes may affect the progression of prostate cancer. *Journal of Urology* 2005 ; 174(3) : 1065-9 ; discussion 9-70.

3. Danger et opportunité

1. Yalom I. *Existential Psychotherapy.* New York : Basic Books ; 1977.

4. Les faiblesses du cancer

1. Westcott R. Can miracles happen ? *British Medical Journal* 2002 ; 325(7363) : 553.

2. Everson TC. Spontaneous regression of cancer. *Progress in Clinical Cancer* 1967 ; 3 : 79-95.

3. Cole WH. Efforts to explain spontaneous regression of cancer. *Journal of Surgical Oncology* 1981 ; 17(3) : 201-9.

4. Challis GB, Stam HJ, Challis GB, Stam HJ. The spontaneous regression of cancer. A review of cases from 1900 to 1987. *Acta Oncologica* 1990 ; 29(5) : 545-50.

5. Bodey B, Bodey B, Jr., Siegel SE, et al. The spontaneous regression of neoplasms in mammals : possible mechanisms and their application in immunotherapy. *In Vivo* 1998 ; 12(1) : 107-22.

6. Papac RJ. Spontaneous regression of cancer : possible mechanisms. *In Vivo* 1998 ; 12(6) : 571-8.

7. Van Baalen DC, de Vries MJ, Gondrie MT. Psychosocial correlates of « spontaneous » regression in cancer. *In : Monograph*, Department of General Pathology, Medical Faculty, Erasmus University, Rotterdam, The Netherlands ; 1987.

8. Cui Z, Willingham MC, Alexander-Miller MA, et al. Spontaneous regression of advanced cancer : identification of a unique genetically determined, age-dependent trait in mice. *Proceedings of the National Academy of Sciences of the United States of America.* 2003 ; 100 : 6682-7.

9. Hicks AM, Riedlinger G, Willingham MC, et al. Transferable anticancer innate immunity in spontaneous regression/complete resistance mice. *Proceedings of the National Academy of Sciences of the United States of America* 2006 ; 103(20) : 7753-8.

10. Trapani JA, Smyth MJ. Functional significance of the perforin/granzyme cell death pathway. *Nature Reviews Immunology* 2005 ; 2 : 735-47.

11. Voskoboinik I, Trapani JA. Addressing the mysteries of perforin function. *Immunology and Cell Biology* 2006 ; 84 : 66-71.

12. Whiteside T, Herberman RB. Characteristics of natural killer cells and

lymphocyte-activated killer cells. *Immunol Allerg Clin North Am* 1990 ; 10 : 663-704.

13. Head JF, Wang F, Elliott RL, McCoy JL. Assessment of immunologic competence and host reactivity against tumor antigens in breast cancer patients. Prognostic value and rationale of immunotherapy development. *Annals of the New York Academy of Sciences* 1993 ; 690 : 340-2.

14. Levy SM, Herberman RB, Lippman M, D'Angelo T, Lee J. Immunological and psychosocial predictors of disease recurrence in patients with early-stage breast cancer. *Behavioral Medicine* 1991 ; 17(2) : 67-75.

15. Schantz SP, Brown BW, Lira E, et al. Evidence for the role of natural immunity in the control of metastatic spread of head and neck cancer. *Cancer Immunology, Immunotherapy* 1987 ; 25(2) : 141-8.

16. Herberman RB. Immunotherapy. *In* : Lenhard RJ, Osteen R, Gansler T, eds. *Clinical Oncology*. Atlanta, GA : American Cancer Society ; 2001 : 215–23.

17. MacKie RM, Reid R, Junor B. Fatal melanoma transferred in a donated kidney 16 years after melanoma surgery. *New England Journal of Medicine* 2003 ; 348(6) : 567-8.

18. Cui Z. The winding road to the discovery of the SR/CR mice. *Cancer Immunity* 2003 ; 3 : 14.

19. Levy SM, Herberman RB, Maluish AM, Schlien B, Lippman M. Prognostic risk assessment in primary cancer by behavioral and immunological parameters. *Health Psychology* 1985 ; 4(2) : 99-113.

20. Lutgendorf SK, Sood AK, Anderson B, et al. Social support, psychological distress, and natural killer cell activity in ovarian cancer. *Journal of Clinical Oncology* 2005 ; 23(28) : 7105-13.

21. Imai K, Matsuyama S, Miyake S, Suga K, Nakachi K. Natural cytotoxic activity of peripheral-blood lymphocytes and cancer incidence : an 11-year follow-up study of a general population. *Lancet* 2000 ; 356(9244) : 1795-9.

22. Schnatz SP, Brown BW, Lira E, Taylor DL, Beddingfield N. Evidence for the role of natural immunity in the control of metastatic spread of head and neck cancer. *Cancer Immunology, Immunotherapy* 1987 ; 25(2) : 141-8.

23. Dvorak HF. Tumors : wounds that do not heal. Similarities between tumor stroma generation and wound healing. *New England Journal of Medicine* 1986 ; 315(26) : 1650-9.

24. Balkwill F, Mantovani A. Inflammation and cancer : back to Virchow ? *The Lancet* 2001 ; 357(9255) : 539-45.

25. Peek RM, Jr., Mohla S, DuBois RN. Inflammation in the genesis and perpetuation of cancer : summary and recommendations from a national cancer institute-sponsored meeting. *Cancer Research* 2005 ; 65(19) : 8583-6.

26. Huang M, Stolina M, Sharma S, et al. Non-small cell lung cancer cyclooxygenase-2-dependent regulation of cytokine balance in lymphocytes and macrophages : up-regulation of interleukin 10 and down-regulation of interleukin 12 production. *Cancer Research* 1998 ; 58(6) : 1208-16.

27. Mantovani A, Bottazzi B, Colotta F, Sozzani S, Ruco L. The origin and function of tumor-associated macrophages. *Immunology Today* 1992 ; 13(7) : 265-70.

28. Baxevanis CN, Reclos GJ, Gritzapis AD, Dedousis GV, Missitzis I, Papamichail M. Elevated prostaglandin E2 production by monocytes is responsible for the depressed levels of natural killer and lymphokine-activated killer cell function in patients with breast cancer. *Cancer* 1993 ; 72(2) : 491-501.

29. Marx J. Cancer research : Inflammation and cancer : the link grows stronger. *Science* 2004 ; 306(306) : 5698-966.

30. Wallace J. Nutritional and botanical modulation of the inflammatory cascade-eicosanoids, cyclooxygenases, and lipoxygenases – As an adjunct in cancer therapy. *Integrative Cancer Therapies* 2002 ; 1(1) : 7-37.

31. Crumley ABC, McMillan DC, McKernan M, McDonald AC, Stuart RC. Evaluation of an inflammation-based prognostic score in patients with inoperable gastro-œsophageal cancer. *British Journal of Cancer* 2006 ; 94(5) : 637-41.

32. Al Murri AM, Bartlett JMS, Canney PA, Doughty JC, Wilson C, McMillan DC. Evaluation of an inflammation-based prognostic score (GPS) in patients with metastatic breast cancer. *British Journal of Cancer* 2006 ; 94(2) : 227-30.

33. Forrest LM, McMillan DC, McArdle CS, Angerson WJ, Dunlop DJ. Comparison of an inflammation-based prognostic score (GPS) with performance status (ECOG) in patients receiving platinum-based chemotherapy for inoperable non-small-cell lung cancer. *British Journal of Cancer* 2004 ; 90(9) : 1704-6.

34. Paillaud E, Bories P-N, Aita SL, et al. Prognostic value of dietary intake and inflammation on survival in patients with advanced cancer : relationship with performance status, pain, and digestive disorders. *Nutr Cancer* 2003 ; 45(1) : 30-5.

35. Harris RE, Kasbari S, Farrar WB. Prospective study of nonsteroidal anti-inflammatory drugs and breast cancer. *Oncology Reports* 1999 ; 6(1) : 71-3.

36. Nelson JE, Harris RE. Inverse association of prostate cancer and nonsteroidal anti-inflammatory drugs (NSAIDs) : results of a case-control study. *Oncology Reports* 2000 ; 7(1) : 169-70.

37. Thun MJ. NSAID use and decreased risk of gastrointestinal cancers. *Gastroenterology Clinics of North America* 1996 ; 25(2) : 333-48.

38. Karin M, Greten FR. NF-kappaB : linking inflammation and immunity to cancer development and progression. *Nature Reviews Immunology* 2005 ; 5(10) : 749-59.

39. Calcagni E, Elenkov I. Stress system activity, innate and T helper cytokines, and susceptibility to immune-related diseases. *Annals of the New York Academy of Sciences* 2006 ; 1069 : 62-76.

40. Glaser R. Stress-associated immune dysregulation and its importance for human health : a personal history of psychoneuroimmunology. *Brain, Behavior, & Immunity* 2005 ; 19(1) : 3-11.

41. Presles P, Solano C. *Prévenir.* Paris, Robert Laffont, 2006.

42. Beevor A. *Stalingrad : The Fateful Siege.* New York : Penguin group ; 1998.

43. Folkman J. Fighting cancer by attacking its blood supply. *Scientific American* 1996 September : 150-4.

44. Folkman J. Tumor angiogenesis : therapeutic implications. *New England Journal of Medicine* 1971 ; 285(21) : 1182-6.

45. *Cancer Warrior.* Nova Online, 2001. (Accessed Nov 2, 2006, at http://www.pbs.org/wgbh/nova/cancer/program.html.)

46. O'Reilly MS, Holmgren L, Shing Y, et al. Angiostatin : a novel angiogenesis inhibitor that mediates the suppression of metastases by a Lewis lung carcinoma. *Cell* 1994 ; 79(2) : 315-28.

47. O'Reilly MS, Holmgren L, Chen C, Folkman J. Angiostatin induces and sustains dormancy of human primary tumors in mice. *Nature Medicine* 1996 ; 2(6) : 689-92.

48. Rose DP, Connolly JM. Regulation of tumor angiogenesis by dietary fatty acids and eicosanoids. *Nutr Cancer* 2000 ; 37(2) : 119-27.

49. Béliveau R, Gingras D. *Les Aliments contre le cancer.* Outremont (Canada), Trécarré, 2005.

50. Ziche M, Jones J, Gullino PM. Role of prostaglandin E1 and copper in angiogenesis. *Journal of the National Cancer Institute* 1982 ; 69(2) : 475-82.

6. L'environnement anticancer

1. Dinse GE, Umbach DM, Sasco AJ, Hoel DG, Davis DL. Unexplained increases in cancer incidence in the United States from 1975 to 1994 : possible sentinel health indicators ? *Annual Review of Public Health* 1999 ; 20 : 173-209.

2. Institut national de veille sanitaire. *Estimations nationales : tendances de l'incidence et de la mortalité par cancer en France entre 1978 et 2000.* Ministère de la Santé, de la Famille et des Personnes handicapées, 2002.

3. SEER. Cancer incidence public use database. 2006.

4. McGrath KG. An earlier age of breast cancer diagnosis related to more frequent use of antiperspirants/deodorants and underarm shaving. *European Journal of Cancer Prevention* 2003 ; 12(6) : 479-85.

5. Steliarova-Foucher E, Stiller C, Kaatsch P, et al. Geographical patterns and time trends of cancer incidence and survival among children and adolescents in Europe since the 1970s (the ACCIS project) : an epidemiological study. *The Lancet* 2004 ; 364(9451) : 2097-105.

6. Post PN, Stockton D, Davies TW, Coebergh JW. Striking increase in incidence of prostate cancer in men aged < 60 years without improvement in prognosis. *British Journal of Cancer* 1999 ; 79(1) : 13-7.

7. Ries LAG, Eisner MP, Kosary CL, et al. SEER Cancer statistics review 1975-2001. National Cancer Institute, Bethesda, MD ; 2004.

8. Ferlay J, Bray F, Piesci P, Parkin D, eds. WHO International Agency for Research on Cancer (IARC), IARC Cancer Epidemiology Database. Globocan 2000. Cancer Incidence, mortality and prevalence worldwide. Lyon, France : IARC Press ; 2000.

9. King M-C, Marks JH, Mandell JB. New York breast cancer study Group breast and ovarian cancer risks due to inherited mutations in BRCA1 and BRCA2. *Science* 2003 ; 302(5645) : 643-6.

10. Rosenberg CE. *The Cholera Years : The United States in 1832, 1849, and 1866*. Chicago, IL : University of Chicago Press ; 1962.

11. Steingraber S. *Living Downstream : A Scientist's Personal Investigation of Cancer and the Environment*. New York, NY : Vintage Books, a division of Random House ; 1998.

12. Davis DL. *The Secret History of the War on Cancer*. New York : Basic Books ; 2007.

13. Waterhouse J, Muir C, Shamnugaratnam K, Powell J, eds. *Cancer Incidence in Five Continents*. Vol IV. Lyon, France : IARC-WHO ; 1982.

14. Sasco AJ. Migration et cancer. *Revue de médecine interne* 1989 ; 10(4) : 341-8.

15. Stewart BW, Kleihues P, eds. *World Cancer Report*. Lyon, France : WHO IARC Press ; 2003.

16. National Cancer Institute. Executive Summary of Cancer Etiology Think Tank, Bethesda, MD : National Cancer Institute, USA ; 2004.

17. Eaton SB, Konner M. Paleolithic nutrition. A consideration of its nature and current implications. *New England Journal of Medicine* 1985 ; 312(5) : 283-9.

18. Cordain L, Eaton S, Sebastian A, et al. Origins and evolution of the Western diet : health implications for the 21st century. *American Journal of Clinical Nutrition* 2005 ; 81(2) : 341-54.

19. Grothey A, Voigt W, Schober C, Muller T, Dempke W, Schmoll HJ. The role of insulin-like growth factor-I and its receptor in cell growth, transformation, apoptosis, and chemoresistance in solid tumors. *Journal of Cancer Research & Clinical Oncology* 1999 ; 125(3-4) : 166-73.

20. Long L, Navab R, Brodt P. Regulation of the Mr 72,000 type IV collagenase by the type I insulin-like growth factor receptor. *Cancer Research* 1998 ; 58(15) : 3243-7.

21. Dunn SE, Hardman RA, Kari FW, Barrett JC. Insulin-like growth factor-I (IGF-I) alters drug sensitivity of HBL100 human breast cancer cells by inhibition of apoptosis induced by diverse anticancer drugs. *Cancer Research* 1997 ; 57(13) : 2687-93.

22. Cordain L, Lindeberg S, Hurtado M, Hill K, Eaton SB, Brand-Miller J. Acne vulgaris : a disease of Western civilization. *Archives of Dermatology* 2002 ; 138(12) : 1584-90.

23. Smith R, Mann N, Braue A, Varigos G. The effect of a low glycemic load, high protein diet on hormonal markers of acne. *Asia Pac J Clin Nutr* 2005 ; 14(suppl) : S43.

24. Smith R, Mann N, Braue A, Varigos G. Low glycemic load, high protein diet lessens facial acne severity. *Asia Pac J Clin Nutr* 2005 ; 14(suppl) : S97.

25. McMillan-Price J, Petocz P, Atkinson F, et al. Comparison of 4 diets of varying glycemic load on weight loss and cardiovascular risk reduction in overweight and obese young adults : a randomized controlled trial. *Archives of Internal Medicine* 2006 ; 166(14) : 1466-75.

26. Santisteban GA, Ely JT, Hamel EE, et al. Glycemic modulation of tumor

tolerance in a mouse model of breast cancer. *Biochemical & Biophysical Research Communications* 1985 ; 132(3) : 1174-9.

27. Weiderpass E, Gridley G, Persson I, Nyren O, Ekbom A, Adami HO. Risk of endometrial and breast cancer in patients with diabetes mellitus. *Int J Cancer* 1997 ; 71(3) : 360-3.

28. Hankinson SE, Willett WC, Colditz GA, et al. Circulating concentrations of insulin-like growth factor-I and risk of breast cancer. *The Lancet* 1998 ; 351(9113) : 1393-6.

29. Chan JM, Stampfer MJ, Giovannucci E, et al. Plasma insulin-like growth factor-I and prostate cancer risk : a prospective study. *Science* 1998 ; 279(5350) : 563-6.

30. Chan JM, Stampfer MJ, Ma J, et al. Insulin-like growth factor-I (IGF-I) and IGF binding protein-3 as predictors of advanced-stage prostate cancer. *Journal of the National Cancer Institute* 2002 ; 94(14) : 1099-106.

31. Michaud DS, Liu S, Giovannucci E, Willett WC, Colditz GA, Fuchs CS. Dietary sugar, glycemic load, and pancreatic cancer risk in a prospective study. *Journal of the National Cancer Institute* 2002 ; 94(17) : 1293-300.

32. Michaud DS, Fuchs CS, Liu S, Willett WC, Colditz GA, Giovannucci E. Dietary glycemic load, carbohydrate, sugar, and colorectal cancer risk in men and women. *Cancer Epidemiology, Biomarkers & Prevention* 2005 ; 14(1) : 138-47.

33. Franceschi S, Dal Maso L, Augustin L, et al. Dietary glycemic load and colorectal cancer risk. *Annals of Oncology* 2001 ; 12(2) : 173-8.

34. Augustin LSA, Polesel J, Bosetti C, et al. Dietary glycemic index, glycemic load and ovarian cancer risk : a case-control study in Italy. *Annals of Oncology* 2003 ; 14(1) : 78-84.

35. Bouche C, Rizkalla SW, Luo J, et al. Five-week, low-glycemic index diet decreases total fat mass and improves plasma lipid profile in moderately overweight nondiabetic men. *Diabetes Care* 2002 ; 25(5) : 822-8.

36. Collectif LaNutrition.fr. *Le Régime IG minceur : comment perdre du poids en maîtrisant son sucre sanguin.* Vergèze, France, Thierry Souccar Editions, 2007.

37. Heini AF, Weinsier RL. Divergent trends in obesity and fat intake patterns : the American paradox. *American Journal of Medicine* 1997 ; 102(3) : 259-64.

38. Willett WC. Dietary fat plays a major role in obesity : no. *Obesity Reviews* 2002 ; 3(2) : 59-68.

39. Weill P. *Tous gros demain ? Petit traité de nutrition avant qu'il ne soit trop tard.* Paris, France, Plon, 2006.

40. Ailhaud G, Guesnet P. Fatty acid composition of fats is an early determinant of childhood obesity : a short review and an opinion. *Obesity Reviews* 2004 ; 5(1) : 21-6.

41. Ailhaud G, Massiera F, Weill P, Legrand P, Alessandri J-M, Guesnet P. Temporal changes in dietary fats : role of n-6 polyunsaturated fatty acids in excessive adipose tissue development and relationship to obesity. *Progress in Lipid Research* 2006 ; 45(3) : 203-36.

42. Weill P, Schmitt B, Chesneau G, Daniel N, Safraou F, Legrand P. Effects of introducing linseed in livestock diet on blood fatty acid composition of consumers of animal products. *Annals of Nutrition & Metabolism* 2002 ; 46(5) : 182-91.

43. Grass fed and corn fed cattle and effects on milk and meat contents. 2006 (www.eatwild.com).

44. Simopoulos AP. The importance of the ratio of omega-6/omega-3 essential fatty acids. *Biomed Pharmacother* 2002 ; 56(8) : 365-79.

45. Simopoulos AP, Salem N. Omega-3 fatty acids in eggs from range-fed Greek chickens. *New England Journal of Medicine* 1989 ; 321(20) : 1412.

46. Ip C, Scimeca JA, Thompson HJ. Conjugated linoleic acid. A powerful anticarcinogen from animal fat sources. *Cancer* 1994 ; 74(3 suppl) : 1050-4.

47. Lavillonniere F, Chajes V, Martin J-C, Sebedio J-L, Lhuillery C, Bougnoux P. Dietary purified cis-9,trans-11 conjugated linoleic acid isomer has anticarcinogenic properties in chemically induced mammary tumors in rats. *Nutr Cancer* 2003 ; 45(2) : 190-4.

48. Bougnoux P, Barascu A, Jourdain M-L, et al. Acide linoléique conjugué et cancer du sein. *OCL* 2005 ; 12(1) : 56-60.

49. Hauswirth CB, Scheeder MRL, Beer JH. High omega-3 fatty acid content in alpine cheese : the basis for an alpine paradox. *Circulation* 2004 ; 109(1) : 103-7.

50. Dubnov G, Berry EM. Omega-6/omega-3 fatty acid ratio : the Israeli paradox. *World Review of Nutrition & Dietetics* 2003 ; 92 : 81-91.

51. Hibbeln J, Lands W, Lamoreaux E. Quantitative Changes in the Availability of Fats in the US Food Supply. *In* : 5th Congress of the International Society for Study of Fatty Acids and Lipids ; 2002 May 7-11 ; Montreal, CA ; 2002. P. 10.

52. Festa A, D'Agostino R, Jr., Howard G, Mykkanen L, Tracy RP, Haffner SM. Chronic subclinical inflammation as part of the insulin resistance syndrome : the Insulin Resistance Atherosclerosis Study (IRAS). *Circulation* 2000 ; 102(1) : 42-7.

53. Fernandez-Real JM, Broch M, Vendrell J, Ricart W. Insulin resistance, inflammation, and serum Fatty Acid composition. *Diabetes Care* 2003 ; 26(5) : 1362-8.

54. Parkin D, Bay F, Ferlay J, Pisani P. Global Cancer Statistics, 2002. *CA : a Cancer Journal for Clinicians* 2005 ; 55 : 74-108.

55. Maillard V, Bougnoux P, Ferrari P, et al. N-3 and N-6 fatty acids in breast adipose tissue and relative risk of breast cancer in a case-control study in Tours, France. *Int J Cancer* 2002 ; 98(1) : 78-83.

56. Cunnane S, Thomson LU. *Flaxseed in Human Nutrition.* Champaign, IL : AOCS ; 1995.

57. Weill P. *Tous gros demain ?* Paris, France, Plon, 2007.

58. Frassetto LA, Todd KM, Morris RC, Jr., Sebastian A. Worldwide incidence of hip fracture in elderly women : relation to consumption of animal and vegetable foods. *Journals of Gerontology Series A-Biological Sciences & Medical Sciences* 2000 ; 55(10) : M585-92.

59. Plant J. *Your Life is Your Hands – Understanding, Preventing and Overcoming Breast Cancer* – New Edition. London, UK : Virgin Books Ltd ; 2006.

60. Pollan M. Unhappy Meals. *New York Times Magazine* 2007. Jan 28.

61. Pollan M. *The Omnivore's Dilemna.* New York : Penguin Press ; 2006.

62. Ribeiro CAO, Vollaire Y, Sanchez-Chardi A, Roche H. Bioaccumulation and the effects of organochlorine pesticides, PAH and heavy metals in the Eel (Anguilla anguilla) at the Camargue Nature Reserve, France. *Aquatic Toxicology* 2005 ; 74(1) : 53-69.

63. Campagne Détox du WWF. World Wildlife Fund, 2005. (Voir www.panda.org/detox.)

64. Third National Report on Human Exposure to Environmental Chemicals. Atlanta : Centers for Disease Control and Prevention ; 2005.

65. Davis DL, Magee BH. Cancer and industrial chemical production. *Science* 1979 ; 206(4425) : 1356.

66. Davis DL. *When smoke ran like water : Tales of environmental deception and the battle against pollution.* New York : Basic Books ; 2004.

67. Clapp R, Howe G, Lefevre J. *Environmental and occupational causes of cancer : review of recent scientific literature.* Lowell, MA : University of Massachussets Lowell ; 2005.

68. WWF-France, éd. *Planète Attitude – Santé.* Paris, France, Le Seuil, 2006.

69. Belpomme D. *L'Appel de Paris,* in *Guérir du cancer ou s'en protéger,* Paris, France, Fayard, 2005, p. 27-36.

70. Belpomme D, Irigaray P, Sasco A, et al. The growing incidence of cancer : Role of lifestyle and screening detection. *Int J Oncol* 2007 ; 30(5) : 1037-49.

71. Irigaray P, Ogier V, Jacquenet S, et al. Benzo[a]pyrene impairs beta-adrenergic stimulation of adipose tissue lipolysis and causes weight gain in mice. A novel molecular mechanism of toxicity for a common food pollutant. *FEBS Journal* 2006 ; 273(7) : 1362-72.

72. Davis DL, Bradlow HL, Wolff M, et al. Medical hypothesis : xenoestrogens as preventable causes of breast cancer. *Environmental Health Perspectives* 1993 ; 101(5) : 372-7.

73. Norat T, Bingham S, Ferrari P, et al. Meat, fish, and colorectal cancer risk : the European Prospective Investigation into cancer and nutrition. *Journal of the National Cancer Institute* 2005 ; 97(12) : 906-16.

74. Eikelenboom C. [Proof of polychlorinated biphenyls in milk (author's transl)]. *Zeitschrift für Lebensmittel-Untersuchung und-Forschung* 1977 ; 163(4) : 278.

75. Avis de l'Agence française de sécurité sanitaire des aliments relatif à l'évaluation de l'exposition de la population française aux dioxines, furanes et PCB de type dioxine : Agence française de sécurité sanitaire des Aliments ; 2005. Report No. : Saisine n° 2005-SA-0372.

76. Kouba M. Quality of organic animal products. *Lifestock Production Science* 2003 ; 80 : 33-40.

77. Observatoire des résidus et pesticides, 2006.

78. Hayes T, Haston K, Tsui M, Hoang A, Haeffele C, Vonk A. Herbicides : feminization of male frogs in the wild. *Nature* 2002 ; 419(6910) : 895-6.

79. Hayes TB, Collins A, Lee M, et al. Hermaphroditic, demasculinized frogs after exposure to the herbicide atrazine at low ecologically relevant doses. *Proceedings of the National Academy of Sciences of the United States of America* 2002 ; 99(8) : 5476-80.

80. Batistatou A, Stefanou D, Goussia A, Arkoumani E, Papavassiliou AG, Agnantis NJ. Estrogen receptor beta (ERbeta) is expressed in brain astrocytic tumors and declines with dedifferentiation of the neoplasm. *Journal of Cancer Research & Clinical Oncology* 2004 ; 130(7) : 405-10.

81. Provost D, Gruber A, Lebailly P, et al. Brain tumors and exposure to pesticides : a case-control study in southwestern France. *Occup Environ Med* 2007.

82. Curl CL, Fenske RA, Elgethun K. Organophosphorus pesticide exposure of urban and suburban preschool children with organic and conventional diets. *Environmental Health Perspectives* 2003 ; 111(3) : 377-82.

83. Pesticide-Action-Network-North-America. Chemical Trespass Pesticides in Our Bodies and Corporate Accountability : Pesticide Action Network of North America ; 2004.

84. Aubert C. Présence de pesticides dans le lait maternel avec ou sans alimentation biologique. Paris, 1986.

85. Lu C, Toepel K, Irish R, Fenske RA, Barr DB, Bravo R. Organic diets significantly lower children's dietary exposure to organophosphorus pesticides. *Environmental Health Perspectives* 2006 ; 114(2) : 260-3.

86. Doll R, Peto R. The causes of cancer : quantitative estimates of avoidable risks of cancer in the United States today. *Journal of the National Cancer Institute* 1981 ; 66(6) : 1191-308.

87. Nicolino F, Veillerette F. *Pesticides : Révélations sur un scandale français.* Paris, Fayard, 2007.

88. Wynder EL, Graham EA. Tobacco smoking as a possible etiological factor in bronchogienic carcinoma. *JAMA* 1950 ; 143 : 329-36.

89. Sasco AJ, Secretan MB, Straif K. Tobacco smoking and cancer : a brief review of recent epidemiological evidence. *Lung Cancer* 2004 ; 45. Suppl 2 : S3-9.

90. Pimentel D. *Techniques for Reducing Pesticide Use : Economic and Environmental Benefits.* Chichester, UK : John Wiley & Sons ; 1997.

91. US Department of Health and Human Services. The Health Consequences of Smoking : A Report of the Surgeon General. Atlanta, GA : U.S. Department of Health and Human Services, Centers for Disease Control and Prevention, National Center of Chronic Disease Prevention and Health Promotion Office on Smoking and Health ; 2004.

92. Travis L, Rabkin C, Brown L et al. Cancer survivorship-genetic susceptibility and second primary cancers : Research strategies and recommendations. *Journal of the National Cancer Institute,* 2006 ; 98(1) : 15-25.

93. Dupont G. L'élevage contribue beaucoup au réchauffement climatique. *Le Monde,* 5 décembre 2006, sect. 9.

94. Environmental Working Group. The full list : 43 fruits and veggies (www.ewg.org) ; 2006.

7. La leçon de la rechute

1. Baclesse F, Ennuyer A, Cheguillaume J. Une simple tumorectomie suivie d'une radiothérapie peut-elle être pratiquée dans le cas d'une tumeur mammaire ? *Journal de radiologie, d'électrologie et de médecine nucléaire*, 1960, vol. 41, p. 137-139.

2. Fisher B, Anderson S, Bryant J, et al. Twenty-year follow-up of a randomized trial comparing total mastectomy, lumpectomy, and lumpectomy plus irradiation for the treatment of invasive breast cancer. *New England Journal of Medicine* 2002 ; 347(16) : 1233-41.

8. Les aliments anticancer

1. Cao Y, Cao R. Angiogenesis inhibited by drinking tea. *Nature* 1999 ; 398(6726) : 381.

2. Béliveau R, Gingras D. *Les Aliments contre le cancer.* Outremont (Canada) : Trécarré, 2005.

3. Béliveau R, Gingras D. *Foods that Fight Cancer.* New York : McClelland & Stewart Ltd ; 2006.

4. Campbell TC. *The China Study.* Dallas, TX : BenBella Books ; 2005.

5. Fidler IJ. Angiogenic heterogeneity : regulation of neoplastic angiogenesis by the organ microenvironment. *Journal of the National Cancer Institute* 2001 ; 93(14) : 1040-1.

6. Fidler IJ. Critical factors in the biology of human cancer metastasis : twenty-eighth GHA Clowes memorial award lecture. *Cancer Research* 1990 ; 50(19) : 6130-8.

7. Paget S. The distribution of secondary growths in cancer of the breast. *The Lancet* 1889 ; 1 : 571-3.

8. Coussens LM, Werb Z, Coussens LM, Werb Z. Inflammation and cancer. *Nature* 2002 ; 420(6917) : 860 7.

9. Surh Y-J. Cancer chemoprevention with dietary phytochemicals. *Nature Reviews Cancer* 2003 ; 3(10) : 768-80.

10. Jankun J, Selman SH, Swiercz R, Skrzypczak-Jankun E. Why drinking green tea could prevent cancer. *Nature* 1997 ; 387(6633) : 561.

11. Demeule M, Annabi B, Michaud-Levesque J, Lamy S, Béliveau R. Dietary prevention of cancer : Anticancer and antiangiogenic properties of green tea polyphenols. *Medicinal Chemistry Reviews-Online* 2005 ; 2 : 49-58.

12. McLaughlin N, Annabi B, Lachambre M-P, et al. Combined low dose ionizing radiation and green tea-derived epigallocatechin-3-gallate treatment induces human brain endothelial cells death. *Journal of Neuro-Oncology* 2006 ; 80(2) : 111-21.

13. Zhou J-R, Yu L, Zhong Y, Blackburn GL. Soy phytochemicals and tea bioactive components synergistically inhibit androgen-sensitive human prostate tumors in mice. *Journal of Nutrition* 2003 ; 133(2) : 516-21.

14. Zhou J-R, Yu L, Mai Z, Blackburn GL. Combined inhibition of estrogen-dependent human breast carcinoma by soy and tea bioactive components in mice. *Int J Cancer* 2004 ; 108(1) : 8-14.

15. Wu AH, Pike MC, Stram DO. Meta-analysis : Dietary Fat Intake, Serum Estrogen Levels, and the Risk of Breast Cancer. In : *Journal of the National Cancer Institute* 1999 : 529-34.

16. Ravdin PM, Cronin KA, Howlader N, et al. The decrease in breast-cancer incidence in 2003 in the United States. *New England Journal of Medicine* 2007; 356(16) : 1670-4.

17. Sécurité et bénéfices des phytoestrogènes apportés par l'alimentation – Recommandations : Agence française de sécurité sanitaire des aliments ; 2005. Report No. : Saisine n° 2002-SA-231.

18. Aggarwal BB, Ichikawa H, Garodia P, et al. From traditional Ayurvedic medicine to modern medicine : identification of therapeutic targets for suppression of inflammation and cancer. *Expert Opinion on Therapeutic Targets* 2006 ; 10(1) : 87-118.

19. Ferlay J, Bray F, Piesci P, Parkin D, eds. WHO International Agency for Research on Cancer (IARC), IARC Cancer Epidemiology Database. Globocan 2000. Cancer Incidence, mortality and prevalence worldwide. Lyon, France : IARC Press ; 2000.

20. Institute for Scientific Information. 2005.

21. Shishodia S, Aggarwal BB. Nuclear factor-kappaB activation : a question of life or death. *Journal of Biochemistry & Molecular Biology* 2002 ; 35(1) : 28-40.

22. Mehta K, Pantazis P, McQueen T, Aggarwal BB. Antiproliferative effect of curcumin (diferuloylmethane) against human breast tumor cell lines. *Anti-Cancer Drugs* 1997 ; 8(5) : 470-81.

23. Aggarwal BB, Shishodia S, Takada Y, et al. Curcumin suppresses the paclitaxel-induced nuclear factor-kappaB pathway in breast cancer cells and inhibits lung metastasis of human breast cancer in nude mice. *Clinical Cancer Research* 2005 ; 11(20) : 7490-8.

24. Cheng AL, Hsu CH, Lin JK, et al. Phase I clinical trial of curcumin, a chemopreventive agent, in patients with high-risk or pre-malignant lesions. *Anticancer Research* 2001 ; 21(4B) : 2895-900.

25. Shoba G, Joy D, Joseph T, Majeed M, Rajendran R, Srinivas PS. Influence of piperine on the pharmacokinetics of curcumin in animals and human volunteers. *Planta Medica* 1998 ; 64(4) : 353-6.

26. Gao X, Deeb D, Jiang H, Liu YB, Dulchavsky SA, Gautam SC. Curcumin differentially sensitizes malignant glioma cells to TRAIL/Apo2L-mediated apoptosis through activation of procaspases and release of cytochrome c from mitochondria. *Journal of Experimental Therapeutics & Oncology* 2005 ; 5(1) : 39-48.

27. Ooi VE, Liu F. Immunomodulation and anti-cancer activity of polysaccharide-protein complexes. *Current Medicinal Chemistry* 2000 ; 7(7) : 715-29.

28. Torisu M, Tayashi Y, Ishimitsu T, et al. Significant prolongation of disease-free period gained by oral polysaccharide K (PSK) administration after curative

surgical operation of colorectal cancer. *Cancer Immunology, Immunotherapy* 1999 ; 31 : 261-8.

29. Nakazato H, Koike A, Saji S, Ogawa N, Sakamoto J. Efficacy of immunochemotherapy as adjuvant treatment after curative resection of gastric cancer. *The Lancet* 1994 ; 343 : 1122-6.

30. Hara M, Hanaoka T, Kobayashi M, et al. Cruciferous vegetables, mushrooms, and gastrointestinal cancer risks in a multicenter, hospital-based case-control study in Japan. *Nutr Cancer* 2003 ; 46(2) : 138-47.

31. Kikuchi Y, Kizawa I, Oomori K, Iwano I, Kita T, Kato K. Effects of PSK on interleukin-2 production by peripheral lymphocytes of patients with advanced ovarian carcinoma during chemotherapy. *Japanese Journal of Cancer Research* 1988 ; 79(1) : 125-30.

32. Tsujitani S, Kakeji Y, Orita H, et al. Postoperative adjuvant immunochemotherapy and infiltration of dendritic cells for patients with advanced gastric cancer. *Anticancer Research* 1992 ; 12(3) : 645-8.

33. Kariya Y, Inoue N, Kihara T, et al. Activation of human natural killer cells by the protein-bound polysaccharide PSK independently of interferon and interleukin-2. *Immunology Letters* 1992 ; 31(3) : 241-5.

34. Mizutani Y, Yoshida O. Activation by the protein-bound polysaccharide PSK (krestin) of cytotoxic lymphocytes that act on fresh autologous tumor cells and T24 human urinary bladder transitional carcinoma cell line in patients with urinary bladder cancer. *Journal of Urology* 1991 ; 145(5) : 1082-7.

35. Béliveau R, Gingras D. *Cuisiner avec les aliments contre le cancer.* Outremont (Canada), Trécarré, 2006.

36. Labrecque L, Lamy S, Chapus A, et al. Combined inhibition of PDGF and VEGF receptors by ellagic acid, a dietary-derived phenolic compound. *Carcinogenesis* 2005 ; 26(4) : 821-6.

37. Hanausek M, Walaszek Z, Slaga TJ. Detoxifying cancer causing agents to prevent cancer. *Integrative Cancer Therapies* 2003 ; 2(2) : 139-44.

38. Seeram N, Adams L, Zhang Y, et al. Blackberry, black raspberry, blueberry, cranberry, red raspberry, and strawberry extracts inhibit growth and stimulate apoptosis of human cancer cells in vitro. *J Agric Food Chem* 2006 ; 54 : 9329-39.

39. Altman LK. New Drug Fights Second Kind of Cancer. *The New York Times* 2001. May 14.

40. Folkman J, Kalluri R. Cancer without disease. *Nature* 2004 ; 427(6977) : 787.

41. Plouzek CA, Ciolino HP, Clarke R, Yeh GC. Inhibition of P-glycoprotein activity and reversal of multidrug resistance in vitro by rosemary extract. *European Journal of Cancer* 1999 ; 35(10) : 1541-5.

42. Lamy S, Bédard V, Moghrabi A, Barrette S, Béliveau R. The dietary flavonols apigenin and luteolin inhibit PDGF-dependent vascular smooth muscle cell migration. *Cancer Research in submission*, et communication personnelle octobre 2006 et mars 2007.

43. Yokoi K, Sasaki T, Bucana CD, et al. Simultaneous inhibition of EGFR, VEGFR, and platelet-derived growth factor receptor signaling combined with

gemcitabine produces therapy of human pancreatic carcinoma and prolongs survival in an orthotopic nude mouse model. *Cancer Research* 2005 ; 65(22) : 10371-80.

44. Ramesha A, Rao N, Rao AR, Jannu LN, Hussain SP. Chemoprevention of 7,12-dimethylbenz[a]anthracene-induced mammary carcinogenesis in rat by the combined actions of selenium, magnesium, ascorbic acid and retinyl acetate. *Japanese Journal of Cancer Research* 1990 ; 81(12) : 1239-46.

45. DeVita VT, Rosenberg SA, Hellman S, eds. *Cancer : Principles and Practice of Oncology.* 7th edition ed : Lippincott Williams & Wilkins ; 2005.

46. American Cancer Society. *Nutrition for the Person with Cancer during Treatment – A guide for patients and families* ; 2006.

47. O'Keefe JJ, Cordain L. Cardiovascular disease resulting from a diet and lifestyle at odds with our Paleolithic genome : how to become a 21st-century hunter-gatherer. *Mayo Clinic Proceedings* 2004 ; 79(1) : 101-8.

48. Cordain L, Eaton S, Sebastian A, et al. Origins and evolution of the Western diet : health implications for the 21st century. *American Journal of Clinical Nutrition* 2005 ; 81(2) : 341-54.

49. Knoops KTB, de Groot L, Kromhout D, et al. Mediterranean Diet, Lifestyle Factors, and 10-Year Mortality in Elderly European Men and Women – The HALE Project. *JAMA* 2004 ; 292 : 1433-9.

50. Lorgeril (de) M, Salen P, Martin JL, Monjaud I, Delaye J, Mamelle N. Mediterranean diet, traditional risk factors, and the rate of cardiovascular complications after myocardial infarction : final report of the Lyon Diet Heart Study. *Circulation* 1999 ; 99(6) : 779-85.

51. Kris-Etherton P, Eckel RH, Howard BV, St Jeor S, Bazzarre TL. AHA Science Advisory : Lyon Diet Heart Study. Benefits of a Mediterranean-style, National Cholesterol Education Program/American Heart Association Step I Dietary Pattern on Cardiovascular Disease. *Circulation* 2001 ; 103(13) : 1823-5.

52. Renaud S, de Lorgeril M, Delaye J, et al. Cretan Mediterranean diet for prevention of coronary heart disease. *Am J Clin Nutr* 1995 ; 61(6 suppl) : 1360S-7S.

53. Pollan M. Unhappy Meals. *New York Times Magazine* 2007 Jan 28.

54. Kikuzaki H, Nakatani N. Antioxidant effects of some ginger constituents. *Journal of Food Science* 1993 ; 58(6) : 1407-10.

55. Zhou H-Y, Shen J-K, Hou J-S, Qiu Y-M, Luo Q-Z. [Experimental study on a apoptosis induced by elemene in glioma cells.] Aizheng 2003 ; 22(9) : 959-63.

56. Cover CM, Hsieh SJ, Cram EJ, et al. Indole-3-carbinol and tamoxifen cooperate to arrest the cell cycle of MCF-7 human breast cancer cells. *Cancer Research* 1999 ; 59(6) : 1244-51.

57. Jaga K, Duvvi H. Risk reduction for DDT toxicity and carcinogenesis through dietary modification. *Journal of the Royal Society of Health* 2001 ; 121(2) : 107-13.

58. Gamet-Payrastre L, Li P, Lumeau S. et al. Sulforaphane, a Naturally Occuring Isiothiocyanate, Induces Cell Cycle Arrest and Apoptosis in HT29 Human Colon Cancer Cells. Cancer Res 2000 ; 60(5) : 1426-33.

59. Ingram D. Diet and subsequent survival in women with breast cancer. *British Journal of Cancer* 1994 ; 69(3) : 592-5.

60. Chan JM, Holick CN, Leitzmann MF, et al. Diet after diagnosis and the risk of prostate cancer progression, recurrence, and death (United States). Cancer Causes & Control 2006 ; 17(2) : 199-208.

61. Maruyama H, Tamauchi H, Hashimoto M, Nakano T. Antitumor activity and immune response of Mekabu fucoidan extracted from Sporophyll of Undaria pinnatifida. *In Vivo* 2003 ; 17(3) : 245-9.

62. Shimizu J, et al. Proportion of murine cytotoxic T cells is increased by high molecular-weight fucoidan extracted from Okinawa mozuku (Cladosiphon okamuranus). *Journal of Health Sciences* 2005 ; 51 : 394-7.

63. Rooprai HK, Kandanearatachi A, Rucklidge G, Pilkington GJ. Influence of putative antiinvasive agents on matrix metalloproteinase secretion by human neoplastic glia *in vitro*. *Annals of the New York Academy of Sciences* 1999 ; 878 : 654-7.

64. Taraphdar AK, Roy M, Nhattacharya RK. Natural products as inducers of apoptosis : Implication for cancer therapy and prevention. Current Science 2001 ; 80 : 1387-96.

65. Pantuck AJ. Phase-II Study of Pomegranate Juice for Men with Prostate Cancer and Increasing PSA. *In* : American Urological Association Annual Meeting. San Antonio, TX 2005.

66. Kaeberlein M, Mc Donagh T, Heltweg B, et al. Substrate-specific Activation of Sirtuins by Resveratrol. *J. Biol Chezm* 2005 ; 280(17) : 17038-45.

67. Manna SK, Mukhopadhyay A, Aggarwal BB. Resveratrol Suppresses TNF-Induced Activation of Nuclear Transcription Factors NF-[kappa] B, Activator Protein-1, and Apoptosis : Potential Role of Reactive Oxygen Intermediates and Lipid Peroxidation. J. Immunol 2000 ; 164(12) : 6509-19.

68. Lappe JM, Travers-Gustafson K, Davies KM, Recker RR, Heaney RP. Vitamin D and calcium supplementation reduces cancer risk : results of a randomized trial. *American Journal of Clinical Nutrition* 2007 ; 85 : 1586-91.

69. *La Société canadienne du cancer annonce ses recommandations concernant la vitamine D*. Canadian Cancer Society, 2007. (Accède le 10 juin 2007, à www.cancer.ca.)

70. Gago-Dominguez M, Yuan J, Sun C, Lee H, Yu M. Opposing effects of dietary n-3 and n-6 fatty acids on mammary carcinogenesis : The Singapore Chinese Health Study. *British Journal of Cancer* 2003 ; 89(9) : 1686-92.

71. Goodstine SL, Zheng T, Holford TR, et al. Dietary (n-3)/(n-6) fatty acid ratio : possible relationship to premenopausal but not postmenopausal breast cancer risk in US women. *J Nutr* 2003 ; 133(5) : 1409-14.

72. Leitzmann M, Stampfer M, Michaud D, et al. Dietary intake of n-3 and n-6 fatty acids and the risk of prostate cancer. *Am J Clin Nutr* 2004 ; 80 : 204-16.

73. Hedelin M. Association of frequent consumption of fatty fish with prostate cancer risk is modified by COX-2 polymorphism. *Int J Cancer* 2006 ; 120(2) : 398-405.

74. Norat T, Bingham S, Ferrari P, et al. Meat, fish, and colorectal cancer

risk : the European Prospective Investigation into cancer and nutrition. *Journal of the National Cancer Institute* 2005 ; 97(12) : 906-16.

75. Chan JM, Holick CN, Leitzmann MF, et al. Diet after diagnosis and the risk of prostate cancer progression, recurrence, and death (United States). *Cancer Causes & Control* 2006 ; 17(2) : 199-208.

76. Terry P, Wolk A, Vainio H, Weiderpass E. Fatty fish consumption lowers the risk of endometrial cancer : a nationwide case-control study in Sweden. *Cancer Epidemiology, Biomarkers & Prevention* 2002 ; 11(1) : 143-5.

77. Terry P, Lichtenstein P, Feychting M, Ahlbom A, Wolk A. Fatty fish consumption and risk of prostate cancer. *The Lancet* 2001 ; 357(9270) : 1764-6.

78. Hooper LT, Hompson R, Harrison R, et al. Risks and benefits of omega-3 fats for mortality, cardiovascular disease, and cancer : systematic review. *British Medical Journal* 2006 ; 332 : 752-60.

79. MacLean CH, Newberry SJ, Mojica WA, et al. Effects of omega-3 fatty acids on cancer risk : a systematic review. *JAMA.* 2006 Apr 26 ; 295(16) : 1900]. *JAMA* 2006 ; 295(4) : 403-15.

80. Flaxseed Stunts the Growth of Prostate Tumors. DukeMedNews, 2007. (Accessed June 2, 2007, at http://news.mc.duke.edu/news/article.php ?id=10061.)

81. Wollowski I, Rechkemmer G, Pool-Zobel BL. protective role of probiotics and prebiotics in colon cancer. *Am J Clin Nutr* 2001 ; 73(2) : 451S-5.

82. Rayman MP. The importance of selenium to human health. *The Lancet* 2000 ; 356(9225) : 233-41.

83. Kiremidjian-Schumacher L, Roy M, Wishe HI, Cohen MW, Stotzky G. Supplementation with selenium and human immune cell functions. II. Effect on cytotoxic lymphocytes and natural killer cells. *Biological Trace Element Research* 1994 ; 41(1-2) : 115-27.

84. Agricultural Research Service. 2002. USDA National Nutrient Database for Standard Reference, Release 15. Nutrient Data Laboratory Home Page, http://www.nal.usda.gov/fnic/foodcomp. 2002.

85. Kris-Etherton P, Harris W, Appel L, American-Heart-Association-Nutrition-Committee. Fish consumption, fish oil, omega-3 fatty acids, and cardio-vascular disease. *Circulation* 2002 ; 106(21) : 2747-57.

9. Le mental anticancer

1. Baghurst KI, Baghurst PA, Record SJ. Public perceptions of the role of dietary and other environmental factors in cancer causation or prevention. *Journal of Epidemiology and Community Health* 1992 ; 46 : 120-6.

2. Lerner M. *Choices in Healing : Integrating the Best of Conventional and Complementary Approaches to Cancer.* Boston : MIT Press ; 1994.

3. Simonton CO, Matthews-Simonton S, Creighton J. *Guérir envers et contre tout.* Paris, Desclée de Brouwer, 1990.

4. Antoni MH, Lutgendorf SK, Cole SW, et al. The influence of bio-beha-vioural factors on tumour biology : pathways and mechanisms. *Nature Reviews Cancer* 2006 ; 6(3) : 240-8.

5. Temoshok L. Biopsychosocial studies on cutaneous malignant melanoma :

psychosocial factors associated with prognostic indicators, progression, psychophysiology and tumor-host response. *Social Science & Medicine* 1985 ; 20(8) : 833-40.

6. Temoshok L. Personality, coping style, emotion and cancer : towards an integrative model. *Cancer Surveys* 1987 ; 6(3) : 545-67.

7. LeShan L. *Cancer as turning point* ; 1990.

8. Gawler I. *You Can Conquer Cancer – Prevention and Treatment.* South Yarra, Australia : Michelle Anderson Publishing Pty Ltd ; 2001.

9. Laplanche J, Pontalis JB. *Vocabulaire de la psychanalyse*, Paris, Presses Universitaires de France, 1967.

10. Pace TT, Mletzko T, Alagbe O, et al. Increased stress-induced inflammatory responses in male patients with major depression and increased early life stress. *American Journal of Psychiatry* 2006 ; 163(9) : 1630-3.

11. Visintainer MA, Volpicelli JR, Seligman MEP. Tumor rejection in rats after inescapable or escapable shock. *Science* 1982 ; 216 : 437-9.

12. Meares A. Regression of osteogenic sarcoma metastases associated with intensive meditation. *Medical Journal of Australia* 1978 ; 2(9) : 433.

13. Spiegel D, Bloom JR. Group therapy and hypnosis reduce metastatic breast carcinoma pain. *Psychosomatic Medicine* 1983 ; 45(4) : 333-9.

14. Spiegel D, Bloom JR, Yalom I. Group support for patients with metastatic cancer. A randomized outcome study. *Archives of General Psychiatry* 1981 ; 38(5) : 527-33.

15. Spiegel D, Bloom JR, Kraemer HC, Gottheil E. Effect of psychosocial treatment on survival of patients with metastatic breast cancer. *The Lancet* 1989 ; 2(8673)(Nov 18) : 1209-10.

16. Scott J. Study Says Cancer Survival Rises with Group Therapy. *The Los Angeles Times* 1989. May 11.

17. McCorkle R, Strumpf NE, Nuamah IF, et al. A specialized home care intervention improves survival among older post-surgical cancer patients. *Journal of the American Geriatrics Society* 2000 ; 48(12) : 1707-13.

18. Kuchler T, Henne-Bruns D, Rappat S, et al. Impact of psychotherapeutic support on gastrointestinal cancer patients undergoing surgery : survival results of a trial. *Hepato-Gastroenterology* 1999 ; 46(25) : 322-35.

19. Richardson JL, Shelton DR, Krailo M, Levine AM. The effect of compliance with treatment on survival among patients with hematologic malignancies. *Journal of Clinical Oncology* 1990 ; 8(2) : 356-64.

20. Fawzy FI, Canada AL, Fawzy NW. Malignant melanoma : effects of a brief, structured psychiatric intervention on survival and recurrence at 10-year follow-up. *Archives of General Psychiatry* 2003 ; 60(1) : 100-3.

21. Linn MW, Linn BS, Harris R. Effects of counseling for late stage cancer patients. *Cancer* 1982 ; 49(5) : 1048-55.

22. Goodwin PJ, Leszcz M, Ennis M, et al. The effect of group psychosocial support on survival in metastatic breast cancer. *New England Journal of Medicine* 2001 ; 345(24) : 1719-26.

23. Edelman S, Lemon J, Bell DR, Kidman AD. Effects of group CBT on the

survival time of patients with metastatic breast cancer. *Psycho-Oncology* 1999 ; 8(6) : 474-81.

24. Ilnyckyj A, Farber J, Chang M, Weinerman B. A randomized controlled trial of psychotherapeutic intervention in cancer patients. *Ann R Coll Physicians Surg Can* 1994 ; 27 : 93-6.

25. Cunningham AJ, Edmonds CV, Jenkins GP, Pollack H, Lockwood GA, Warr D. A randomized controlled trial of the effects of group psychological therapy on survival in women with metastatic breast cancer. *Psycho-Oncology* 1998 ; 7(6) : 508-17.

26. Kissane DW, Love A, Hatton A, et al. Effect of cognitive-existential group therapy on survival in early-stage breast cancer. *Journal of Clinical Oncology* 2004 ; 22(21) : 4255-60.

27. Spiegel D, Butler LD, Giese-Davis J, et al. Effects of psychosocial treatment on breast cancer survival. *Cancer* 2007-inpress.

28. Black PH. The inflammatory response is an integral part of the stress response : Implications for atherosclerosis, insulin resistance, type II diabetes and metabolic syndrome X. *Brain, Behavior, & Immunity* 2003 ; 17(5) : 350-64.

29. Pert CB, Dreher HE, Ruff MR. The psychosomatic network : foundations of mind-body medicine. *Alternative Therapies in Health and Medicine* 1998 ; 4(4) : 30-41.

30. Pert CB. *Molecules of Emotion : Why You Feel the Way You Feel*. New York : Simon & Schuster ; 1999.

31. Levy SM, Herberman RB, Lippman M, D'Angelo T, Lee J. Immunological and psychosocial predictors of disease recurrence in patients with early-stage breast cancer. *Behavioral Medicine* 1991 ; 17(2) : 67-75.

32. Levy SM, Herberman RB, Maluish AM, Schlien B, Lippman M. Prognostic risk assessment in primary breast cancer by behavioral and immunological parameters. *Health Psychology* 1985 ; 4(2) : 99-113.

33. Levy S, Herberman R, Lippman M, D'Angelo T. Correlation of stress factors with sustained depression of natural killer cell activity and predicted prognosis in patients with breast cancer. *Journal of Clinical Oncology* 1987 ; 5(3) : 348-53.

34. Lutgendorf SK, Sood AK, Anderson B, et al. Social support, psychological distress, and natural killer cell activity in ovarian cancer. *Journal of Clinical Oncology* 2005 ; 23(28) : 7105-13.

35. Lillberg K, Verkasalo PK, Kaprio J, Teppo L, Helenius H, Koskenvuo M. Stressful life events and risk of breast cancer in 10,808 women : a cohort study. *American Journal of Epidemiology* 2003 ; 157 : 415-23.

36. Price MA, Tennant CC, Butow PN, et al. The role of psychosocial factors in the development of breast carcinoma : Part II. Life event stressors, social support, defense style, and emotional control and their interactions. *Cancer* 2001 ; 91(4) : 686-97.

37. Bartrop RW, Luckhurst E, Lazarus L, Kiloh LG, Penny R. Depressed lymphocyte function after bereavement. *The Lancet* 1977 ; 1(8016) : 834-6.

38. Ironson G, Wynings C, Schneiderman N, et al. Posttraumatic stress sym-

ptoms, intrusive thoughts, loss, and immune function after Hurricane Andrew. *Psychosomatic Medicine* 1997 ; 59(2) : 128-41.

39. Irwin M, Daniels M, Risch SC, Bloom E, Weiner H. Plasma cortisol and natural killer cell activity during bereavement. *Biological Psychiatry* 1988 ; 24(2) : 173-8.

40. Weisberg RB, Bruce SE, Machan JT, Kessler RC, Culpepper L, Keller MB. Nonpsychiatric illness among primary care patients with trauma histories and posttraumatic stress disorder. *Psychiatric Services* 2002 ; 53(7) : 848-54.

41. Dong M, Giles WH, Felitti VJ, et al. Insights into causal pathways for ischemic heart disease : adverse childhood experiences study. *Circulation* 2004 ; 110(13) : 1761-6.

42. Dew M, Kormos R, Roth L, Murali S, DiMartini A, Griffith B. Early posttransplant medical compliance and mental health predict physical morbidity and mortality 1-3 years after heart transplantation. *Journal of Heart and Lung Transplantation* 1999 ; 18 : 549-62.

43. Felitti V, Anda R, et al. Relationship of childhood abuse and household dysfunction to many of the leading causes of death in adults. *Am J Prev Med* 1998 ; 14 : 245-58.

44. Expertise Collective INSERM, Canceil O, Cottraux J, et al. Psychothérapie . Trois approches évaluées – 553 pages. Synthèse (55 pages). Paris, France : Institut national de la santé et de la recherche médicale France ; 24 février 2004.

45. American-Psychiatric-Association. *Guidelines for the Psychiatric Treatment of Acute Stress Disorder and Posttraumatic Stress Disorder.* Washington : American Psychiatric Association ; 2004.

46. Bradley R, Greene J, Russ E, Dutra L, Westen D. A multidimensional meta-analysis of psychotherapy for PTSD. *American Journal of Psychiatry* 2005 ; 162 : 214-27.

47. Bisson JI, Ehlers A, Matthews R, Pilling S, Richards D, Turner S. Psychological treatments for chronic posttraumatic stress disorder : Systematic review and meta-analysis. *British Journal of Psychiatry* 2007 ; 190(97-104).

48. Reiche EMV, Nunes SOV, Morimoto HK. Stress, depression, the immune system, and cancer. *Lancet Oncology* 2004 ; 5(10) : 617-25.

49. Petrie K, Booth R, Pennebaker J, Davidson K, Thomas M. Disclosure of trauma and immune response to hepatits B vaccination program. *Journal of Consulting & Clinical Psychology* 1995 ; 63 : 787-92.

50. Solomon S, Gerrity ET, Muff AM. Efficacy of treatments for posttraumatic stress disorder. *JAMA* 1992 ; 268 : 633-8.

51. Brady K, Pearlstein T, Asnis G, et al. Efficacy and safety of sertraline treatment of posttraumatic stress disorder. *JAMA* 2000 ; 283 : 1837-44.

52. Davidson JRT, Rothbaum BO, Van Der Kolk B, Sikes CR, Farfel GM. Multicenter, double-blind comparison of sertraline and placebo in the treatment of posttraumatic stress disorder. *Archives of General Psychiatry* 2001 ; 58 : 485-92.

53. Asnis GM, Kohn SR, Henderson M, Brown NL. SSRIs versus non-SSRIs in posttraumatic stress disorder : an update with recommendations. *Drugs* 2004 ; 64(4) : 383-404.

54. Van Etten ML, Taylor S. Comparative efficacy of treatments for posttraumatic stress disorder : A meta-analysis. *Clinical Psychology & Psychotherapy* 1998 ; 5 : 126-44.

55. Maxfield L, Hyer LA. The relationship between efficacy and methodology in studies investigating EMDR treatment of PTSD. *Journal of Clinical Psychology* 2002 ; 58 : 23-41.

56. Sack M, Lempa W, Lamprecht F. Study quality and effect-sizes – A meta-analysis of EMDR-treatment for posttraumatic stress disorder. *Psychotherapie, Psychosomatik, Medizinische Psychologie* 2001 ; 51(9-10) : 350-5.

57. Davidson PR, Parker KCH. Eye movement desensitization and reprocessing (EMDR) : A meta-analysis. *Journal of Consulting and Clinical Psychology* 2001 ; 69 : 305-16.

58. Fine M, Stone R, Singer D, et al. Processes and outcomes of care for patients with community-acquired pneumonia. *Archives of Internal Medicine* 1999 ; 159 : 970-80.

59. Roques J. *Guérir avec l'EMDR – Traitements – Théorie – Témoignages.* Paris, Le Seuil, 2007.

60. Shapiro F. *Manuel d'EMDR (Intégration neuro-émotionnelle par les mouvements oculaires) – Principes, protocoles, procédures.* Paris, Dunod, 2007.

61. Stickgold R. EMDR : A putative neurobiological mechanism. *Journal of Clinical Psychology* 2002 ; 58 : 61-75.

62. Armour JA, Ardell J. *Neurocardiology.* New York, NY : Oxford University Press ; 1994.

63. Armour JA, Kember GC, eds. *Cardiac Sensory Neurons.* New York : Oxford University Press ; 2004.

64. Gershon MD. The enteric nervous system : a second brain. *Hospital Practice* (Office Edition) 1999 ; 34(7) : 31-2, 5-8, 41-2 *passim.*

65. Damasio A. *Le Sentiment même de soi : corps, émotions, conscience.* Paris, Éditions Odile Jacob, 2001.

66. Damasio A. *Spinoza avait raison,* Paris ; Éditions Odile Jacob ; 2003.

67. Servan-Schreiber D. *Guérir le stress, l'anxiété et la dépression, sans médicaments ni psychanalyse.* Paris, Éditions Robert Laffont, 2003.

68. Kabat-Zinn J. *Coming to our Senses.* New York : Hyperion ; 2005.

69. Rinpoché S. *Le Livre tibétain de la vie et de la mort.* Paris, Livre de Poche, 2005.

70. Dekker J, Schouten E, Klootwijk P, Pool J, Swenne C, Kromhout D. Heart rate variability from short term electrocardiographic recordings predicts mortality from all causes in middle-aged and elderly men. The Zutphen Study. *American Journal of Epidemiology* 1997 ; 145(10) : 899-908.

71. Tsuji H, Venditti F, Manders E, et al. Reduced heart rate variability and mortality risk in an elderly cohort. The Framingham Heart Study. *Circulation* 1994 ; 90(2) : 878-83.

72. Bernardi L, Sleight P, Bandinelli G, et al. Effect of rosary prayer and yoga mantras on autonomic cardiovascular rhythms : comparative study. *British Medical Journal* 2001 ; 323 : 1446-9.

73. Thayer JF, Sternberg E. Beyond heart rate variability : Vagal regulation of allostatic systems. *Annals NY Acad Sci* 2006 ; 1088 : 361-72.

74. Umetani K, Singer D, McCraty R, Atkinson M. Twenty-four hour time domain heart rate variability and heart rate : relations to age and gender over nine decades. *Journal of the American College of Cardiology* 1999 ; 31(3) : 593-601.

75. Lutz A, Greischar L, Rawlings N, Ricard M, Davidson R. Long-term meditators self-induce high-amplitude gamma synchrony during mental practice. *Proceedings of the National Academy of Sciences of the United States of America* 2004 ; 101 : 16369-73.

76. Davidson RJ, Kabat-Zinn J, Schumacher J, et al. Alterations in brain and immune function produced by mindfulness meditation. *Psychosomatic Medicine* 2003 ; 65(4) : 564-70.

77. Rosenkranz MA, Jackson DC, Dalton KM, et al. Affective style and in vivo immune response : neurobehavioral mechanisms. *Proceedings of the National Academy of Sciences of the United States of America* 2003 ; 100 : 11148 52.

78. Gruzelier J, Burgess A, Baldewig T., et al. Prospective associations between lateralized brain function and immune status in HIV infection : analysis of EEG, cognition and mood over 30 months. *International Journal of Psychophysiology* 1996 ; 23 : 215 24.

79. Kiecolt-Glaser JK, Glaser R, Williger D, et al. Psychosocial enhancement of immunocompetence in a geriatric population. *Health Psychology* 1985 ; 4(1) : 25-41.

10. Désamorcer la peur

1. Peck MS. *Further Along the Road Less Travelled : Going to Omaha – The Issue of Death and Meaning.* New York : Simon & Schuster Audio ; 2004.

2. Nuland SB. *Mourir : Réflexions sur le dernier chapitre de la vie.* Paris, Interéditions, 1994.

3. Johanson GA. *Physician's Handbook of Symptom Relief in Terminal Care.* Sonoma County, Ca : Home Hospice of Sonoma County ; 1994.

4. Hennezel M (de). *La Mort intime.* Paris, Éditions de poche, 2006.

5. Frankl VE. *Découvrir un sens à sa vie.* Montréal, Qué., Can. : Éditions de l'Homme ; 2005.

6. Ring K. *Heading Toward Omega : In Search of the meaning of the near-death experience.* New York, NY : Morrow ; 1985.

7. Van Lommel P, van Wees R, Meyers V, Elfferich I. Near-death experience in survivors of cardiac arrest : a prospective study in the Netherlands. *The Lancet* 2001 ; 358(9298) : 2039-45.

8. Sogyal Rinpoche. *The Tibetan Book of Living and Dying.* San Franscisco : Harper's ; 1992.

9. Van Eersel P. *La Source noire.* Paris, Grasset, 1986.

10. Spiegel D. A 43-year-old woman coping with cancer. *JAMA* 1999 ; 282(4) : 371-8.

11. House JS, Landis KR, Umberson D. Social relationships and health. *Science* 1988 ; 241 : 540-5.

12. House JS, Robbins C, Metzner HL. The association of social relationships and activities with mortality : prospective evidence from the Tecumseh Community Health Study. *American Journal of Epidemiology* 1982 ; 116(1) : 123-40.

13. Berkman LF, Syme SL. Social networks, host resistance, and mortality : a nine-year follow-up study of Alameda County residents. *American Journal of Epidemiology* 1979 ; 109(2) : 186-204.

14. Berkman LF, Leo-Summers L, Horwitz RI. Emotional support and survival after myocardial infarction. A prospective, population-based study of the elderly. *Annals of Internal Medicine* 1992 ; 117(12) : 1003-9.

15. Hoffman J. Doctors' Delicate Balance in Keeping Hope Alive. *The New York Times* 2005. Dec 24.

11. Le corps anticancer

1. Field T, Schanberg SM, Scafidi F, et al. Tactile/kinesthetic stimulation effects on preterm neonates. *Pediatrics* 1986 ; 77 : 654-8.

2. Schanberg S. Genetic basis for touch effects. *In* : Field T, ed. *Touch in early development.* Hillsdale, NJ : Erlbaum ; 1994 : 67-80.

3. Hernandez-Reif M, Field T, Ironson G, et al. Natural killer cells and lymphocytes increase in women with breast cancer following massage therapy. *International Journal of Neuroscience* 2005 ; 115(4) : 495-510.

4. Hernandez-Reif M, Ironson G, Field T, et al. Breast cancer patients have improved immune and neuroendocrine functions following massage therapy. *Journal of Psychosomatic Research* 2004 ; 57(1) : 45-52.

5. Field TM. Massage therapy effects. *American Psychologist* 1998 ; 53 : 1270-81.

6. Tehard B, Friedenreich CM, Oppert J-M, Clavel-Chapelon F. Effect of physical activity on women at increased risk of breast cancer : results from the E3N cohort study. *Cancer Epidemiology, Biomarkers & Prevention* 2006 ; 15(1) : 57-64.

7. Meyerhardt JA, Giovannucci EL, Holmes MD, et al. Physical activity and survival after colorectal cancer diagnosis. *Journal of Clinical Oncology* 2006 ; 24(22) : 3527-34.

8. Meyerhardt JA, Heseltine D, Niedzwiecki D, et al. Impact of physical activity on cancer recurrence and survival in patients with stage III colon cancer : findings from CALGB 89803. *Journal of Clinical Oncology* 2006 ; 24(22) : 3535-41.

9. Holmes MD, Chen WY, Feskanich D, Kroenke CH, Colditz GA. Physical activity and survival after breast cancer diagnosis. *JAMA* 2005 ; 293(20) : 2479-86.

10. Giovannucci E, Liu YL, Leitzmann MF, Stampfer M, Willett WC. A prospective study of physical activity and incident and fatal prostate cancer. *Archives of Internal Medicine* 2005 ; 165 : 1005-10.

11. Ornish D, Weidner G, Fair WR, et al. Intensive lifestyle changes may

affect the progression of prostate cancer. *Journal of Urology* 2005 ; 174(3) : 1065-9 ; discussion 9-70.

12. Patel AV, Rodriguez C, Jacobs EJ, Solomon L, Thun MJ, Calle EE. Recreational physical activity and risk of prostate cancer in a large cohort of US men. *Cancer Epidemiology, Biomarkers & Prevention* 2005 ; 14(1) : 275-9.

13. Nilsen TIL. Recreational physical activity and risk of prostate cancer : A prospective population-based study in Norway (the HUNT study). *Int J Cancer* 2006.

14. Bardia A, Hartmann LC, Vachon CM, et al. Recreational physical activity and risk of postmenopausal breast cancer based on hormone receptor status. *Archives of Internal Medicine* 2006 ; 166(22) : 2478-83.

15. Barnard RJ, Gonzalez JH, Liva ME, Ngo TH. Effects of a low-fat, high-fiber diet and exercise program on breast cancer risk factors in vivo and tumor cell growth and apoptosis in vitro. *Nutr Cancer* 2006 ; 55(1) : 28-34.

16. Irwin ML. Randomized controlled trials of physical activity and breast cancer prevention. *Exercise & Sport Sciences Reviews* 2006 ; 34(4) : 182-93.

17. Abrahamson PE, Gammon MD, Lund MJ, et al. Recreational physical activity and survival among young women with breast cancer. *Cancer* 2006 ; 107(8) : 1777-85.

18. Adams SA, Matthews CE, Hebert JR, et al. Association of physical activity with hormone receptor status : the Shanghai Breast Cancer Study. *Cancer Epidemiology, Biomarkers & Prevention* 2006 ; 15(6) : 1170-8.

19. Mutrie N, Campbell AM, Whyte F, et al. Benefits of supervised group exercise programme for women being treated for early stage breast cancer : pragmatic randomised controlled trial. *British Medical Journal* 2007 ; 334(7592) : 517.

20. Friedenreich CM. Overview of the association between physical activity, obesity and cancer. *In* : *Eurocancer.* Paris : John Libbey Eurotex ; 2005.

21. Friedenreich CM, Orenstein MR. Physical activity and cancer prevention : etiologic evidence and biological mechanisms. *Journal of Nutrition* 2002 ; 132 (11 suppl) : 3456S-64S.

22. Leung P-S, Aronson WJ, Ngo TH, Golding LA, Barnard RJ. Exercise alters the IGF axis in vivo and increases p53 protein in prostate tumor cells in vitro. *Journal of Applied Physiology* 2004 ; 96(2) : 450-4.

23. Barnard RJ, Ngo TH, Leung P-S, Aronson WJ, Golding LA. A low-fat diet and/or strenuous exercise alters the IGF axis in vivo and reduces prostate tumor cell growth in vitro. *Prostate* 2003 ; 56(3) : 201-6.

24. Colbert LH, Visser M, Simonsick EM, et al. Physical activity, exercise, and inflammatory markers in older adults : findings from the Health, Aging and Body Composition Study. *Journal of the American Geriatrics Society* 2004 ; 52(7) : 1098-104.

25. LaPerriere A, Antoni MH, Schneiderman N, et al. Exercise intervention attenuates emotional distress and natural killer cell decrements following notification of positive serologic status of HIV-1. *Biofeedback and Self-Regulation* 1990 ; 15 : 229-42.

359

26. LaPerriere A, Fletcher MA, Antoni MH, et al. Aerobic exercise training in AIDS risk group. *Int J Sport Med* 1991 ; 12 suppl 1 : S53-7.

27. Sood A, Moynihan TJ. Cancer-related fatigue : an update. *Current Oncology Reports* 2005 ; 7(4) : 277-82.

28. National Cancer Institute : Herceptin combined with chemotherapy improves disease-free survival for patients with early-stage breast cancer. 2005. (Accessed at http://www.cancer.gov/newscenter/pressreleases/HerceptinCombination2005.)

29. Beck A. *Cognitive Therapy and the Emotional Disorders.* New York : International Universities Press ; 1976.

30. National Institute for Clinical Excellence. Depression : the Management of Depression in Primary and Secondary care, NICE Guideline, Second draft consultation. London, UK ; 2003.

31. Csikszentmihalyi M. *Vivre : La Psychologie du bonheur,* Paris, Robert Laffont, 2004.

32. Kawano R. The effect of exercise on body awareness and mood. ; 2003. Dissertation Abstracts International : Section B : The Sciences and Engineering. Vol. 59(7-B), Jan 1999, 3387. US : Univ Microfilms International.

33. Woolery A, Myers H, Sternlieb B, Zeltzer L. A yoga intervention for young adults with elevated symptoms of depression. *Alternative Therapies in Health & Medicine* 2004 ; 10(2) : 60-3.

34. Netz Y, Lidor R. Mood alterations in mindful versus aerobic exercise modes. *Journal of Psychology* 2003 ; 137(5) : 405-19.

35. Sandlund E, Norlander T. The effects of Tai Chi Chuan relaxation and exercise on stress responses and well-being : an overview of research. *International Journal of Stress Management* 2000 ; 7 : 139-49.

36. Li F, Harmer P, McAuley E, et al. An evaluation of the effects of Tai Chi exercise on physical function among older persons : a randomized controlled trial. *Annals of Behavioral Medicine* 2001 ; 23(2) : 139-46.

37. Jin P. Changes in heart rate, noradrenaline, cortisol and mood during Tai Chi. *Journal of Psychosomatic Research* 1989 ; 33(2) : 197-206.

38. Fletcher GF, Balady GJ, Amsterdam EA, et al. Exercise standards for testing and training : a statement for healthcare professionals from the American Heart Association. *Circulation* 2001 ; 104(14) : 1694-740.

12. Apprendre à changer

1. The War on Cancer Townsend Letter for Doctors and Patients, April, 2002. (Accessed May 29, 2007, at http://findarticles.com/p/articles/mi-m0ISW/is-2002-April/ai-84211149/pg-1.)

2. Groopman J. Dr. Fair's Tumor. *The New Yorker* 1998 October 26 : 78.

3. Cunningham AJ, Edmonds CV, Phillips C, Soots KI, Hedley D, Lockwood GA. A prospective, longitudinal study of the relationship of psychological work to duration of survival in patients with metastatic cancer. *Psycho-Oncology* 2000 ; 9(4) : 323-39.

4. Cunningham AJ, Watson K. How psychological therapy may prolong sur-

vival in cancer patients : new evidence and a simple theory. *Integrative Cancer Therapies* 2004 ; 3(3) : 214-29.

5. Aristote. *Éthique à Nicomaque.*

6. Jung CG. *Problèmes de l'âme moderne*, Paris, France, Buchet-Chastel, 1961.

7. Maslow A. *Être humain – la nature humaine et sa plénitude*, Paris, Eyrolles, 2006.

8. Walsh R. *Les Chemins de l'éveil*, 2001. Montréal, Qué. : Le Jour Éditeur.

Conclusion

1. Hambrecht R, Walther C, Mobius-Winkler S, et al. Percutaneous coronary angioplasty compared with exercise training in patients with stable coronary artery disease : a randomized trial. *Circulation* 2004 ; 109(11) : 1371-8.

2. Folkman J, Kalluri R. Cancer without disease. *Nature* 2004 ; 427 (6977) : 787.

3. Faggiano F, Partanen T, Kogevinas M, Boffetta P. Socioeconomic differences in cancer incidence and mortality. *IARC Sci Publ* 1997(138) : 65-176.

4. Davis DL. *The Secret History of the War on Cancer.* New York : Basic Books ; 2007.

5. Barbier G, Farrachi A. *La Société cancérigène : lutte-t-on vraiment contre le cancer ?* Paris, Éditions de la Martinière, 2004.

6. Campbell TC. *The China Study.* Dallas, TX : BenBella Books ; 2005.

7. Ornish D, Weidner G, Fair WR, et al. Intensive lifestyle changes may affect the progression of prostate cancer. *Journal of Urology* 2005 ; 174(3) : 1065-9 ; discussion 9-70.

8. Spiegel D, Bloom JR, Kraemer HC, Gottheil E. Effect of psychosocial treatment on survival of patients with metastatic breast cancer. *The Lancet* 1989 ; 2(8673)(Nov 18) : 1209-10.

9. Cunningham AJ, Edmonds CV, Phillips C, Soots KI, Hedley D, Lockwood GA. A prospective, longitudinal study of the relationship of psychological work to duration of survival in patients with metastatic cancer. *Psycho-Oncology* 2000 ; 9(4) : 323-39.

*Ce volume a été composé et mis en pages
par Étianne Composition
à Montrouge.*

Cet ouvrage a été imprimé par

FIRMIN DIDOT

GROUPE CPI

Mesnil-sur-l'Estrée

pour le compte des Éditions Robert Laffont
24, avenue Marceau, 75008 Paris
en septembre 2007

Dépôt légal : septembre 2007
N° d'édition : 47583/01 - N° d'impression : 86689

Imprimé en France